ミネルヴァ日本評伝選

この心 この身 このくらし

# 西田天香

宮田昌明著

ミネルヴァ書房

# 刊行の趣意

「学問は歴史に極まり候ことに候」とは、先哲荻生徂徠のことばである。

歴史のなかにこそ人間の智恵は宿されている。人間の愚かさもそこにはあらわだ。この歴史を探り、歴史に学んでこそ、人間はようやくみずからの正体を知り、いくらかは賢くなることができる。新しい勇気を得て未来に向かうことができる。徂徠はそう言いたかったのだろう。

「ミネルヴァ日本評伝選」は、私たちの直接の先人について、この人間知を学びなおそうという試みである。日本列島の過去に生きた人々の言行を、深く、くわしく探って、そこに現代への批判を聴きとろうとする試みである。日本人ばかりではない。列島の歴史にかかわった多くの異国の人々の声にも耳を傾けよう。

先人たちの書き残した文章をそのひだにまで立ち入って読み、彼らの旅した跡をたどりなおし、彼らのなしとげた事業を広い文脈のなかで注意深く観察しなおす——そのとき、はじめて先人たちはいまの私たちのかたわらによみがえってくる。彼らのなまの声で歴史の智恵を、また人間であることのよろこびと苦しみを、私たちに伝えてくれもするだろう。

この「評伝選」のつらなりのなかから、列島の歴史はおのずからその複雑さと奥ゆきの深さをもって浮かび上がってくるはずだ。これを読むとき、私たちのなかに新たな自信と勇気が湧いてきて、その矜持と勇気をもって「グローバリゼーション」の世紀に立ち向かってゆくことができる——そのような「ミネルヴァ日本評伝選」にしたいと、私たちは願っている。

平成十五年（二〇〇三）九月

上横手雅敬
芳賀　徹

広本　了「西田天香」「西田照月」

一燈園　礼堂

一燈園の礼堂に特別な本尊はなく，祭壇奥には円相のガラス窓がある。

全　和凰「近江行願」

全和凰は，昭和10年に満州の安東で西田天香『懺悔の生活』に接し，翌年奉天一燈園に入園した。図は，近江行願中の昭和14年１月８日に多賀神社で撮影された写真を基に描かれたもの。

# はしがき

ロシアの文豪レフ・トルストイに、『人は何によって生きるか』という短編小説がある。神より罰を受け、三つの課題を与えられて人間の世界に下された、ある天使の物語である。その課題とは、人間の中にあるものは何か、人間にないものは何か、そして、人は何によって生きるか、というものであった。天使は全ての答えを知り、神の許へ帰ることになるが、その答えとは次の通り。すなわち、人の中には愛がある。しかし、人には自分の将来を知り、自分の生活に本当に必要なものを考える能力がない。したがって、人は自らを知り、自らのことを考えることによって生きているのではなく、周囲の愛に囲まれることによって生きている。そして、その愛こそが神そのものである。

本書で取り上げる西田天香《にしだてんこう》は、日露戦争前にトルストイの『我宗教』という著作に接してそれまでの生活への苦悩を深め、およそ半年後に郷里長浜の愛染堂に参籠し、新たな生活と生涯を開始した。天香の新生活は、一燈園《いっとうえん》という宗教的修養団体を成立させた。さらに大正十年に至り、天香は『懺悔の生活』という著書を出版し、これによって天香の名が広く知られるようになった。天香はその後、昭和三年に財団法人光泉林《こうせんりん》を創設し、後に一燈園も同敷地内に移転する。光泉林は京都市山科区四宮の、春には桜、秋には紅葉の美しい琵琶湖疏水端に位置し、今日に至っている。

天香は、自らを捨てて「死ぬ」こと、そして神仏への感謝と奉仕の精神に基づく無償の労働を行うことで、逆に自らも生かされると信じ、それを実行した。その意味で、前述のトルストイの短編小説を現実にしたかのような生活を送ったわけである。本書は、天香が新生涯に入るまでの経緯、一燈園創設の背景となった思想や宗教的教義、天香と一燈園が広く知られるようになった後の活動、そして天香に師事し、天香を支えた人々の軌跡を紹介する。以上を通じ、天香が一燈園生活として実践した、捧げることによって逆に与えられるという生活が、どのように始まり、どのように広がっていったのかが明らかとなるはずである。

天香の宗教的素養は仏教が基礎になっていた。とはいえ、天香は仏教諸派のみならず、キリスト教や、さらには『論語』や『老子』といった漢籍、二宮尊徳などの日本思想にも通じていた。天香は、一燈園生活を創始し、実践する過程で、様々な思想や教義に取り組み、独自の理解や評価を作り上げた。中でも天香の仏教理解は、一般的な仏教の入門としても、あるいは仏教の応用的理解としても、非常に優れた内容となっている。天香を通じ、思想、宗教に関する理解を深めることも、可能であろう。さらに本書は、天香の周辺の人々が、どのような経緯で天香に惹かれ、天香から何を学び、どのように行動したのか、といった点にも多く言及している。一燈園の活動は、決して天香のみの活動でなく、無名の多くの人々によって受け継がれた天香の精神が作り上げた活動でもあった。それを明らかにすることで、明治、大正、昭和にかけての、必ずしも上層とはいえない一般国民の精神史や社会史の一端に接することも、可能となるはずである。

西田天香に関する資料は、天香自身の二十八年分の日記と『天華香洞録《てんかこうどうろく》』と題された内省および行動の記録、そして一燈園が大正八年に創刊した『光《ひかり》』という雑誌の記事が中心である。この他、天香の関与した実務、実業関係の資料もあり、さらには大正後期以降、天香の許に届いた大量の書簡が存在する。現存する天香への来簡は三万点を下らず、葉書を含めると、全貌すら判明していない。天香の出した書簡などの調査に至っては、ほとんど未着手の状態である。本書は、主として一燈園資料館香倉院に残された資料を利用して執筆したが、現時点で確認できた資料の利用すら不十分で、その意味では過渡的な報告である。また、西田天香と一燈園は、国内の宗教学者や哲学者ばかりでなく、海外の宗教学者とも交流し、評価された。本書は、そうした海外の評価を紹介することも計画していたが、現時点では断念せざるを得なかった。

天香の伝記に関しては、戦前に出版された福井昌雄による挿話集的な紹介と、市立長浜城歴史博物館によって平成十年に開催された「西田天香」展の図録、そして平成十一年に刊行された三浦隆夫による一般文芸書が存在するものの、天香の生涯を通観しているわけではない。天香の生前、一燈園でも伝記編纂の計画が存在したが、実現には至らなかった。本書は、九十六年に及ぶ西田天香の全生涯をたどり、その思想と行動を概観した、初めての文献であろう。昭和期に関しては、基礎的な事実経過に関する叙述が多いが、伝記として簡潔に、かつ全体像が伝わるよう、配慮したつもりである。天香は六十歳や七十歳を過ぎてなお、一年の多くを講演やそのための移動などで過ごし、戦後は参議院議員も務めた。天香にとっては多忙な生活が逆に活力となっていたのかもしれない。また、天香には過度なまでに機縁を尊重する気質があり、身近な出来事から世上の出来事に至るまで、何かの事件をきっかけに、半ば霊感的、半ば思いつき的に唐突な行動を起こすことがあった。他人には些細なことであっても、天香はそれらを自らを省み、初心に帰るきっかけとしていた。天香を理解するには、日常的な事実の積み重ねの中で、その時々の状況と思考過程とを追想していく必要がある。

本書が出版される平成二十（二〇〇八）年は、昭和四十三（一九六八）年に天香が帰光（一燈園でいう死去のこと）してより、四十周年に当たる。これに先立つ平成十六（二〇〇四）年、一燈園では明治三十七（一九〇四）年の天香の新生涯の開始より百周年を記念し、『天華香洞録』全六巻を出版した。小生は半ば偶然、同書の翻刻作業の末席に加わり、さらに同書編集の中心となった大橋良介・京都工芸繊維大学教授（当時）より、本書の執筆を委された。後生に機会を与えようとしたのであろう。本書の執筆に当たっては、一燈園当番で、天香の嫡孫に当たる西田武の他、『天華香洞録』出版時の一燈園資料館香倉院館長・岩淵万明、その後任館長の境台二、そして香倉院所属の相徳子、藤田民子より多大な支援、協力を得た。また、香倉院で小生と共に資料整理を依嘱されている京都市歴史資料館の松中博よりも、多くの助力を得た。さらに、西田天香を評伝として取り上げ、本書を天香の帰光四十周年に間に合わせるべく努力してくれた、ミネルヴァ書房および編集担当の堀川健太郎にも、大変な労苦をかけた。末尾ながら、謝意を表したい。

# 西田天香——この心この身このくらし

目次

はしがき
西田天香関係系図
関係地図
凡　例

目次

目次

# 図版一覧

写真は注記のない限り、一燈園資料館香倉院提供。

# 西田天香関係系図

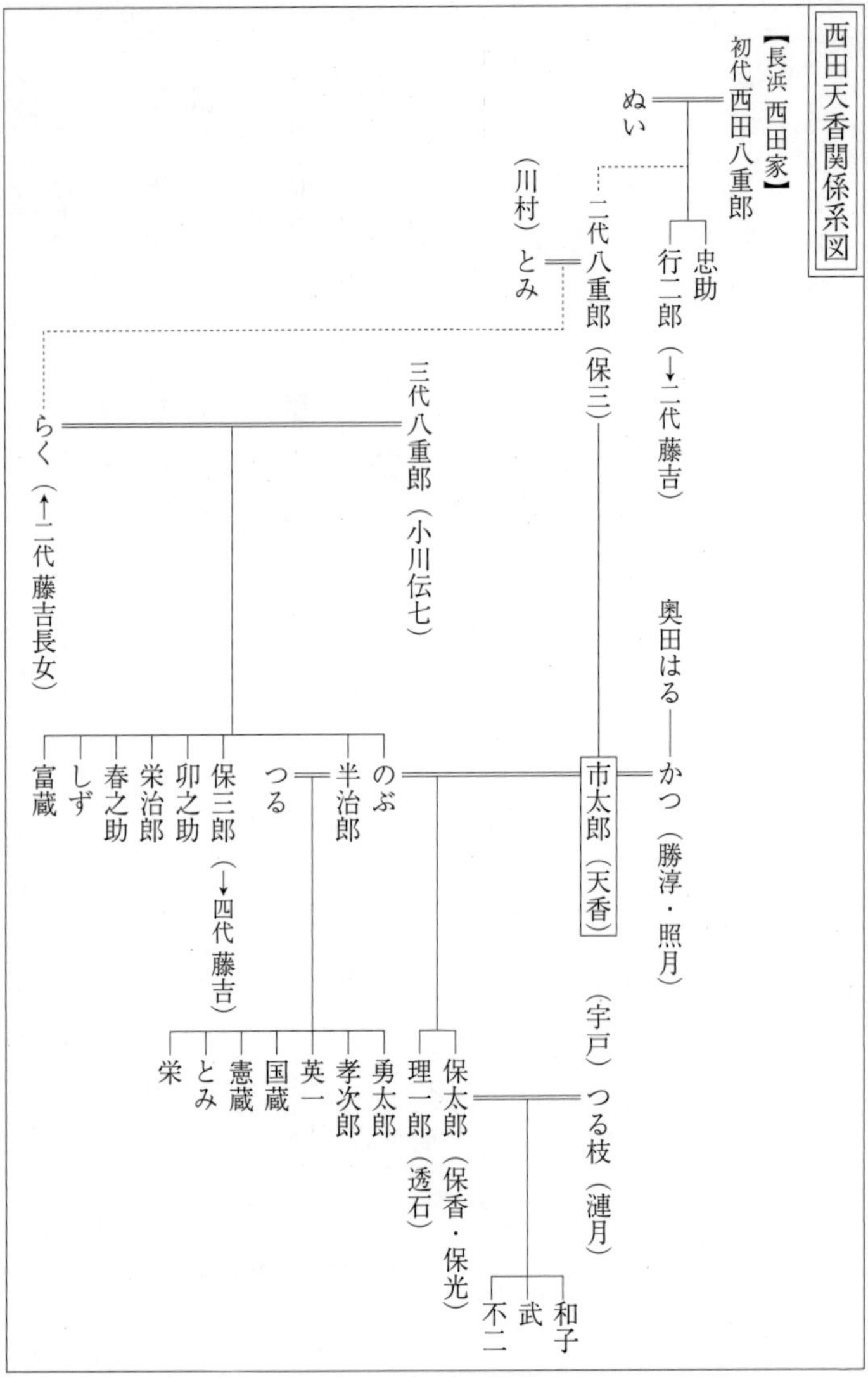
【長浜 西田家】
初代西田八重郎
ぬい
忠助
行二郎（↓二代藤吉）
二代八重郎（保三）
（川村）とみ
三代八重郎（小川伝七）
らく（↑二代藤吉長女）
奥田はる
かつ（勝淳・照月）
市太郎（天香）
のぶ
半治郎
つる
保三郎（↓四代藤吉）
卯之助
栄治郎
春之助
しず
富蔵
（宇戸）つる枝（漣月）
保太郎（保香・保光）
理一郎（透石）
勇太郎
孝次郎
英一
国蔵
憲蔵
とみ
栄
和子
武
不二

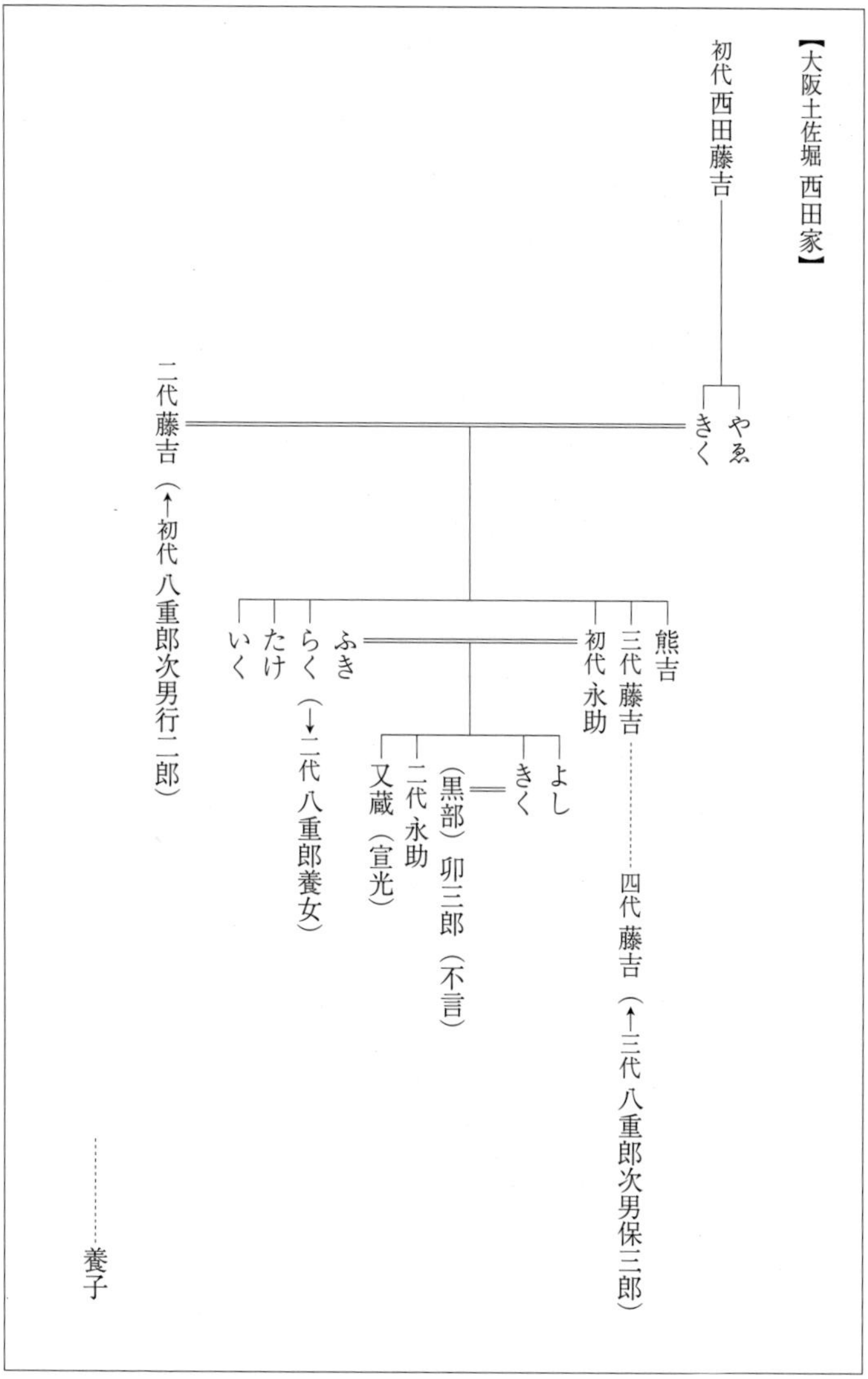
【大阪土佐堀 西田家】
初代西田藤吉
やゑ
きく
二代藤吉（↑初代八重郎次男行二郎）
熊吉
三代藤吉
初代永助
ふき
らく（↓二代八重郎養女）
たけ
いく
よし
きく
（黒部）卯三郎（不言）
二代永助
又蔵（宣光）
四代藤吉（↑三代八重郎次男保三郎）
養子

# 関係地図

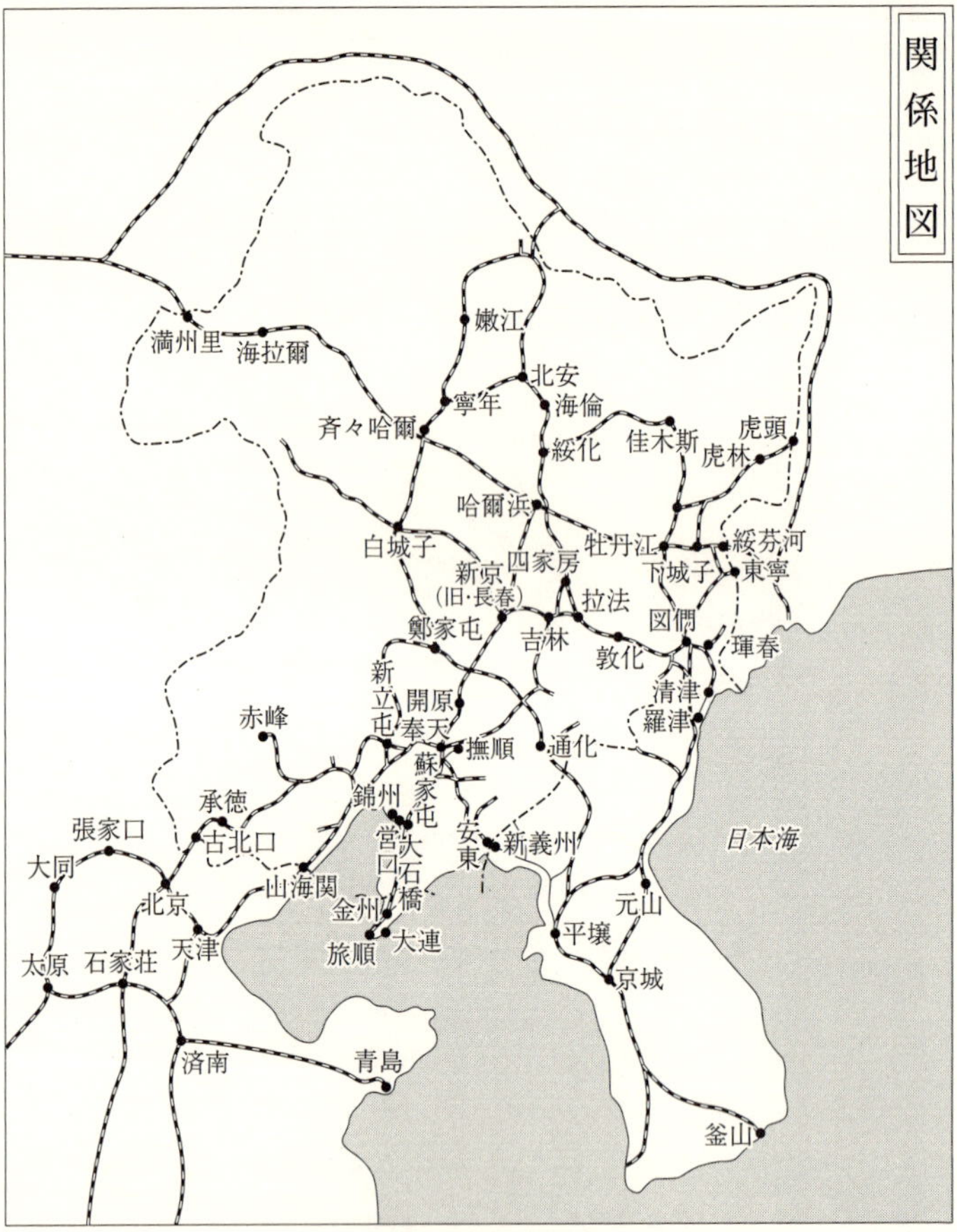


満　州（昭和10年代）

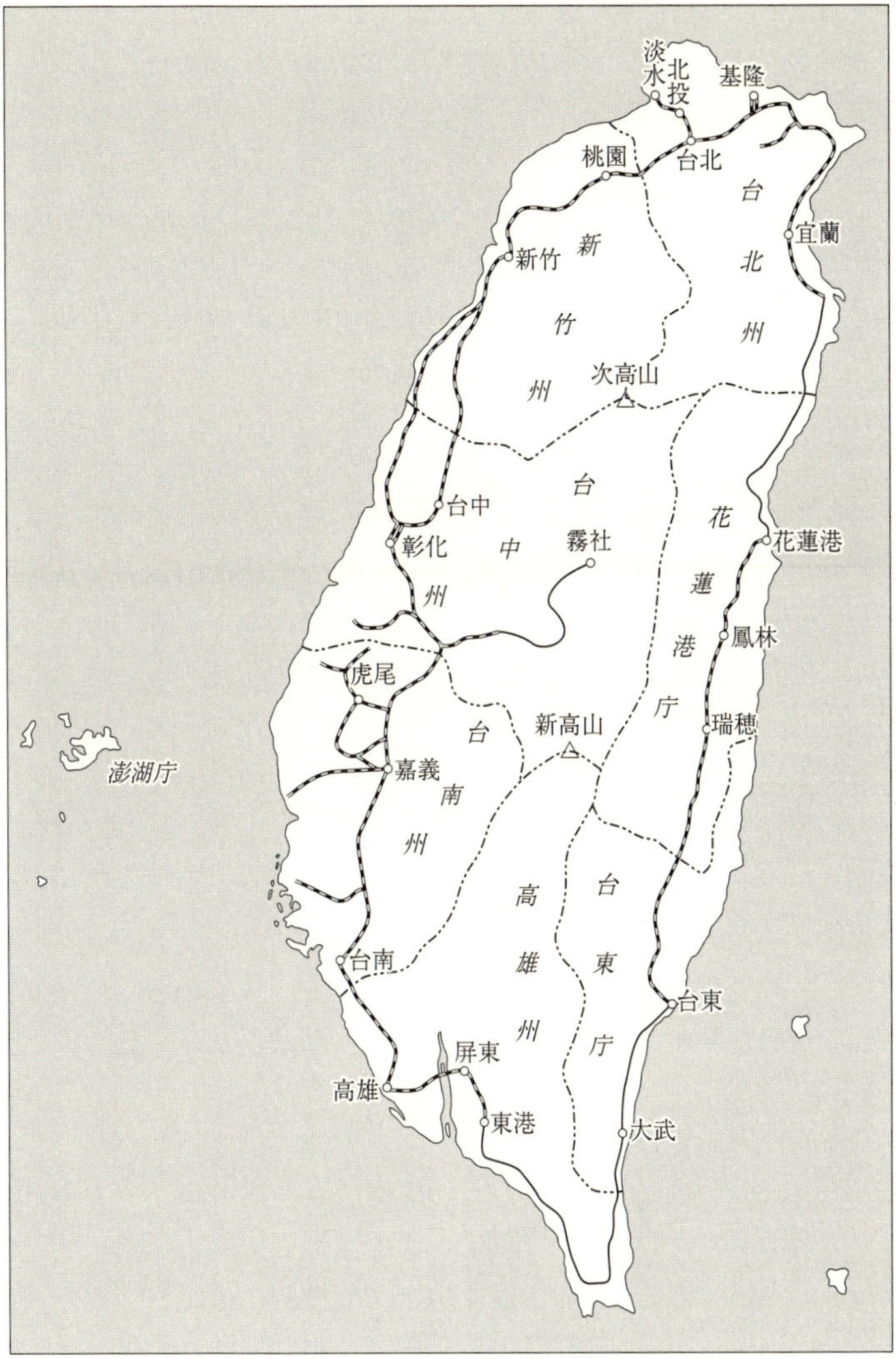
淡水
北投
基隆
台北
桃園
宜蘭
新竹
台北州
新竹州
次高山
台中
台中州
霧社
花蓮港
花蓮港庁
彰化
鳳林
虎尾
瑞穂
新高山
澎湖庁
嘉義
台南州
台東庁
高雄州
台南
台東
屏東
高雄
東港
大武

台　湾（昭和10年代）

# 凡例

・参照文献については、本文中に著者と略標題のみを示し、必要に応じて当該頁の表記を行った。文献の正確な書誌事項については、巻末の参考文献の一覧を参照のこと。

・『天華香洞録』を参照した場合の出典注記は、書名を省略し、(①一〇〇頁)という形で巻数を丸中数字で示し、当該頁をそれに続けて示した。

・『光』誌掲載記事は、点数が膨大になるため、参考文献一覧では示していない。これについては、(西田天香「照顧脚下」6)という形で、著者と標題および掲載号の数字を示すのみとした。

・史料の引用に際しては、片仮名を平仮名に改めたり、句読点を補ったりするなどの修正を施した場合がある。また、引用中の〔 〕は著者による注記、「……」は省略を意味する。ただし、ルビについては、原文に施されているものと、読者の便宜のために付したものとは特に区別していない。

# 第一章　新生涯への決断

## 1　家系と生い立ち

### 二つの西田家

西田天香の生まれた西田家は、江戸後期ないし中期にさかのぼる長浜の料理商であった。屋号は「玉屋」。開業の時期は不明であるが、おそらく十八世紀中頃に成立した藤森家と西田家の間の養子縁組みを機に、家督を継ぎ、「中興の祖」と呼ばれた西田忠介の代にはかなりの大店となっていたようである。それから八十吉、八重郎（初代）を経て、天香の父・八重郎（二代）に至る。初代・八重郎には忠助、行二郎の二人の男子があったが、忠助は二十三歳で死去、また、行二郎は既に大阪・西田家に養子として入り、「藤吉」の名と共に家督を継ぐことになっていた。そのため、おそらく番頭かそれに準ずる立場で店の経営に重きをなしていた天香の父が、長浜・西田家の養子として迎え入れられたのであろう。

大阪・西田家は、西田家の本家として位置づけられる資産家であった。ただし、江戸時代を通じ、長浜・西田家とどのような関係にあったのかは不明である。行二郎を養子に迎えた西田藤吉(初代)は「堺藤」と称する料理商を営んでいたが、やゑ、きくという娘の他、男子を得られなかった。そのため、長浜・西田家より養子を迎えたのであろう。長浜と大阪の両西田家は、江戸後期を通じ、たびたび血縁的、経営的結びつきを強める関係にあったようである。行二郎には堺藤を継いだ西田藤吉(三代)の他、西田永助という男子があった。永助は幼少より大阪の富豪・山口吉郎平衛のもとに奉公し、明治維新の頃までには店の経営に深く関わるようになっていた。明治十二年、山口家が両替商時代に蓄積した資本を基に第百四十八銀行(後の三和銀行)を創設すると、その経営にも関わり、明治二十八年に死去した時には副頭取の地位にあった(三島康雄『阪神財閥』)。その息子である西田永助(二代)、西田又蔵、そして義理の兄弟にあたる西田(黒部)卯三郎は、天香と非常に親しく、特に後述の田乃沢鉱山をめぐって互いに助け合う関係となる。

天香の父・八重郎(一八二二～一八九二)とその妻とみ(一八二〇～一八八七)の間に実子はなかった。そこで二代藤吉(行二郎)の長姉らくを養女とし、やはり番頭かそれに準じる立場で店の経営に関わっていたと推測される小川伝七(一八四八～一九一二)を婿養子に迎え、跡継ぎとした。二代続けての養子跡継ぎであった。後の天香こと、西田市太郎が誕生したのは明治五(一八七二)年二月十日(旧暦)、二代八重郎にとっては晩年になって初めての実子であった。とみも既に五十歳を越えており、その実子ではなかった。市太郎の養育にはとみがあたり、生母の名前は伝わっていない。市太郎は五歳の時に死に瀕した生母と初めて面会したという（西田天香「我が生ひたちとこれから」177）。後に市太郎は、義兄伝七（三代八重郎）の娘のぶと結婚するが、これによって行二郎－らく－のぶと続く長浜・西田家の血筋と、二代八重郎および三代八重郎の血筋が全てつながることになる。これ以上望みようのない好縁であり、三代八重郎の長男が半治郎と命名されたことからしても、市太郎は玉屋の跡継ぎとなるべく予定されたはずである。

天香の生家は、誕生から九か月後の明治五年十一月の長浜大火によって焼失したが、その後に再建された建物が現存している。市太郎が新生活を始めてから二年後の明治三十九年に長浜の縮緬業者の手に渡ったが、天香死後の昭和五十六年に一燈園によって買い戻された。間口十メートル、奥行き二十六メートルの敷地に居宅と土蔵があり、土蔵の中に「明治十六年八月上棟、二階作土蔵、持主西田市太郎」と墨書された木札が納められていた（西田武「天香さんの生家を譲り受ける」725）。

## 見習い時代

明治九年、市太郎四歳の時に、父は伝七に家督を譲り、名を保三と改めた。そして市太郎を分家させ、その養育に専念することとなる。市太郎は滋賀県最初の小学校・開知学校（現・長浜市立長浜小学校）に入学した。成績はかなり優秀で、坂田郡役所や県庁より表影されるほどであった。高等科を卒業した後は父の意向で進学せず、「一日に四五里の田舎道を一反風呂敷に力相応背負うて得意回りをする」（天香「照顧脚下」6）ような丁稚奉公に従事したが、学業も継続していた。杉本善郎の杉蔭舎で漢学を、長浜協会の堀貞一牧師やバートレット牧師からキリスト教や英語を学んだ。杉蔭舎での同学には後の長浜町長・中村寅吉や幼なじみの長浜の豪商・下郷《しものごう》伝平

（久成）らがいた。天香にはかなりの漢学の素養があり、その基礎は概ねこの時期に形成されたのであろう。また、市太郎の母とみは浄土真宗大谷派の信徒であったが、幼少年期に、それも新島襄の影響を強く受けた堀牧師らのキリスト教に接する機会を得たことは、市太郎が伝統的な社会道徳に加え、厳格な内面信仰の倫理を自覚していく上でやはり大きな意味を持ったはずである。

明治16，17年頃の市太郎

父・保三が市太郎を進学させず、丁稚奉公に従事させたのは、単なる見習い修行という以上に、商売の基礎を担う使用人の仕事や心情に精通させておこうとする、教育的配慮からでもあろう。その上、江戸中期以降の大商家においては、番頭経営という実質的な所有と経営の分離が進むにつれて、しばしば家督そのものを、先祖より引き継ぎ、子孫に伝えるべき「預かり物」として捉える意識が見られた。西田家の場合も、江戸時代の商家に典型的な養子縁組によって家督の存続を図る経験を繰り返していた。市太郎は丁稚修行後、父の後見の下で紙・筆・硯を商う西田商店を開業するが、それもまた、商店経営の技術的な修行であると共に、自立意識と家業の継承意識とを育てる意味を持ったであろう。ただし、自我意識を高めている青年期にあって、市太郎は父の死後、家業の継承よりはむしろ北海道への入植を選択したが、それでも後に、経営者における「下座」の必要性を強く意識し、さらには宣光社という、事業やひいては私有財産そのものを「預かり物」（仮所有）と捉える考え方を形成していく中に、こうした少年期の見習い経験が反映していたはずである。

市太郎は父より、「万能者一つ知らいで橋の下」という教訓を教え込まれたという（『懺悔の生活』「福田」）。一つのこととは、商売の技術や心得のことである。後に天香は、無所有の生活を掲げるので、形式的には父の遺訓を放棄したことになる。しかし、その一方で天香は、宣光社という、私利私欲を捨てた境地からの経済活動という試みにも取り組んでいく。その意味で天香は、商売の意義を否定していたわけではない。後に天香は金銭への執着を否定するが、天香の場合、それは金銭そのものの問題というよりは、むしろそれを扱う人間の心構えの問題であると捉えた。そうであればこそ天香は、「預かる」という気持ちを大切にし、また、それを合理的に扱う近代的経営に対する関心も維持できたのである。後に成立する一燈園も、無所有の社会的底辺の生活を実践しながら、それによって貨幣経済や科学技術の発展を否定していたわけではなかった。

天香は幼少期を回顧し、自らの性格について、気弱で喧嘩もしたことがなかったと述べているが、その一方で、物事を徹底させないと気が済まないたちでもあったとも述べている。そしてその後、商売見習いをする中で青年会などと交わり、次第に将来の日本銀行総裁を夢見たり、あるいは明治二十五年の坂田郡の分合問題に関連し、青年会幹事長として大越亨知事に談判するほどに覇気を帯びていった（天香「照顧脚下」6、同「我が生ひたちとこれから」178）。市太郎はそうした中で、最初の転機を迎える。まず明治二十年七月に母とみが他界し、次いで明治二十四年二月、市太郎十九歳の時に父・保三が死去した。そして同年十一月には義兄・八重郎の娘のぶと結婚する。翌年には長男・保太郎が誕生した。保三の死を契機として、市太郎が実家の跡取りとして八重郎と共に店の経営にあたる条件は、確実に整いつつあった。しかし、市太郎がそれを受け入れることはなかった。上述のように、市太郎は妻子を長浜に残して北海道に入植する決意をしたからである。

## 2　北海道へ

### 入植の決断

明治二十五（一八九二）年六月、二十歳の時に市太郎は、長浜の豪商・河路重平から北海道への入植の誘いを受け、河路の設立した必成社《ひっせいしゃ》の開拓主監として、北海道に渡る。北海道への入植は、それから明治三十二年頃まで続いた。結婚と長男の誕生からほどない市太郎が、家業を離れ、北海道入植を決意した背後には、様々な要因が作用したようである。とりわけ、前年の父の死が何らかの形で影響したことは確かであろう。

この頃の市太郎の自立心の強さに照らし、父の死後、義兄であると同時に義父ともなった三代・八重郎の下で、料理商を継ぐべき若旦那の地位に収まることは、おそらく感情的に問題があった。八重郎は当然、長女のぶと市太郎との婚姻をもって、市太郎を正式の跡継ぎとして想定したはずであるが、市太郎にとってそれは、近江を越えた自身の飛躍の可能性を封じかねないものでもあった。純粋な親子間での家業の継承であったなら、事業そのものを拡大することで国家的飛躍を追求しようとする意識を持つことも可能であったかもしれない。しかしこの場合、義兄から義父へと立場を変えた八重郎の下で家業を継承することに、市太郎の覇気や自立心を満足させる要素は見い出し難かったようである。

しかもこの時期、市太郎は徴兵の年齢に達していた。市太郎自身は決して単純に徴兵を忌避したというわけではない。市太郎を北海道入植の主監として求めた河路重平ないしその周辺の人々が、市太郎に対する勧誘文句として、北海道入植に伴う徴兵義務の免除に言及することはあったかもしれない。しかし、市太郎にとってより重要であったのは、むしろ徴兵義務が国家的義務を直接意識させるきっかけとなった点であった。近世的な分限意識が強く継続している時代にあって、この時の市太郎には、国家的義務を果たす上では徴兵に応ずるよりも、北海道入植を選択する方が自らの職分に適っているのではないか、という意識が働いた。市太郎は、「籍を北海道に移して、知らん顔して帰つてゐると云つた徴兵逃れがあつた」が「妥協することが厭であつた性格が許さなかつたので、百姓するなら本当にしよう、兵隊で御奉公する以上の事をしよう」と考えたという（天香「我が生ひたちとこれから」178）。また、市太郎の北海道入植には、大越亨知事も二宮尊徳の『報徳記』を送って激励したという（天香「照顧脚下」6）。市太郎は自ら進んで北海道入植を求めたわけではなかったが、父の他界からまもない、義父との関係がまだ不安定な中で提示された開拓主監への誘いを、国家的飛躍への機会として活用しようとしたのであろう。

## 必成社

北海道における必成社の事業については、大正二年に『必成社農場二十年史』がまとめられている。それによれば、市太郎が初めて北海道に渡ったのは、明治二十五年六月十五日であった。半年後の十二月十日には滋賀県必成社が設立され、明治二十六年二月に佐野為三郎ら八戸と移民契約を締結、四月に市太郎および河路社長自らによる入植予定地の検分、選定が行われ、五月より入植が開始された。入植地は幌向《ほろむい》原野東部の空知郡栗沢村清真布《きよまっぷ》。明治二十五年に村が設置され、同年に岩見沢と夕張とを南北に結ぶ北海道炭礦鉄道の室蘭線が開通、それまで中断されていた拓殖地の貸し下げが翌二十六年から再開されていた。二月には香川県人小西和を皮切りに土地の貸し下げ、入植が開始されていた（『栗沢町史』一二一～一二七頁）。他には福井、徳島、富山県などからの入植があり、必成社は、室蘭線東側の密林地域から、後には鉄道西側の原野に開拓地を形成した。当初、必成社による移民契約は滋賀県人に限られ、近江村の建設を理想として掲げていた。つまり、必成社の設立は、郷里の地主・小作関係を基礎にそれを会社経営として再編し、北海道への入植という国家事業に参加することで、貧農の救済と、郷里の栄誉を対外的に示すこととを合わせて目的としていたわけである。

必成社では、五月に第一回移民として八戸、同年十二月および翌年四月には第二回移民として八戸、二十八年六月には第三回移民として三戸の入植を行い、会社側は移民に小屋掛料と農具を資金ないし現品の形で支給した。渡航費および衣食費は貸与の上、収穫の余剰によって返済することとしたが、後には資金や米味噌などの開墾料を支給し、自立を支援する措置が講じられた。移民は主として近江の貧農ないし農家の二、三男が中心で、河路社長所有地の小作人も含まれていた。入植地は肥沃ではあったが、赤ダモ、桂、イタヤなどからなる密林の伐採から始めねばならなかった。また、湿潤な土地であったために排水上の課題も抱えていた。第一回入植に際し、農民は岩見沢駅周辺にとどまりなかなか入植地に移動せず、また入植後も、農耕を放棄して失踪する場合が少なくなかったという。二十九年六月、滋賀県人中心の入植方針を転換して受け入れた岐阜県からの移民十四戸の場合も、その多くが離散するなど、入植が軌道に乗るまでには困難が重なった。

**開設当時の清真布駅で**
（アイヌ衣裳を身に着け，俵に寄りかかっているのが市太郎）

入植後、市太郎が現地責任者として特に力を入れたのは、駅の誘致・建設、児童教育の実施、そして商業網の形成などであった。明治二十八年三月には栗沢村の総代にも選出されている。市太郎は入植後間もない二十六年七月初め、自ら発起人となり北海道炭礦鉄道会社に駅建設の請願運動を開始した。折しも十一月に彦根藩出身の西村捨三が鉄道会社社長に就任したことから、同郷の伝手もおそらく有利に作用し、翌二十七年十月に清真布停車場が完成した。また、二十六年十月には教育規定を定め、夜間を中心に児童教育を開始し、市太郎自らも教育の任に当たった。実際には入植事務の繁多や、各戸児童の通学上の障害等で順調にはいかなかったようであるが、それだけに市太郎は、その後本格的な小学校の建設を目指すことになる。市太郎が児童教育に力を入れたのは、幼少の頃よりの彼自身の学習意欲の高さを反映していたのであろう。

市太郎は、西田卯三郎や笠原元治郎、土屋猪三郎らの協力の下、会社事務を開拓部、商店部、貸金部の三部に分けて統括した。商店部は西田商店の名称を掲げ、農家への物資の供給と農産品の売買に当たった。また、貸金部は金融部門を担当したが、活動は村内ばかりでなく、岩見沢付近にまで及んだという。そして明治二十九年四月、市太郎は新たに北海道亜麻製線株式会社を設立した。当時、北海道では亜麻の製造が活況を呈していたことから、入植農家に副収入の手段を与えると共に、製線職工の入植を促すためであった。しかしこれが、市太郎の運命を大きく変えることになる。資本金は二十万円、市太郎の幼なじみの長浜の豪商・下郷伝平を社長に、農場出資者・関連会社の投資によって会社は設立された。下郷伝平（久成）は明治五年、天香と同じ年の生まれ。父・下郷伝平（久道）は、米穀商から大阪に進出して製紙商を開始し、近江製紙株式会社を設立した。久成は二十五歳で近江製紙会社の社長に就任している。久道は明治二十三年より貴族院議員に就任し、息子の久成も長浜町会議員、町長を経て貴族院議員に就任することになる。

北海道亜麻製線会社の製品は、近江麻糸会社（大津市）や下野製麻会社に販売する契約であった。初年度は二百五十町歩を開墾し、翌三十年には六百町歩に達するが、会社設立当初から、日清戦争後の不況の影響を被り始めて経営不振に陥った。そのため、耕作亜麻の買い入れに支障を来す一方、資金繰りのためにおそらく高利の短期借り入れに依存せざるを得ず、亜麻の買い入れを拒否された農民が代表を内地本社に送って直談判を開始したり、あるいは債務の取り立てに追われたりするなど、混乱と苦境とを拡大することになった。そしてこうした状況下で市太郎は、左足中指の切断という挙に及ぶのである。

**断指**

明治三十年五月二十一日午後三時、市太郎は札幌の東京庵という料亭で、医師竹内清一郎同伴の下、左足中指を切断し、流血によって「落脂記」（天香はしばしば「指」を「脂」と誤記した）と題する血書を認めた（香倉院蔵）。その中で市太郎は「近頃良心不健全、而飲自個之職、到忘却神州男児之気概、流溺世俗之汚風、背知己之恩顧、戻祖先之寵嘱、小而者為一身、大而者為国家、其罪不可許、茲自行体罰、絞出汚穢之血液、以清心身、使回復元気」（近頃、良心不健全、しかして自己の職を飲み、神州男児の気概を忘却、世俗の汚風に流溺し、知己の恩顧に背き、祖先の寵嘱にもとるに到る。小にしては一身の為、大にしては国家の為、その罪許すべからず。ここに自ら体罰を行い、汚穢の血液を絞出し、以て心身を清めて元気を回復せしむ）と記している。「落脂記」は、いわゆる失敗の「落とし前」をつけるものではあるが、順境におけるこれまでの慢心を戒め、断指を機に再起をかける決意表明でもあった。

設立したばかりの会社の経営不振は、市太郎の人生における最初の挫折であったが、北海道亜麻製線株式会社の経営はその後も好転しなかった。そのため同社は三十二年六月に下野製麻会社に売却され、後には帝国製麻会社の清真布工場として引き継がれることになる。とはいえ、「落脂記」に見られる、誠意のもたらす結果だけを信じ、全てを投げ出していくという心性は、後述の『天華香洞録』

冒頭の、愛染堂への参籠に向けて全てを投げ出していく心性に通じている。北海道入植の挫折と断指による再起への決意は、市太郎が信念としての信仰を持ち始めていくその後の方向性を示している。

しかしそれだけに、この後の市太郎の行動は、試行錯誤的で、一途ではあるが傍目に振幅の激しいものとなった。市太郎が必成社の業務から離れた時期ははっきりせず、三十一年から三十二年の頃であったらしい。明治三十一年から翌年にかけ、清真布市街地では火事や洪水が相次いだため、市太郎も対応に当たらざるを得なかったようである。しかしその一方で、清真布市街の発展が進んだことから、清真布では必成社から独立した自治の動きも生じつつあった。必成社はこの後も、市太郎が北海道を離れるまでの間、市太郎の重要な活動拠点であり続けたが、市太郎の主たる活動の場は、次第に必成社の外に求められていくようになった。そしてそこで市太郎が出会ったのが、阿吽鉢囉婆《あむはらば》教という、仏教系のある新興宗教であった。

## 3　阿吽鉢囉婆教との出会いと決別

### 信仰の世界へ

必成社の事務を離れた市太郎は、札幌ないしその近郊に移り、「小さい家を借りて先づ坐つて」いたところ、ほどなく、号に「天」の字を含む豪傑肌の人々と知り合うことになったという（天香「天華香洞について」132）。詳細ははっきりしないが、その中に山県勇三郎（天民）と本荘堅宏（天籟）という人物がおり、おそらく彼らからの誘いをきっかけに、以後明治三十六年までの間、市太郎は砂金採取・鉱山業に従事した。しかも、彼らはいずれも、西田阿吽鉢囉婆《あむはらば》が創始した仏教系新興宗教・阿吽鉢囉婆教の信徒であった。

西田阿吽鉢囉婆は本名を西田鉄といい、それまで和協ないし天信と号していた。神英雄によれば、西田鉄は安政六（一八五九）年、筑前国（福岡県）山門郡の儒学者・西田幹治郎の長男として生まれた。しかし、幼時に母を失い、また父との確執から郷里を離れ、沖縄県で巡査となっていたところを、当時県令として沖縄に赴任していた西村捨三によって引き立てられた。そして明治十九年の西村の内務省への転出に伴って上京し、内務省に入省、その後、川越鉄道株式会社に入社したが、明治二十八年に不正疑惑で重禁固六か月の判決を受けた。おそらくそれをきっかけに、宗教、とりわけ仏教に傾倒し始め、梵語で「大光明」を意味する語に漢字を当てて、阿吽鉢囉婆を称したという。阿吽鉢囉婆は明治三十一年に比叡山延暦寺で得度し、権律師に補任された。その後、東京に本拠を置き、大阪、福岡、根室などに布教所を設置し、信者を増やした。主な信者には下田歌子、田中光顕夫人の伊与子、神戸市長坪野平太郎などがいた。明治三十三年に華厳宗の検定を受け、権僧正に補されたことから延暦寺より権律師位を剝奪されるが、現世利益を説き、病気治療や祈禱、相場占いなどで多数の信者を獲得したともいう。

市太郎が阿吽鉢囉婆教と出会うきっかけは、明治二十六年から三十年にかけて西村捨三が北海道炭礦鉄道会社社長として札幌に赴任しており、それに合わせて阿吽鉢囉婆が北海道での布教活動に乗り出していたことであった。おそらく西村捨三を介して、阿吽鉢囉婆の知遇を得たのであろう。したがって、市太郎は必成社の事業を離れる以前から阿吽鉢囉婆を知り、その有力支持者であった山県の鉱山経営にも関心を持っていた可能性がある。

山県勇三郎は根室を拠点とする豪商で、万延元（一八六〇）年、肥前藩平戸生まれ。神英雄によれば、山県は幼少の頃、楠本端山の下で学び、その時の同門に阿吽鉢囉婆の実弟・西田誠（孚嘉吉）がいた。明治十二年に上京したが、陸軍士官学校への受験失敗を機に北海道に渡ったという。その後、根室の豪商・柳田藤吉に認められ、明治二十二年頃までに独立して海運業で財をなした。そこで山県は鉱山業にも事業を拡大したことから、おそらく北海道炭礦鉄道会社との関係ができ、直接にはやはり西村捨三を介して阿吽鉢囉婆と深く関わることになったと推測される。北海道立図書館には、明治三十二年時点の常呂川支流・無加川流域における、西田市太郎名義の砂金採取地実測図面が残されている。明治三十一年、北見国紋別郡枝幸村幌別川流域で砂金が発見されて以来、三十五年まで北見地方は砂金採取の活況を呈していた。天香と同時期、山県勇三郎の実弟・中村精七郎の友人が隣接する湧別川流域で砂金鉱区申請を行っていることからも、北見地方は流行に乗った山県の砂金採取・鉱山経営の一つの拠点となっていたようである（市立長浜城歴史博物館編『西田天香』一四、二九頁、北海道編『新北海道史』第四巻、五七四頁）。

### 天華香洞の誕生

明治三十五年の市太郎の日記には、表紙裏一面に「南無阿弥陀仏」の名号が筆記されており、それに続けて以下のような記述がなされている（香倉院蔵）。

昨秋天華香洞を作る。昨冬大鉄礦を占領す。
昨年八月十二日、大死一番省所あり、名を六平と改め愚亦《また》天香と号す。六平は六合平和を意味する也。
昨夏、少省数番あり。昨は是、一生涯の大転機。

明治三十四年八月十二日より、西田市太郎は西田天香と号することとなった。天香によると、天香の号は本荘天籟の命名によるもので、天華香洞の名称についても同様であったという（「回覧集」第五巻、河合道雄『綱島梁川とその周辺』）。また、右の「大鉄礦」とは、一月二十九日の日記に試掘認可を得たと記されている登別川上流の四区の鉱山のことであろう。断片的に伝えられる事実によれば、市太郎は明治三十三年の阿吽鉢囉婆の東大寺修行にも同行しており、市太郎にとって阿吽鉢囉婆との出会いは、宗教上においても、経済活動においても、極めて重要な意味を持っていた。さらに、右の引用で記されている明治三十四年八月十二日の感慨について、市太郎は同年中に十三メートルにも及ぶ長文の巻紙を認め、次のような思いを吐露していた（香倉院蔵）。

思へば吾程幸福なものはない。世には富貴に生れて闇からやみへ生死するものもあり、また貧賤に活して現世も地獄に住む人もあるに、一度び仏の光明に接し其内に摂取《しょうじゅ》されてより此方、順逆無二門の福音を心聞し、娑婆即寂光土と観すれば、所謂八万四千のぼんのふ立処に光明と変じ、何れを見ても仏ならざるなし。……まして阿吽鉢囉婆慈尊より法身《ほっしん》の秘密蔵自受法楽之法脈をさへ授かり、此上如法に脩行すれば即身《そくしん》に仏身を現じて六神通遊戯三昧に住するを得とは、そも〳〵我が過去世に何の善根ありてか斯《か》かる無上の幸福に遭ひたるか。

（中略）

静に現代文明の真相を観ずるに、是真の文明にあらず。文明を「自他の幸福を意味するもの」とすれば、現時宇内《うだい》の上に現出せる文明は、法師の衣にやつしたる猿に異ならず。弱肉強食と云ひ、優勝劣敗と云ひ、将亦《はたまた》今世紀各国の主持せる帝国主義の如き、熟《つらつ》ら其終極する処を察すれば、自他の自滅を意味するにあらずや。

引用にも示されているように、仏教を基礎とする天香の思考様式は、比叡山と東大寺とで研鑽を積んだ阿吽鉢囉婆に大きく負う形で形成された。逆に、阿吽鉢囉婆に対するこの時期の天香の傾倒ぶりは、天香が仏教に対する造詣を深め、それを生き方に反映させていく真摯さを示している。とはいえ、この時期の天香は決して阿吽鉢囉婆のみに傾倒していたわけでもなかった。引用文中、帝国主義に対する厳しい批判が見られるように、この時期の天香は、社会主義に関心を寄せていた。また、同巻紙中にはトルストイへの言及も見られ、さらには遅くとも三十三年の冬までには禅宗に対する関心も持っていた。社会主義やトルストイに対する関心は、天香が後に阿吽鉢囉婆教を離れ、さらには愛染堂への参籠を決意する直接的な契機となっていく。

明治三十五年の天香の日記は、天香が北海道の本荘天籟の許で正月を迎えた記述から始まる。この年の天香の最大の関心は、新たに得た鉱山の経営であり、そのために北海道と京都・大阪間を往復し、その合間に宗教的な研鑽を積むという日々であった。たとえば、二月一日に岩見沢駅を発ち、青森より列車で東京に移動、四日から七日にかけて阿吽鉢囉婆や河路重平、さらには万朝報の幸徳秋水を訪れている。幸徳を訪れたのは、社会主義に対する関心からであろう。九日に京都に到着、西村家や大徳寺を訪れているが、二十八日には次男誕生の報を受け、理一郎と名付けている。

天香はその後上京し、三月十七日、東京地質調査所に依頼した鉱物の定量分析の結果報告を受けて離京、神戸を経て二十日に門司に移動した。これは鉱山技師を得るためであった。そして翌日には船で大阪に向かい、大阪・京都間を往復した後、二十九日に長浜に帰郷、初めて理一郎と対面する。四月九日に来阪した阿吽鉢囉婆と山県勇三郎に面会、十四日に京都の南禅寺を訪れ、管長の豊田毒湛に面会している。豊田毒湛は一八四〇年美濃に生まれ、明治二十九年から南禅寺の管長になり、高源室とも称した（『新版禅学大辞典』）が、天香と毒湛との初見の時期は不明である。

五月二十八日に天香は円福寺を訪れて宿泊し、明治三十三年冬に初めて訪れたことを回想している。既にその頃より禅宗に対する関心があったわけである。その後、六月十一日に長浜を発ち、東京を経て、二十二日に札幌に帰着した。四か月余りの移動に次ぐ移動という本州出張であった。天香はその後、九月上旬まで北海道に滞在し、砂金・鉱山経営にあたった。そして九月六日に函館を発ち、七日に東京着、二十四日に京阪方面に向かっている。以後については、日記の記述がほとんど欠けているため、詳細はわからない。ただ、後に天香が、必成社を離れてからは各地を転々とする生活を送っていたと回想しているとおり、引き続き、鉱山経営を軸に各地を飛び回っていたのであろう。

## 決別

明治三十六年は、天香が愛染堂に参籠する前年であるが、『天華香洞録』に、「而して此大苦悶の終焉は三十二歳の秋の頃にてありき。天外露国トルストイの我宗教なる一冊子は予の生涯を此岸より彼岸に移しぬ」（①三二頁）とある以上の具体的な事実を伝える史料は存在しない。天香の断片的な回想に、北海道時代に「親友に裏切られた」（天香「照顧脚下」6）というものがあり、それが事実であったとすれば、この年のことであろう。同様のことは天香と共に行動していた卯三郎も証言している（阿部次郎編『宿南昌吉遺稿』四〇八頁）。明治三十五年の日記の標題紙には、「鉄鉱試掘認可期限、明治三十六年一月廿八日限り」との書き入れがあるが、試掘期限の終了と共に天香が鉱山経営に対する関心を失ったとは考えにくい。しかし現に、三十五年まで熱心に取り組んでいた北海道の鉱山経営は、三十七年には全く関わりを持たなくなっているから、知友の背信行為はその決定的要因となり得たであろう。

しかしその一方で、天香は阿吽鉢囉婆教から離れた理由について、「みんな上座についてうそぶいてゐて下座がないので、あほらしくなつて、仲間から出て了つた」（三上和志「托鉢行日記より」153）と述べたことがある。実際、明治三十五年八月七日の日記には次のような記述があり、天香の下座を尊ぶ傾向はこの時期に既に始まっていた。阿吽鉢囉婆教と鉱山経営の密接な関わりからすると、そうした天香の心境の変化が大きな意味を持っていたことは確かであろう。

> 今朝五時に食を終へ製線所に行き、亜麻干しの賃仕事に従事す。板野二人、始めての事とて頗る難色あり。余も亦始めてなりしが、終日働きて遂に壱円〇五銭の賃銭を得たり。夜、両板野に、此壱円五銭の内にて生活費を差行〔引〕けるもの即真の生産にして、此生産の積数が即国の生産也、汗によつて造りし労金より其身体を養ふべき費用を去りたる以上は、是肉体に於ける独立にして、茲に楽天地を持てる精神の独立と合すれば、是腑仰天地に恥ぢざる也、孔子も之れを勤め、二宮尊徳も茲より出ず、如何と。両板野、声に応じて答ふ、吾生涯始めて道を知りぬと。嗚呼、快なる哉。三人、まんじうの如く一枚布団にて寝ねぬ。

一枚布団にくるまって寝るという行動は、後々まで引き継がれる。北海道入植時代を通じ、天香は労使問題に苦慮していたが、この時期の天香は、強い自立精神と「痛みの共有」によってこの問題に応えようとした。それは、新たな生涯に向けた兆候でもあった。

仮に一年間の経営不振があったとしても、それで事業全体が廃業に追い込まれ、あるいは事業そのものに対する関心がなくなるということはないであろう。とすれば、明治三十六年に天香が阿吽鉢囉婆教と鉱山経営から離れていった背後には、おそらく、事業の不振を契機に現場の労苦に無頓着な阿吽鉢囉婆周辺の事業態度に不信を感じ始め、損失の全てを引き受ける代わりに、以後、阿吽鉢囉婆教との関係を断とうとする心理が強く働いたのではないか、と推測される。そしてそうした心境は、天香が明治三十六年の秋、『我宗教』に接した時に決定的な衝撃を受ける素地となるのである。

## 4　愛染堂へ

**トルストイとの出会い**

大正十（一九二一）年に春秋社より刊行された『懺悔の生活』の中で天香は、京都においで、人々がしのぎ合う生活について悩んでいた時、郷里の知友・杉本臨江（吉之輔）から送られたトルストイの『我宗教』（原題 *В чем моя вера?*『我が信仰はいずれにありや』）を読み、新生活に入ることを決意したと記している。特に天香が衝撃を受けたのは、『我宗教』巻末の「生きやうとするには死ね」というような言葉であったという。『我宗教』は、加藤直士の訳で明治三十六年三月に文明堂より刊行された。しかし、天香が記す「生きやうとするには死ね」という言葉は、同書中には存在しない。「生きやうとするには死ね」という表現自体、キリスト教というよりは禅宗的である。実際のところ、天香の記述は次のような『我宗教』の緒言からの印象に基づくものであった。三三四頁に及ぶ著書を通読し、最後の箇所で衝撃を受けたという表現は、回想としては劇的であるが、現実的ではない。しかし、ここでより重要なのは、天香がそこから「生きやうとするには死ね」という意味を読みとったという事実である。

十字架上の盗賊は基督を信じ而して救はれたりき。若《も》し夫れ此の盗賊にして幸に一死を免れて十字架より降り来り、而して人々に説くに其信仰を以てしたりと仮定せんか、其結果や如何に大且つ善なるべき。余も亦た十字架上の盗賊の如くに耶蘇《イエス》の道を信じ之に依りて活きたるなり。是れ決して無益なる比喩に非ず、実に我が霊性的状態の真相なりき。我が霊魂は曾つて一度び人生の失望と死滅の恐怖とに充ちたりしが、今は則ち幸福と平和とに満ちつゝある也。

（中略）

畢竟《ひっきょう》余は自ら盗賊に等しきを感ぜり。唯だ夫れ両者の相違せる一点は是のみ――彼は将さに死せんとす、而して余は――余は未だ生存するなり。将さに瞑せんとせる盗賊は蓋《けだ》し其救を墓の彼方に発見せんことを期せしならん。然るに余は現世に於て人生の行路と其の秘奥とを有せしなり。余は初め此人生に関して何等の悟る所あらざりき。余は唯だ其の怖ろしき物たるを見たるのみ。然るに一朝余が豁然として耶蘇《イエス》の道を悟りし以来、我が生も死も更らに余に取りて災厄ならざるに至りぬ。失望の代りに余は死によりて奪ひ去られざる喜楽と幸福とを味へたり。

死を覚悟した時に復活の契機が生まれたという実感は、深い罪悪感と絶望感に基づいたものであろう。当時の天香の苦悩はそれほど大きかった。

しかも、天香が『我宗教』から受けた啓示は、復活の契機を得たというにとどまらない。『我宗教』の主題は、キリスト教徒を標榜する人々が、なぜ聖書において最も明晰かつ高潔な倫理的規範である「山上の垂訓」を自らの生活や行動の中で実践できないのか、という問題にあった。トルストイはその答えを、社会の組織化やある種の惰性の中に求めている。たとえば聖書には、右の頬を打たれた時に左頰を出すよう求めるくだりがあるが、トルストイ自身、かつてはこれを高尚な教訓とみなしつつも、自分には不可能なことと思っていたという。聖書の教えは普通の人にできるはずのない教えであるという常識が、そのように判断させたのである。しかしそれは、実は本来の原因たる自らの弱さを一般化して、正当化しているだけではないのか。そうした常識が、ひいては戦争においては人を殺すことも認められるという、聖書の教えとは相容れないはずの教義まで生み出しているのではないのか。トルストイは、こうした疑問を、聖書の記述をそのまま受け入れ、神の教えを信じ、愛を知ることによって初めて克服した。

『我宗教』には、「人は吾人に告るに……基督が自ら人の為めに苦みを受け以て世の罪を贖ひ給ひ、……人は初めて救拯《きゅうじょう》に預かる事を得たるを以てす。是れ大に可なり、而かも同時に救世主は人類の救拯の為めに教理と模範とを与へ給ひしに非ずや」（二二頁）という文章がある。つまり、キリストは自ら磔にされることで人類に救済を与えただけでなく、自らの行動によって人類に救済を与えるための「模範」を示したというのである。ここに見られるのは、他はどうあれまず自らが率先してキリストにならい、自らを犠牲に真理を実践することこそが自分を救済し、さらには社会の救済にもつながるという考え方である。それはすなわち、政治と一線を画した、愛の精神である。政治とは、支配や権力、あるいは妥協など、他者への働きかけや影響力の行使、つまり「人を使う」ことであるのに対し、愛や宗教は、奉仕活動や喜捨など、「与える」ことによって成立する。自らの生命を犠牲にすることは、「与える精神」の最たるものであろう。政治は、専門や適性、能力に応じた人材の配分において積極的な役割を果たし得るが、他方で倫理や公正さを欠いた政治には、社会の弊害を逆に拡大し、深刻化させてしまう危険がある。社会を正常化するには、社会を構成する個々人が倫理や道徳を内面化し、自覚的に社会に対する貢献意識を持つことが必要であろう。しかし、そのような「与える」愛の精神を「人を使う」政治によって喚起しようとするのは、それぞれの性質に照らして一方的な利用、収奪となる可能性があり、愛なき世界に愛の精神を呼び起こすには限界がある。愛なき世界に愛の精神を喚起するには、何より自らそれを実践し、追随者を呼び起こす具体的な存在が必要となる。その意味で、天香が『我宗教』から受けた啓示とは、強い罪悪感を契機に自らを真理のために投げ出していくという、社会に愛の精神を喚起させるための実践に向けた強い衝動であった。

長浜・愛染明王堂

### 愛染堂の三日間

天香の内省と行動の記録である『天華香洞録』は、天香が京都から帰郷する直前から始まり、明治三十七年四月二十七日から八幡神社境内の愛染堂に参籠した模様についても触れられている。ただし、それによれば、天香は参籠中からその後にかけ、加藤弘之の進化論やプラトンなどを読みふけっていた他、断食というよりは細食であったなど、後述のような『懺悔の生活』の記述とは様相を異にしている。当時の天香の信仰意識は、『懺悔の生活』の清澄な雰囲気とは対照的に、強い決意や悲壮感を漂わせていた。

四月二十七日、天香は京都を発ち、長浜に向かった。道すがら天香は、「モー今日では理論でない実行である。捨身品《しゃしんほん》之極意を実修するのだ」という決意を固めていた（①一三頁）。家に帰宅した天香は、妻から出された好物の鶏肉を拒否し、釜落《かまおとし》（釜に残ったご飯）を出すよう命じた。次いで杉本吉之輔を訪れ、かねてよりの打ち合わせをいよいよ決行することを伝えて愛染堂に向かった。天香は愛染堂で一夜を過ごしたが、それから三日間の食事と体の状態について、天香は次のように記している（①一六～二九頁）。


昨〔二十七日〕八幡社に徹夜す。今朝東雲に至り其景色得も云われず。社後偃〔堰〕水の音に夜もすがら語りあかし、杉樹鬱蒼の間、天地自然の妙趣に契合する其見地より出ずる諸案、我ながらおもしろし。製糸の笛鳴り、舎那院の鐘ひゞき、御坊の太鼓に坐を巻いて帰る。


廿七日、午後一時半、米原にてうどん一、そば一。長浜にて杉本方、白飯一。自宅にて釜落半腕。愛染堂に静坐。

廿八日、朝釜落七分、昼同上、夜又同上。

眼澄み体精気不衰、読書力強く記憶又同じ、鬼気常に満て又愉快也。後七時少々疲労を覚へたり。精神は偉然たり。……妻に忍辱をなすべく命令書を与へたり。

本夜〔二十八日〕は静坐に耐へず、愛染堂畔遂に横臥したり。廿九日朝は身体頗る疲労の気味あり。まづ第一餓に苦しみたりき。唇かわき各部神経麻痺の覚少々あり。おかしゐもの哉。今朝発句も出でず。唯如何にして餓に対せん歟をのみ考へ、堂を下り歩行、眩惑の覚あり。即石に腰懸け、丹田を練り、気海を充実して元気増し、帰りたりしが、途に金屋町にて米粒の散落あるを見、即是余に与へられたるものとひろい上げたり。半手半握即自からあらひ粥を作る。将して一餐に足る哉否哉。

廿九日、朝、ひらい米粥一椀半、ひる、粥二椀、夜粥三椀。
今朝より少々発熱之気味あり。眼疲れ身体疲労頭痛を催す。是丹田気海の充実に乏しき故か、是迄の大食に反して俄かの極端節食に一時組織に異状を来したる歟、何にもせよ病気は防がざるべからず。依て薄粥として夜三椀を喫しぬ。此三椀を米にすれば白米三勺也。即一日の食約壱合也。夜は露宿し、塩に此壱合の米とを以てすれば、白米壱銭五厘として弐銭以内にて命を繋ぐ事を得る次第也。天華香洞主人のいのち一日弐銭、壱年七円三十銭、また安い哉。

廿九日夜。粥三椀に夜食を終へし其九時頃より、静観充心の結果にや、下腹集精し悪瓦斯連発、衆脈整へ熱減し、眼澄み、心地快爽を覚ゆ。白隠和尚の所謂養神の術は是の大なるものならん。雨あり、本夜此家に宿を藉《か》りぬ。

四月二十七日から二十九日までの「愛染堂の三日間」の間、天香は釜落をもらったり落ちている米を拾ったりしながら食をつないでいた。病気は避けなければならないと記されているように、天香はこの三日間、断食をしていたわけでなく、むしろ断食を含めた最下層の細食の中で生活を成り立たせようとしていた。そうした細食について天香は、より具体的に次のように説明している。すなわち、自分は田を耕していないので、米を得られるわけではない。といって、農家に提供する衣類や肥料を生産しようとしても、「既に手をあまして不景気」を呼んでいるような状態である。対して、地主の要望に応えるような「書画の類、骨董の類」といった嗜好品の生産といった仕事もあるが、しかしその結果は「益地主の慾望を増さしめて小作者に無情たる」に過ぎない。残された方法は、「地主に是等無駄の失費と道を説いて節約せしめ」、「節倹は余裕を生じ、余裕測〔惻〕穏の心を生じ小作料を軽減、労力の功をして多からしめ」ることである。天香はこのように考えた上で、次のように記している（①二三～二五頁）。

即知る、人を道に就かしむるは、直接の作業にあらずして而して実は直接以上の功あり。……唯深く世を憂ふるの結果、身を犠牲にして道を説かんと欲する也。……余は釈迦が王位の継承者たるに不拘《かかわらず》、去て鄙里に食を乞ふたるを必然の理勢の然らしむる処と信ず。人、乞食を笑ふ。元より唯の乞食は労働をおしむもの、論外として、此道の為めには真の博愛的乞食なかるべからず。乞食に一種の定義あり。

第一　人の尤《もっとも》下級生活に甘んずる事。
第二　自からの為めに労してさへ食あり、社会の為めに労して食なき理なし。唯具眼のもの少なき間、市に食を乞ふのみ。故に此食を乞ふ、食すべき方便に尽きたるが故にあらざる事。
第三　乞食既に人に悲心を起さしむる要あり。食を乞ふ又一の法便なり。故に殊勝ならざるべからず。食を乞ひ、万一嘲笑を得るも、そは此色身也。色身元より捨つ。唯此残軀、食を乞ふて既に生活す。務とする処のこと唯度生《どしょう》のみ。人に乞食をのみ云はしめて度生の事を知らしめず、是有徳の業《ごう》也。

人々が私欲を優先し、奪い合いをすれば、社会は全体として貧しくなる。逆に、人々が私欲を捨てて社会に貢献すれば、社会は全体として豊かになる。しかし他方で、多くの人々が社会に貢献する中、私利私欲のために富を収奪する人々が現れると、それだけ人々の貢献意識は阻害される。まして、権力や地位を利用して収奪を行う場合、その破壊効果は絶大となろう。問題は、そのように社会が誤った方向に流れつつある中で、いかにしてそれを正常な方向へと導くかである。一般的な心情として、自分だけが損をするような事態は避けようとするであろうが、それでは社会全体の矯正にはつながらない。トルストイが「悪に敵する勿れ」という命題を自らの指針としたのは、そのためである。すなわち、まず自分が損をしてでも正しい生き方を貫くという人間が現れること、そしてそうした人物の登場こそが、自己防衛のために他人の生存を脅かして止まない人々、あるいはそれをやむを得ないものとして受け入れている人々に、本来の人間の正しい生き方について反省を促すことができる、というのである。

天香にとって愛染堂の三日間とは、最底辺の生活環境の中で生存が可能かどうかという課題を自らに課した三日間であったが、対して『懺悔の生活』の記述は、次のように、赤子の泣き声を新生涯へのきっかけとしている。『天華香洞録』に赤子に関する直接的な記述は存在せず、単に「やせた乳をしぼる子あわれ藤の花」(①四七頁)という俳句が記されるのみである。

わたしは……何れが許された食物であるかを知る事が出来ません。或友達の宅で勧められた食事をも他に別の理由もなく断つて、氏神様の境内にある愛染堂の縁側へ薄い坐布団一枚持つていきました。坐禅の真似をしたり、あたりを彷徨《ぶらつ》いてみたりしながら、その夜を明し、翌日も翌々日も、三日の間は行き詰まつたまゝ、そこに坐り込んだのであります。時々はやめやうかとも思ひました。肉も落ちるやうであり、目も眩むばかりになりましたが、それでも何処からも食物は恵まれませんでした。……遂々その夜も疲れた儘坐りつくしました。

夜は白々と明けた。

この時偶《ふ》と耳にしたのは嬰児の泣声であつた。ハツと思った。わたしも赤子のやうに泣いたなら——と。彼の子は今泣いてゐる、彼の子の母は乳を膨らしゐるに違ひない。……。

泣いてくれゝばこそである。乳を呑むのは生存競争ではない、闘ではない、他を凌ぐのではない、呑むことによつて母も喜びあふのである。……

丁度その時に向日葵を見た。

向日葵は日の動くがまゝに首を傾けて行く。よし、私は食物のある所まで、この身体を運ぶまでのことぢや。飢餓を如実に示すことだけなら生存競争ではない、と思案を極めて、突《つ》と立上り、町へ歩き出したのです。……一町半程隔つた箇所に、通りを横切つて糸のやうにひいたこぼれ米があつて、ふと目についた。……小河で土を洗ひ脱け、親類の勝手元で七輪を借りて、稀薄《うす》いお粥をつくりましたら三椀足らずになりました。それを其日はいたゞいて、其夜また愛染堂へ泊まりました。翌朝はさうもう米は落ちてません。私の最も親しい家の前に行きました。


『懺悔の生活』の記述は、天香が実際に愛染堂に参籠した時の意識や行動の経過を、時系列的に逆転させている。すなわち、『懺悔の生活』によれば、天香は奪い合いという生活に行き詰まり、死を覚悟しながら参籠していた時に赤子の声を聞き、それによって、与え、与えられる人間関係の中に喜びを共有する可能性に気づき、こぼれ米などを食したという。しかし実際のところ、天香はこぼれ米を食するなど、最低限の生活を送ることで自己中心的な社会の価値観を克服しようとしていた時に、赤子を連れた母の姿を目にしたのである。天香にとってその光景は、新たな発見というよりはむしろ、自分の目指すものが既に現実として存在していること、そしてその点で自分の決意が正しかったことを示すものであったろう。「やせた乳をしぼる子あわれ藤の花」の句に込められた天香の思いは、正確にはわからない。しかし、『懺悔の生活』の記述は、その時の感慨の大きさを示しているはずである。時系列的な逆転は、天香が『我宗教』の緒言から受けた印象を「巻末」の「生きやうとするには死ね」という表現に要約したことと同様、記憶がより劇的な筋書きへと変化したためであろう。

愛染堂の三日間の後、天香は自らの生活を一変させた。そのため、家族と深刻な紛糾を引き起こすが、その一方で天香は、新たな世界の広がりを経験することにもなる。

## 5　非戦論をめぐって

### 天香の非戦論

愛染堂の三日間は、日露戦争が開戦して二か月余のことであった。当時、『平民新聞』がトルストイの非戦論を紹介し、日露戦争への反対姿勢を明らかにしたことから、天香も基本的には非戦論の立場をとった。ただし、天香の非戦論は、一般的な非戦論とは立場を異にした。天香は『平民新聞』の資本主義批判をある程度評価しながらも、それを「権力を以て富を集中するを叱して又一種の権力を以て富を平等的に奪取せんと欲す」るものと批判していた（①四八五頁）。九月三十日、天香は『平民新聞』の非戦論を批判しながら、杉本臨江に、次のような主張をしている（①二一〇〜二一一頁）。

壱、現在の日露戦争を否認す。随て徴兵に応ずる勿れと喝破し、速かに徹〔撤〕兵退却し真理の為めに戦を永久に已め武装を解くと宣言すべしと主張す。
弐、吾をして総理大臣たらしめば速かに右を行ひ、若容れざれば勇退するにあるのみ。吾をして徴兵に際せしめば速かに右の通り主張し、若国法に処すといわゞ甘んじて其銃殺に応ずべき事を本意とす。
三、勿論露国が如何に処するかは自個の決心を左右すべき資格なし。唯道に就くを以て足るとすべきなり。露若し追激〔撃〕、領土となさば、唯応ずべきのみ。

その上で天香は杉本に対し、「快よく銃殺に甘んずるや」と問いかけている。杉本は「未だ少々決心出来兼ぬる」と答えたが、天香は、「其出来兼ぬるといふは死がいやなのでなくて死するときが惨澹なりといふが如き心持より出ずるに非らざる歟。今若し仮りに余等睡むるが如く死し得るとせよ。然るときに死をいとふの心少しは減ずべし」と述べている。

死への恐怖を克服することで、真理のために死ぬ覚悟ができるという発想は、一度死を覚悟したものならではの発想であり、懺悔とは、そうした自らの生命を真理に捧げようとする決意を固める原動力であった。しかし、非戦論がそのような決意を伴っていない限り、それは単なる自分の生命を守るための自己正当化の議論ともなりかねない。それは、資本主義の下での経済的平等を実現するために階級闘争を行うという議論とほとんど変わりなく、その点で非戦論は、他の一般国民に負担を押しつける偽善的な正義に陥ってしまう危険があった。

右の引用文中で天香は、ロシアが日本を占領しようとするなら、それに応じるのみであると述べている。これは、徴兵忌避による銃殺を覚悟するという議論と同様、当時の日本国民におけるロシアに対する危機感を最大限に共有した上で、帝国主義に対して武力では抵抗しないという趣旨である。その点で天香の主張は、インドのガンディーが後に掲げる非暴力・不服従運動に通じている。

### 非暴力・不服従

若き日のガンディーは、一九一〇年に出版した『ヒンド・スワラージ』（インドの独立）の中で、当時イギリスの統治下にあったインドの目指すべき独立のあり方について述べている。ガンディーによれば、インドがイギリスに支配されているのは、インド自身がそれを望んでいるため、すなわち、インドがインドの伝統から離れ、イギリスの近代文明に依存しているためであるという。ガンディーにとって、近代文明を受容し、イギリスと争うことで獲得されるインドの独立とは、本来のあるべき独立の姿ではなかった。ガンディーは、インドがあくまでインドであることによって、イギリスや、ひいては近代文明そのものの支配から自立した真のインドの独立が達成できると考えた。

ガンディーが弁護士として南アフリカの人種隔離政策と対決していた時に直面した問題とは、本来対等であるべき様々な民族や人種が、近代化の程度に応じて差別化されるという現実であった。対してイギリス本国やインド政庁は南アフリカの政策を支持していなかったが、そうであればこそイギリス本国は、インド人にその近代化と協力の度合いに応じて自治権を付与し、統治の安定を図ろうとする対策を長期的に打ち出していく。しかし、ガンディーは逆に、人々が精神的に独立し、自らの営む社会的営為の中で自足的に生活を維持していくことで、イギリスの支配や近代化そのものから自立できると考えた。ガンディーは、イギリス帝国の全てを否定したわけではない。むしろ個人の自由と自立を重視するイギリス帝国の精神を、インド自身が体現することを目指した。ガンディーは『ヒンド・スワラージ』の中で、真の文明とは「人間が自分の義務を果たす行動様式」であると述べている（岩波文庫版、八一頁）。その意味でガンディーは、イギリスに対する反発と同時にその自由主義の理念に対する敬意をも持ちつつ、インド自身の他者依存的な部分に対して厳しかった。ガンディーの掲げた非暴力・不服従とは、何よりイギリスに依存するインド自身の問題を克服するための自己との闘いを意味していた。

十九世紀末から二十世紀初頭の世界は、自由主義が過熱し、生存競争が意識された帝国主義の渦中にあった。そうした中でのロシアの南下政策は、日本政府にとっても、一般国民にとっても、日本の独立を脅かす脅威として感じられた。日露戦争は、満州や朝鮮半島に対するロシアの影響力の拡大をめぐって生じており、その限りで、日本が直接的な脅威にさらされていたわけではなかった。しかしその一方で、日露戦争は、日本が江戸時代の閉鎖的な価値世界から脱し、多様な世界的価値観を受容し、欧米列強の脅威とそれに対する独立意識とを強く自覚する中で勃発した。その点で非戦論も、ヨーロッパの社会主義思想を受容し、それを内面化することによって誕生していた。そして天香もまた、政府や一般国民、あるいは社会主義の立場とは対極的ながら、権力に対する盲目的な服従から脱し、真理に即した真の精神的自立を目指す精神に則って非戦論を展開した。日露戦争は様々な意味で、日本の近代化と独立を象徴する出来事となっており、天香もまた、独自の信念に則ってそのような時代の精神の一端を担っていた。

# 第二章　一燈園の誕生

## 1　周辺との葛藤と信頼

### 家族と社会への苦悩

天香にとって新生涯への決断は、個人的な変化にとどまらなかった。自らの生き方を変えることで社会の変化を促そうとする以上、それは従来の人間関係の見直しにもつながったからである。中でも深刻であったのは、妻のぶおよび義兄と義父を兼ねる八重郎との関係であった。たとえば明治三十七年十月、天香が粗衣に甘んじているのを見かねたのぶが、天香に衣服を渡したところ、天香はそれを他人に与えてしまうという出来事があった。その際、天香はのぶに「御身に精進の心起り、忍辱より出で丶布施の心もちて吾に与へ給ふならば、弊衣粗服も亦喜んで受けん」と述べており、天香への気持ちを否定されたのぶは、泣き出してしまう（①二五九〜二六〇頁）。

また、明治三十七年六月ないし七月に、天香は八重郎より、周囲より助力を受けて事業で再起を図るようを促された。しかし、これに対して天香は、自己の問題は「社会調和の公の為めに犠牲にせざるべからず」として受け入れず、ついには「肉の一片を家兄に申訳として以て道に就かむ」として再度の断指を決意し、医師を訪れる。話は医師から八重郎に伝わり、八重郎は天香への要請を撤回する（①一四七頁）。その後、明治三十八年二月に、今度は天香が「長子保太郎を余の許に薫錬せんと欲して兄上に余に任されむことを願」ったが、八重郎はこれを拒否した（①五〇二頁）。この頃、保太郎は長浜高等小学校に通っており、八重郎は保太郎を商業学校へ進学させようと考えていた。しかし、明治三十九年三月、保太郎が高等小学校の三年を修了した時、天香は保太郎に、「商業に行くか、わしについて来るか、お前のよいやうにせよ」と伝えた。保太郎はどうしようもなく、「お父さんのところへ来ます」と答えたという（三上和志「裏を見せ表を見せて散る紅葉」155）。

天香が妻や子供に対して厳しい態度を示したのは、自分たちより貧しい人々が存在することに思いを致し、自らの贅沢を戒め、恵まれた人々のあるべき振る舞いについて自覚を促すためであった。そして天香自身、職工の仕事を手伝うなどする中、さらに自らを失業者や困窮者の境遇に置き、社会の実態を確かめようと思い付いた（①一五三〜一八二頁）。

明治三十七年七月二十日、天香は、「何の信用もなくたよるべき友もなく一銭の余財もなき時、果して如何に成行くものか」との疑問を持ち、握り飯を持って大阪に向かった。天香がある茶店で休憩していたところ、店の老婆から男性の就職難について話を聞き、自ら仕事を探そうとして仕事の斡旋業者にあたったが、前金として一円が必要とのことであった。そこで別の業者にあたってみると、身元引受人が必要という。前金がないため、仕事募集先に直接交渉してみようと募集先を訪れてみると、仕事の募集など存在せず、斡旋業者は前金ねらいの詐欺であったことが判明する。天香は引き続き斡旋業者にあたったが、半日を歩き通しても、ついに仕事は得られなかった。最終的に天香はある交番で、小林授産所という、横山源之助『日本の下層社会』でも取り上げられた、貧民に仕事を提供する慈善施設の紹介を受ける。

次いで二十三日、天香は大阪中之島の地方裁判所検事局に出頭し、自首したい旨を申し出た。罪状は株券の消費というもの。天香が出頭した時、手錠や腰縄などで拘束された人々が二十人余り連なっており、取り調べを受けていた。三十七、八歳ぐらいから十二歳の子供までおり、生活のため窃盗に及んだことを「羽織紳士」の検事から叱責されていた。しかし、天香は罪に問われず、釈放された。天香は京都へ戻ったものの、翌日、道ばたで泣いている十七歳の娘に出会う。彼女は、女性の追剝に身ぐるみ剝がれたというのであった。

こうした社会の現状に天香は危機感を覚えた。しかし、公権力や慈善事業による対応に天香は懐疑的であった。天香は「慈善は偽善也。慈善を行ひ得るよふな余裕を作りたいてふ心、其心が即慈善を要する貧民を作りつゝあるなり」（①一八一頁）と記している。慈善を偽善とするのは厳しいが、天香は、貧富の格差が発生する原因を個々人の利己心に置いており、そうした心性が貧民を生み出す社会構造を作り上げると考えていた。

しかし、そうであればこそ天香は、純粋な献身的精神や犠牲心に基づいた慈善行為を何より尊重した。明治三十八年九月、天香は親類からたまたま子供を預かったことがあった。子供たちは天香に洋食をねだったが、天香は子供たちを孤児院へ連れて行き、その食堂で孤児たちと「麦飯に浅漬」という夕食を共にした。子供たちは「孤児の様子を見て感に堪へざるもの」があり、「おじさん、僕は国から又孤児院へ寄付します」と述べ、「孤児院面白かつた」という感想を持った（②四〇〜四一頁）。与える気持ち、愛の精神を喚起しようとする天香の姿勢は、後述のような大正から昭和期にかけて行われた刑務所などでの講演でも示されることになる。

こうした天香の姿勢は、慈愛の気持ちに溢れる女性たちに、多く受け入れられた。

## 一燈園の誕生

そうした中に、実業家時代から出入りしていた京都の待合・西村屋（京都市木屋町三条上る）の長姉・西村夏子や使用人の奥田勝（天香の二番目の妻・勝淳、後・照月）、中村屋の中村豊子、貞《てい》子姉妹、下郷伝平の愛妾藤田玉などがいた。また、天香が明治三十七年十月に出会った徳田繁子という女性は、父を失い、母と姉の看病をしながら、幼い弟を育てていた。結局、母や姉はほどなく死去し、天香は母より後事を託された。しかし天香は、繁子の面倒を見るというよりは、繁子に対し、愛に生きるよう励まし続けた。

徳田繁子は明治三十九年四月、前年に発生した福島、宮城、岩手三県にまたがる大凶作に対する、石井十次・岡山孤児院の支援活動に参加することになった。石井十次は、慶応元（一八六五）年生まれ。明治十四、五年頃、あるキリスト教徒の医師による治療を受けたことをきっかけに入信し、明治二十年に孤児院を開設していた。石井は東北三県の凶作に際し、明治三十九年二月より子供の収容を開始、合計八百二十三名の子供を収容し、明治四十一年まで世話にあたった（石井記念協会『石井十次』一〇三〜一二四頁）。天香は石井について、日記などに名前を記すのみである。面識はあったであろうが、具体的な関係は不明である。繁子から岡山孤児院で活動することを伝えられた天香は、繁子に祝意を伝えると共に、孤児の養育について、「憐むべき孤児といわずして、尊むべき神の子としてそだて丶みたい」（②一四七頁）との感慨を記している。

後に勝淳、照月として、天香の二番目の妻となる奥田勝も、こうした天香の生き方に惹かれた女性の一人であった。奥田勝は、明治十一年の生まれ、祖父は武士であったという。父を早くに亡くし、西村屋に女中として勤めていたが、奥田勝自身、既に独自の求道的な気持ちを持っていた。天香が『天華香洞録』の中で初めて奥田勝に言及するのは、明治三十七年十月、西村家の中で、天香に対して「すねるにも程がある」とか「知恵があり過ぎて魔が」差した、「少々狂気じみた」といった悪評が連ねられる中、奥田のみが無言で通していたことを人伝てに聞き、感謝したことである（①二三〇頁）。さらにこの年の末日、天香は奥田勝より一通の手紙を受け取った（①三七四〜三七五頁）。手紙の内容は不明であるが、奥田勝が天香の新生活に理解を示したことは確かなようで、天香にとっても奥田勝は、天香周辺の人々の中でも特に際立っていたようである。ただし、奥田は天香に対し、しばらくはそれ以上、自らの気持ちについて打ち明けることはしなかった。そうした奥田の態度に、天香は一時動揺した。しかし、明治三十八年九月九日に至り、奥田は天香に対して「殉道の志」を打ち明けた（②四二〜四四頁）。

明治三十九年一月に天香は、「昨秋は奥田勝子の同情を得て其母の家に又食を与はる……余女子を見るに観世音を以てす」（①五六九頁）と記している。奥田勝の母・奥田春は京都の新橋に居住し、天香によれば、「慾のない呑気な人」であったが、その「六畳一室」の住居は、天香に理解を示す人々の会合の場として提供され、まもなく新橋天華香洞と称されるようになった（天香「一燈園生活について」59）。そして新橋天華香洞に続く形で、最初の一燈園が誕生する。

明治三十九年十月六日、天香周辺の女性の集まりとして最初の一燈園が誕生した。天香は『天華香洞録』に、「天華香洞に一燈園生る。卅九年十月六日、奥田かつ子、中村とよ子、服部きぬ子、高階たみ子、西村なつ子、中村てい子、の六人によりて。一燈園は梁川氏の一燈録にちなみ、同氏の喜んで命名する処。いわゆる人の目に小さきも、神国建設の一柱となるべき歟」（②二四一〜二四二頁）と記している。「天華香洞に」と記していることから、奥田春の家でのことであろう。後の天香の回想によると、一燈園創設のきっかけは、女性たちの間で節制し、五円のお金ができたことから、それを銀行へ預ける名義が必要になったことであったという（天香「一燈園生活について」59）。

この後、天香は上京して綱島梁川《つなじまりょうせん》を訪れ、一燈園の名称について了承を得た。十月十一日のことである。梁川は西村夏子宛に、翌十二日付で「昨日拙寓に立寄られし西田道兄より皆さんの御集まりの事を承り歓喜に不堪候。私も心だけは皆さんのお集まりの中に加はりて偕《とも》に働くことを祈居候。さて、その節西田道兄より会名の御相談有之、且つ新刊の中央公論に掲げたる拙文の題名一燈録の一燈の二字は如何との御提言有之……早速同意いたせし次第に候」と記した葉書を送っている（『梁川全集』第九巻四二六頁）。十月六日付の『天華香洞録』の記述は、十月十一日以降にさかのぼって記されたものであろう。

天香にとって梁川との交流は、後述のような新たな世界の広がりをもたらした。と同時に天香は、その後、期待と苦悩をもたらすもう一つの世界との関わりを持っていた。それは、親類の西田卯三郎が機縁となった、秋田県の田乃沢鉱山である。

## 田乃沢鉱山

天香と田乃沢鉱山との関わりは、明治三十七年に西田卯三郎が同鉱山の採掘権を購入したことに始まる。秋田県における鉱山は、多くは戦国期から江戸時代に発見され、明治期には官営化と民営化とを繰り返しながら、明治二十年代から三十年代にかけてほとんどが民営に移された。主な鉱山には、藤田組の経営する小坂鉱山、三菱の経営する尾去沢鉱山、古河の経営する阿仁鉱山などがあった（秋田県編『秋田県史』六五七〜六六五頁）。田乃沢鉱山は、鹿角郡花輪町の南方十五キロに位置する。発見は享保年間にさかのぼり、江戸時代を通じて南部藩が白根沢に銅鉱を採掘していた。その後明治に入り、井上広治という人物が松倉沢という区域を開鉱、明治十七年には関村清之助が立又沢という地区に銀鉱を発見し、また、二十一年には別の区域でも銀鉱の採掘が開始され、これは二十九年に花輪町の中島藤右衛門に引き継がれた。しかし明治三十年頃には、銀価格の下落のために一時休山を余儀なくされたり、あるいは当時の技術水準では黒鉱の融解に限界があるなど、はかばかしい状況にはなかった。こうした中で西田卯三郎が鉱業権の購入を決意し、経営に乗り出すことになったのである（香倉院蔵「田乃沢鉱業株式会社　趣意書・起業目論見書・仮定款・説明書」）。

西田卯三郎が田乃沢鉱山の経営に関わることになった経緯ははっきりしない。西田卯三郎は、おそらく天香が北海道の事業から撤退した後もその周辺で活動し、何らかの伝手を得て田乃沢鉱山の採掘権購入の機会に接したのであろう。とはいえ、翌三十八年には経営不振に陥り、卯三郎は天香に助力を求めるに至った（①五四〇頁）。西田家が引き継いだのは中島藤右衛門と関村清之助からの鉱業権が中心であったが、そもそも両家の経営自体が必ずしも順調ではなかったらしく、卯三郎も状況を好転させることはできなかった。そこで結局、天香が仲介する形で西田藤吉、信吉、永助らが資金援助をすることになったらしい（①五六八頁）。その際、おそらく大阪財界の縁故を通じ、近隣の小坂鉱山を経営する藤田組からの協力も得られることになった。

天香が初めて田乃沢鉱山を訪れたのは明治三十八年十月で、その際、中島、関村その他の債権者に「下駄ばきにてあやまりに往」った（②六〇～六三頁）。その後、明治三十九年五月九日、西田市太郎と中島藤右衛門の間で銀鉱区十二万四千坪余りと隣接区十四万八千坪余りの鉱業権の売買契約が成立し（香倉院蔵「売買契約証書正式謄本」）、次いで翌四十年一月十五日には、西田卯三郎と関村清之助の間で、鉱業権代金の八千六百五十円の支払いに関する和解が成立している（「天香日記」、香倉院蔵「和解ニ関スル契約」）。とはいえ、その後も債務の支払いは滞りがちであったらしい。おそらく西田家の総意としては、卯三郎の負債を全面的に負うことはせず、必要な経営支援をする中で卯三郎に債務を返済させることとし、天香もそれを支持したためではないかと推測される。

関村清之助の娘・関村みきは江渡《えと》狄嶺《てきれい》に嫁いでおり、明治四十一年の時点で狄嶺は天香に対し、債務の支払いに関してかなり強い申し入れを行っていた。以前より、関村家自身が経済的苦境にあったらしく、特にみきの母みつは、西田家の支払い状況にひどく感情を害していた。そのため狄嶺は、天香に対し「少くともおつかさんを道に導き得るだけの務を」果たすよう求めていた（「江渡家の往復書簡」㈠六九頁）。狄嶺の対応は、社会問題の解決法を模索する中でまず身内に厳しさを求めた天香とは、対照的であった。したがって、天香に狄嶺の気持ちは通じたであろうが、狄嶺にどれほど天香の立場が理解できたかは疑問である。この時点で、狄嶺は天香にそれほど悪感情を抱いていたわけではないが、この後、昭和期に入ると、狄嶺がトルストイアンとしての失敗を認め、同志による「百姓愛道場」から家族的農業経営へと、人間関係の縮小、濃密化の方向に進んだのに対し、天香は京都市山科に土地の供養を受け、財団法人光泉林を設立していた。昭和六年三月二十七日、光泉林を訪れた狄嶺は、天香より「拾五円を袋に入れて渡」されながら「足らぬとい」い、「胸ぐらをつかまへ」「横頬を平手にて打」つという事件を引き起こすのである（「天香日記」、江渡狄嶺『地湧のすがた』五四六頁）。

他方、中島家は、鉱山の他に小作農地も経営する名家であったようで、そもそも鉱業権の売却ついても、中島家が鉱山業から手を引くためというよりは、西田家の支援、指導下で経営の再建を目指すためであったらしい。しかも、中島藤右衛門自身が念仏の篤信家であったことから、天香に宗教的な指導も求めていた。明治四十年の天香の日記によると、中島藤右衛門は四月に京都に上京、おそらく一燈園を始めとする天香周辺の人々と交流した後に、天香らと共に東京に移動した。これは、来日した救世軍の創設者ウィリアム・ブースの講演を聴講するためであった。

ブースはアメリカ、カナダを経由して明治四十年四月十五日に横浜に到着、その後、四十日間日本に滞在し、東京、前橋、宇都宮、仙台、横浜、名古屋、大阪、京都、神戸、岡山を歴訪した。救世軍とは、ブースによって創設された、都市下層民などの救済事業を行うプロテスタントの慈善団体で、軍隊に準じた組織形態をとりつつ、世界各地で社会事業を行っていた。日本には明治二十八年に最初の伝道部隊が到着し、同年十二月に当時二十三歳の山室軍平が入隊している。ブースの来日は当時大きな反響を呼んでおり、天香もまたブースの来日に大きな期待を寄せていた（②三〇〇頁）。

天香が中島を伴ってブースの演説会に参加したのは、田乃沢鉱山を単なる鉱山事業としてではなく、伝道の場として捉えていたからであろう。そして中島家もまた、花輪・天華香洞として、天香周辺の人々の会合の場となっていく。しかし他方で、天香は明治四十年五月二十八、二十九日の日記に「中島家、仏を見る心地薄し」「藤右衛門氏来る。一層猛烈に念仏に参すべきを誓ひ、見すつる事なからん事をたのまる」とも記しており、中島家の全体が天香と強い信頼関係にあったわけではなかったらしい。そのためか、中島家と西田家の間でも、度々西田家側債務の確認がなされており、大正七年三月二十八日に卯三郎が死去すると、中島家は卯三郎の妻であった西田きくを相手に訴訟を起こしている（香倉院蔵、秋田地方裁判所大館支部「大正九年四月二十日判決」）。

明治四十二年の時点で、西田永助が鉱業権者を務める田乃沢鉱山は四十四万六千坪余りの金銀亜鉛鉱であったが、同年中は採鉱、開坑に専従するのみで採鉱は行われず、前年までの貯鉱を藤田組の小坂鉱山に売却していた（香倉院蔵「明治四十二年鉱業明細表」）。明治末年から大正期にかけて、田乃沢鉱山は天香に大きな試練を与えることとなる。

## 2 綱島梁川との出会い

**綱島梁川**

明治四十年九月に死去した綱島梁川を追悼する雑誌『新人』の特集記事の中で、天香は梁川と出会った経緯について記している。それによると、明治三十八年の十一月頃、天香は永助より梁川の『病間録』を借りて読み、「露堂々たる神、如来」を「紙背」に感じた。そこで天香は、「直ちに所感一片」を永助に託して梁川を訪れさせた。永助は十日ほど後に天香に返事を寄せ、天香は「三十九年の一月に読売新聞に出た『自覚小記』を読んだ時にはもう会うたも同様であると感」じたという（西田天香「梁川法兄と我れ」、河合道雄『綱島梁川とその周辺』、丹羽孝「綱島梁川と西田天香」）。

永助は明治十九年生まれでこの時十九歳、父より多額の遺産を引き継いでいたが、天香の影響を受け、かつ多感な時期にあって宗教的関心を高めていたようである。永助が梁川を実際に訪れたのは「自覚小記」が明治三十九年一月六日に発表された後のことで、天香が梁川に送ったという書簡については、天香が『天華香洞録』に書き残した控えによって内容を知ることができる。そこで天香は、神人合一を体得すべき宗教家が世俗の権威に屈従する中、自らは全てを捨てて感謝の労働に従事していること、そうした中で出会った「自覚小記」に会心の思いをし、とりわけ「神と偕に楽しみ神と偕に働く」の言葉に接し、共に研鑽したいと感じたことなどを伝えている（①五九一〜五九四頁）。

綱島梁川こと綱島栄一郎は、明治六年、岡山県に生まれた。明治二十三年に高梁協会で洗礼を受け、キリスト教に入信した。明治二十五年に東京専門学校（現・早稲田大学）に入学、坪内逍遙や大西祝《はじめ》に師事して哲学を専攻し、明治二十八年に「道徳的理想論」と題する卒業論文を提出した。ここで梁川は、次のような議論をしている。すなわち、世界は主観と客観に分かれるが、客観によって主観が成立するのではなく、主観によって客観が成立している。そうした中で人間は、道徳的活動や美的活動によって「真我」を実現し、主観を完成することで絶対世界にたどり着こうとしている。梁川はこのように論じ、カント的な観念論の立場から、人間の完成を目指す目的論的な議論を主張していた。

しかし梁川は、卒業直後の明治二十九年に結核を発病してしまう。梁川は病床にあって美学、哲学、文学などの評論を発表していたが、明治三十三年頃より、次第に宗教的傾向を強めた。そして、生命の神秘はそれを感じ取ることはできるが、それを科学で説明することはできず、神もまた同様に主観的に感ずべきものであり、それが客観性そのものである、という考えに到達した。そして明治三十七年の二月十七日夜、九月末、十一月某夜の三度にわたって、梁川は神秘体験を経験する。梁川は明治三十八年七月の『新人』に、それらを踏まえた「予が見神の実験」を発表し、これが翌年八月に出版された『病間録』に収録された。天香が永助の紹介で目にしたのはこれである（虫明䂓・行安茂編『綱島梁川の生涯と思想』）。

天香が右の書簡を永助に託して送った後、梁川は明治三十九年一月二十九日付で田乃沢鉱山の天香に、「たとひ山河万重相隔て候とも、天父の大愛の下に偕に相照らし相輔けて神国の実現に尽くし度と存居候」と記した返信を送った（『梁川全集』第九巻、三四七頁）。そしてこの手紙を受け、明治三十九年二月、秋田の田乃沢鉱山より天香は上京し、初めて梁川を訪れたのである。会見の後、天香は「梁川氏は余の云はんとする処を云ひ、余は梁川氏の行はんとする処を行ふ。共に一にして相即す」（①六〇四頁）と記した。

天香にとって梁川との交流は、天香の活動範囲を広げる上で重要な意味を持った。まず四月上旬に天香は、梁川より早稲田大学教授・中桐確太郎を紹介され、さらに徳冨蘆花や魚住影雄（折蘆）、社会主義者の小田頼造らの知遇を得ることになった。また、明治四十年の天香の日記によれば、同年の一月七日に天香は上京し、綱島梁川を訪問、既に上京していた西村夏子と共に十三日に再度梁川を訪れている。この時、天香が上京したのは、既述のように、江渡狄嶺および関村家と田乃沢鉱山の契約について交渉するためであった。その後、四月には秋田より中島藤右衛門が京都を訪問し、同月十七日に天香は中島や高階たみ子らと東上、十八日に行われた救世軍ブース大将の歓迎会に参加している。徳冨蘆花は、大正二年に刊行した『みみずのたはこと』の中で、ブースの来日に際して初めて梁川を訪れ、その時居合わせた「労働者風」の天香の紹介を受けたと記しており、天香の十八日の日記によると「三時間妙味ある話」をしたという。天香はブースの演説について「かゝる雄大なる演説を聞きたる事なし。長広舌とは如此か」という感想を記し、二十日の演説会にも参加している。

その後、天香は五月初めに秋田に移動し、六日に花輪天華香洞の結成を迎える。また、五月三十日、宇佐美英太郎（不喚楼）より、伊香保で木下尚江と会い、天香のことを話した旨の手紙を受け取っている。宇佐美の詳細は不明であるが、北輝次郎（後の北一輝）の友人で、明治三十六年から三十九年にかけて佐渡に居住したらしく、北と共に『佐渡新聞』に連載を持った他、北と散策したり俳句談義をしたりしていた。宇佐美は後に大川周明の行地社の同人にもなっている（松本健一「ロマン主義という宿痾」、同『評伝北一輝』I、九九、二二九、二五八頁）。宇佐美と梁川が知り合った時期は不明であるが、宇佐美が梁川を訪れ、その内に天香を紹介されたのであろう。そしてその宇佐美の仲介が、天香と木下をつなぐきっかけとなったようである。

**浄土真宗とキリスト教**

一燈園が成立した後の明治四十年初め、天香と梁川は「浄財」について議論している。梁川は「報酬の浄穢は……如何なる出所よりの財にても之れを受くるものが正しき信仰と動機と目的とを以て受くれば浄化せられ」（『梁川全集』第九巻、四八〇頁）ると主張したが、天香は、「執着のない金が浄財である。我のものと思はぬ金が浄財である。寄付すると云ふ念も既によくない。……仏のものを是迄もち居たることの罪をも謝して返すものに於て、少しは無執着の意義にかなふのである」（②二三二頁）と考えていた。天香はあくまで、与える側の気持ちの純粋さを重視し、梁川に比べて厳しい態度をとった。天香は、余裕の一部を分与するという姿勢を評価せず、あくまで犠牲心に基づいた分与を「浄財」とした。そうした個々人の精神的変化がなければ、社会全体の調和は実現しないと考えたからである。ここには、近代社会における貧富の格差を、政治ではなく、愛や宗教によって解決しようとする天香の意識が明瞭に表れている。

浄財をめぐる天香の議論は、仮に供養を受ける側が生死の境目にあるような場合でも、それが浄財といえなければ拒否すべきであるというもので、これは特に病床にあった梁川には、極端な議論に感じられた。ただし、天香の本来の主旨は、自らが命を賭して誠意を求めれば人間は必ずそれに応えるものであるというところにあり、このように表現すれば、天香と梁川との間にそれほどの距離はなかったであろう。実際、天香と梁川は、「信」という自覚の瞬間を持つことで救済が与えられるという、悪人正機説をめぐっては意気投合していた（②二四二頁）。「信」を重視する考え方は、浄財をめぐる議論の核心でもあった。

梁川は明治四十年二月に発表した「聞光録」（其二）の中で、天香を「道友、天華香洞主人」として、その聖書解釈と共に紹介している。天香の聖書解釈とは、「基督が単に十字架上にありしの故をもて吾等は救はるゝにあらず。基督は、十字架によりて救はれたる吾等が肉を、世の迫害に対して如何に処分し、以て未だ救はれざる一切衆生のために（是れ即ち報恩底の事且つは救はれたるものは神の大願と已れの大願と一致するが故に、一切衆生成仏のためには捨身「贖罪」すべき也）献ぐべきかを示し給ひたる也」（『梁川全集』第五巻、四三七頁）というもの。これは、天香が先述のトルストイ『我宗教』（二二頁）の記述を基に、『天華香洞録』（②一八一〜一八二頁）に記していた文章で、これが天香を世に紹介した初めての文章となった。

梁川はその前月に発表した「聞光録」（其一）の中で、「阿弥陀如来の絶対他力を唯一の恩寵と打すがる浄土真宗の一派は……一見相対峙せる基督教と不思議なる宿縁の糸に繋がる、ふしあり」(『梁川全集』第五巻、四三〇頁)と記している。梁川は、浄罪や悪人正機説、あるいは聖書解釈をめぐる意見交換を通じ、仏教を信仰する天香とキリスト教を信仰する自らの間に通底するものを感じていた。梁川が引用した天香の文章は、キリストが人類の罪を背負って十字架にかけられると共に、それによって人類救済の模範を示したというものであった。十字架にかけられることで人類に救済を与えるという感覚は、それだけでは、キリスト教になじみのない人にはあまり実感できないかもしれない。そこで重要な意味を持つのが信仰と贖罪、すなわち「懺悔」であり、梁川は一燈園の名称の由来となった『一燈録』においても、真宗とキリスト教を近いものとして捉えていた(『梁川全集』第五巻、三七七〜三七八頁)。

『新約聖書』中の「福音書」は、キリストが十字架にかけられ、その三日後に復活するまでの物語である。一般に「福音書」は、イエス・キリストの言行録として理解されているが、そこで取り上げられている主題は、決してイエスの言動だけではない。「福音書」は、イエスに準ずることのできなかった使徒たちの行動の記録でもあり、中でも罪の意識と深く関わるのが、イエスの磔に際してのペテロの行動である。ペテロは、イエスが十字架にかけられる前夜、イエスより、お前は鶏が鳴くまでに三度私を知らないと言うであろう、と予言される。ペテロはそれを強く否定したが、翌朝未明にイエスが十字架にかけられた時、イエスを非難する群衆より仲間ではないかと嫌疑を受け、ペテロは三度否定してしまう。ここには、自らの弱さから師を裏切った者の罪の意識が取り上げられており、その後のペテロは、強い悔悟の念を胸に殉教への道を歩んでいく。つまり、ペテロが罪の意識を心に刻み、伝道に生涯を捧げた時、ペテロにも復活と救済が訪れたわけである。

対して浄土真宗やその基となった浄土宗など浄土系仏教は、「浄土三部経」といわれる「無量寿経」「観無量寿経」「阿弥陀経」を重視する宗派である。中でも大経と呼ばれ、中心的な位置を占める「無量寿経」は、救いを求める衆生の救済を掲げて仏となった阿弥陀如来の物語であり、そこには大きく二つの主題が含まれている。つまり第一に、人は一人で生まれ、一人で死んでいく、自分の行ったことは自分がその報いを受けなければならない、という自己責任倫理、そして第二に、そのような自己責任の原理が貫徹する世界の中で、人は心を浄くし、行いを正しくすることで、阿弥陀如来の清浄の地に生まれ変わることができる、という復活、再生の過程である。

「無量寿経」は、人間の孤独感や内面的な罪悪感に訴えることで、自らの一切を仏に差し出す信仰心を促そうとしていることから、他力信仰と呼ばれる。歴史的に浄土真宗は、室町後期に登場した蓮如によって教団として大きく発展したが、本来は、教団の設立、拡張を目的とした宗派ではなかった。たとえば蓮如自身、『御文』の中で「故聖人のおほせには、親鸞は、弟子一人ももたず、とこそおほせられ候ひつれ、……さればとも同行なるべきものなり、これによりて聖人は御同朋御同行とこそ、かしづきておほせられけり」（二帖一）と記している。しかし、蓮如の記述からも感じられるように、真宗には個人の内面的な感性に訴える部分が強く、そのために「痛みの共有」を通じ、人々の強い結びつきや共同体意識を生み出すことにもなった。

その後、梁川の許を訪れる人々の間で、交流の手段が講じられることとなった。まず明治四十年六月、福島県石城郡鹿島村の八代義定によって、磐城梁川会が結成された。八代は明治二十二年生まれ。高等小学校を卒業した後、家業である農業に従事していたが、明治三十九年に綱島梁川のことを知り、明治四十年年四月に梁川を訪問していた。八代はこの後、北海道に梁川村を建設しようとするが果たせず、大正後期以降、福島県における考古学調査に業績を上げることとなる（『梁川全集』第九巻、五六〇頁、菊地キヨ子・八代彰之編『残丘舎遺文』、虫明竌他遍『綱島梁川の生涯と思想』四六頁）。

さらに同じ六月、宇佐美不喚楼（英太郎）の提案により、梁川を慕う人々の間で日々の動静や所感を記し、相互に回送しあう、「回覧集」と名付けられた文集の交換が始まった。宇佐美によれば、「此回覧集を接手せられたるときは何にても思ふ処を記し二日以内に」回送することとし、「宗教上の実験、感想、疑義を主とすと雖も天然人事百般の問題、其所感、経験、其他詩歌、写生文、絵画、書、篆刻文字にても不苦、自己併に自辺の動静、慶弔は特に記載ありたし」とされた。最初の名簿記載者は、綱島梁川、小田頼造を始め、二十代から三十代半ばまでの青年が中心であった。

「回覧集」は梁川の許に集まりながら、交流を持つ機会を得られなかった人々の間の親睦を深めるために始められたのであろう。第一巻から七巻までの七冊が現存し、期間は明治四十年八月二十日から明治四十二年八月二十三日までの二年間。第一巻は、宇佐美による参加者の紹介と梁川の所感から始まり、名簿順に回送された。九月八日に宿南昌吉から在京の天香に手渡され、さらに回送されたが、直後に梁川の死を迎えた。梁川の死は、明治四十年九月十四日夜のことであった。享年三十四歳。その時、天香は京都にいた。東京から梁川死去の連絡が届いた直後の天香の様子について、宿南昌吉は次のように記している（丹羽孝「宿南昌吉と西田天香」(1)、二八頁）。

新橋通橋本町の小さな路地をくゞつて天華香洞に入つたのは九月拾五日午後四時過ぎであつた。……天香道人はおもむろに僕を顧みて「葉書は着きましたか」と云はる。「イエ」と答へる言問《こととい》顔の僕を憐む如くながめて「綱島さんが亡くなられました」の一語を喝せられた。一語は脳天を圧してエレキは惣身を領した。……

上り框《かまち》についた双手の間に垂れた頭は、主人の「まづまづこちらへ」の一語で漸く上げられて、請じられた席に着いた。やゝあつて卓に立てられた線香の煙が心にとまり、仏壇に点ぜられた燈明の明に照らさるゝ「梁川居士」なる位牌が目に入る。目を閉じて静かに祈念する。……

主人が黙然の眼を開いて、「蘇られたのです」の意味の言葉を語られた。兎角する間に先生が主人に宛てられた最後の自筆なるハガキを示された。主人と法友としての交歓の温かさは短い字句のうちに横溢して居る。

宿南昌吉は明治十五年、兵庫県但馬の養父《やぶ》郡宿南村に生まれた。父が村長を務めるなど、名家の生まれで、明治三十七年に京都帝国大学医科大学に入学している。明治三十八年に綱島梁川に傾倒し始め、翌年末に綱島梁川に書簡を送り、四十年にキリスト教の洗礼も受けた。天香とは明治四十年四月十二日に初めて会見している。引用文中の天香宛の最後の葉書とは、梁川死去五日前の九日付のもので、容態の悪化を知らせると共に、「僕が深く感じて書いたものは、誰れもまだ何とも言つて来ない前に屹度法兄よりの感応のあるのは不思議だ。……僕はうれし涙が溢れて感謝した」と相互の信頼関係を心霊現象的に伝え、「一燈会の緒兄姉へよろしく願ひ升」と記していた（『梁川全集』第九巻、六〇〇～六〇一頁）。

天香と梁川との関係は、明治三十九年初めから四十年九月までの一年半余りに過ぎなかった。しかし、この間に梁川を通じて広められた天香の交流は、回覧集に集った人々を中心に、梁川の死後も継続していく。

## 3　梁川会と山科天華香洞

### 山科天華香洞

梁川が死去して一か月後の十月十三日、東京の本郷会堂で梁川の追悼会が開催され、十四日の命日に梁川庵で追悼会が開催された。それに合わせ、京都でも十三日に天香らによって、追悼会を兼ねて梁川会が開催されることとなった。たまたま九月末より、宿南昌吉は、魚住影雄や阿部次郎らと共に乗鞍、穂高、槍ヶ岳の登山に向かっていた。宿南が京都に戻ったのは十月十八日であった。京都における梁川会はおそらく東京での追悼行事に合わせて開催されることになったため、連絡が間に合わなかったのであろう。

宿南は、翌十九日の日記に「三条に出て、橋本町の天華香洞をたづぬ。主人幸に在宅、直に先生葬式当日の写真数葉を示さる。次で東京に於ける梁川会第一回の模様など、宇佐美氏、中桐氏などの書面にて見る。小田頼造氏の手紙をも見る。卜翁《トルストイ》を主張する程ありて、切に田園生活、捨身的農夫生活を是として、近々実行の緒につかんと云ふ」と記している（阿部次郎編『宿南昌吉遺稿』三五三頁）。東京における梁川会とは、追悼会を指すのであろう。また、この時点で小田頼造は、「田園生活、捨身的農夫生活」を主張していたわけである。実際、約一か月後の十一月二十一日、小田頼造や田乃沢鉱山で監督の任に当たっていた吉田東馬らが京都の新橋天華香洞を訪れ、二十四日には、理想郷実現大祈禱祈念会合と題した会合が知恩院一心院で開催された。会した人数は五十名に及んだ。そして小田は、十二月中旬には宇治郡山科勧修寺に無料で家屋を借り、三十一日までに屋根の葺き替え、畳の新調などを済ませて明治四十一年を迎えた。同家は山科天華香洞と呼ばれることになり、小田頼造が構想した田園生活の中心的な舞台となった。

明治四十一年一月二日、「天華香洞日録」（香倉院蔵）と題された日誌には、「不言、芙蓉の二名初仕事を為すべく中村源次郎氏方に行きて玄米一斗五舛を搗き、帰りて正午過迄洞に属する荒地を開墾す。源次郎氏来りて手伝はる。午后より夕方迄、不、芙の二人、源次郎と共に大家の三上家に行きて年頭の詞を述べ、家屋の修繕の成れることを告げ、且つ不幸なる同家の主婦を慰む」と記されている。不言とは西田卯三郎、芙蓉とは小田頼造の号である。家屋の所有者の家に不幸があり、その生活を補助する形で家屋を借り、田園生活が始められたらしい。「回覧集」其三には、中村金蔵という人物によって「も一つ愉快なる報告は天華香洞が京都山科勧修寺村に卜された事です。西田卯三郎君、同保太郎君、小田頼造君が田園生活と信仰生活とを践行せらるゝ光輝ある道場」と記されている。運営の中心は、小田と西田卯三郎であったらしい。天香自身は、出入りはしていたものの、元来、定住に消極的であったことから、新たな理解者を紹介するという役割にとどまっていた。また、西田保太郎も、不在がちな天香とは違って山科での労働を主として生活していたようである。保太郎は後に「保香」と号することになる。

**訪問者**

山科天華香洞の開設からほどない一月二十二日、歌舞伎役者の市川福之助が突如、京都木屋町の中村屋に天香を訪ね、どてらに着替えて山科天華香洞に向かっている。市川福之助は明治十八年に梨園の名家に生まれ、市川斎入（右団次）一座に属していた。明治三十一年九月、福之助が小樽住吉座で「操三番叟《あやつりさんばそう》」の舞台を演じていたところ、市太郎とたまたま宿所の隣室に泊まり合わせたという。市太郎は芝居見物が好きで、市太郎が西田天香として京阪神に戻った後も、明治三十七年の新生涯の開始までのしばらくの間、時折舞台を観劇し、その際には必ず楽屋を訪問していたという。対して福之助は、歌舞伎俳優として女形を演じ続けながらも、次第に上方の旧習や芸界の粗放な生活、人間関係の浅ましい部分に耐え切れなくなっていた。そうした折りに山科天華香洞のことを聞きつけ、家を飛び出したのである。福之助の家出は騒動となり、新聞でも報道された（「俳優の変り物」『大阪朝日新聞』明治四十一年二月二日）。福之助の実母は天香に同情があったらしいが、天香は井上家との間で板挟みとなり、最終的に井上家側の要請で、福之助を電報で呼び寄せた。その結果、福之助は「缶詰」にされて、天香との往復も途絶する。しかし、福之助の思いは後の一燈園入園によって果たされる（井上竹水「牡丹刷毛より法刷毛に」104、天香「井上竹水子を憶ふ」170）。

他方、明治四十一年二月二十二日の回覧集に、天香は、「何か一つなけねば困るもので、あればすぐに弊害のできるもの」は「名称」であり、「天華香洞」もその一つであるとして、山科に道場ができたとしても、本来の道場とはそれぞれの「心内にのみある」とし、さらに、自分はあくまで「天華香洞」の「僕」であるから、仲間の中心として理解されることは「心苦しく思ふ」と記している。その意味で天香は、小田やあるいは福之助らの熱意に比べると、山科天華香洞に対して淡泊ないしやや距離をとる態度を示していた。なお、この日の回覧集には、宿南らとの書簡には「例の卍字形のスタンプ」を捺し、その下に署名することに定めたという記述がある。そこに記された「卍」は、中央の十字部分が太線で記され、周辺の線は白抜きで示されており、仏教を象徴する卍とキリスト教を象徴する十字が融合された図柄と

東京梁川会（明治42年４月11日）
（前列左側は近角常観，一人を挟み天香，後列左端は魚住影雄，一人を挟み安倍能成）

なっている。これはおそらく、後述の「光卍十字《ひかりまんじゅうじ》」の原型となったものであろう（「回覧集」、丹羽孝編「回覧集の西田天香」）。

明治四十一年中、梁川会は東京や京都で十三日前後に開催されていたようであるが、毎月行われていたわけではないらしい。三月十五日には、天香、卯三郎、小田頼造、宿南の他、中村屋の姉妹（貞子、豊子）や西村夏子らが集い、袋中庵の庵主が読経した。ただし、その際、袋中庵の庵主は、壁に十字架がかけられ、観音の木造が安置してあったことに辟易し、「念仏は果して祖師の念仏なりや、異端ならば宗門へのきこえもありとの挨拶」をした。日々の労働に神に対する敬虔な気持ちを込めるという思いが、固定的な儀式を排する結果になったのであるが、それだけに、特定の宗派に属する人々には理解しがたかったわけである（阿部編『宿南昌吉遺稿』四五二頁）。

その後、四月八日には、西田保太郎が宿南を訪れ、小田の様子を話している。宿南は九日の日記に「昨夕、保太郎君が先日病気のとき見舞つた礼に来た。卯三郎君は山科に居ぬそうな、小田君は読み考ふる外耕さず、一人帰るのが一寸困りものらしい」（阿部編『宿南昌吉遺稿』四六〇頁）と記している。小田は、山科天華香洞における田園生活の重要な発起人であったが、開始から四か月目には既に倦怠の雰囲気を見せていた。にもかかわらず、山科天華香洞は明治四十二年末頃まで継続する。

十月十八日に山科で開催された臨時梁川会には、今岡信一良《いまおかしんいちろう》が参加している。今岡は明治十四年、島根県に生まれ、松枝中学、熊本の第五高等学校を経て、東京帝国大学文科を卒業した。中学四年の時にキリスト教に入信し、帝大在学中には海老名弾正や姉崎正治に師事すると共に、綱島梁川の「予が見神の実験」を読んで綱島を直接訪問していた。大学卒業後、今岡は兵庫キリスト教会で牧師を務めていたが、梁川の死後に梁川会に参加し、神戸で梁川会を開催した時には天香を招待したという。天香が今岡の許を訪問すると、女中は何の世話もしなくてよいばかりか、女中の仕事を天香が引き受けるので、女中には特に歓迎されたという。

今岡は天香に会うまで、内村鑑三や海老名弾正を尊敬し、正義感や愛国心からキリスト教徒として日本の将来を担う気概に溢れていた。そうした、偉人を目指し、国家や社会の改革の先頭に立とうとしていた今岡にとって、天香の考えや生活は衝撃的であった。今岡によれば、天香は「大ならんと欲する者は小さくなれ」という聖書の言葉をそのまま生活として実践していたからで、今岡はそれによって、聖書の言葉を知識としてしか理解していなかったことに気づかされた。今岡はまた、天香より我執をなくす必要を説かれ、ついには牧師の地位を辞することになった。今岡は再度東京で勉強する決意を固めたが、その際、天香から岡田虎二郎と岡田式静坐法について紹介を受け、勧められたという。

天香が岡田虎二郎を知ったきっかけは不明であるが、逸見斧吉《へんみおのきち》を通じてであろう。岡田は明治五年、愛知県渥美郡田原町に生まれており、天香と同年である。明治三十九年から静坐法を始めていたが、明治四十三年に木下尚江が岡田に傾倒し、木下は逸見斧吉をも同様に傾倒させ、さらに田中正造を岡田に引き合わていた。岡田式静坐法とは、膝を広げ、背筋を伸ばした静坐の状態で、息をゆっくり吐きながら丹田に徐々に力を入れていくという、呼吸を重視した坐法である。天香は愛染堂での参籠に際し、坐禅や呼吸法を通じて気海丹田を充実させ、心身の充実を得ようとしていた。天香は、岡田式静坐法が発表される以前より坐禅や呼吸法に独自に取り組んでいたから、岡田式静坐法を改めて習得するようなことはなかった。しかも天香は、呼吸法を指導する立場にもなかったので、上京する今岡に対して岡田式静坐法を勧めたのであろう。岡田式静坐法は、大正期に一世を風靡する（中西清三『ここに人あり』）。

明治四十三年に上京した今岡は、木下尚江や田中正造らと岡田の静坐会に参加した。今岡は明治四十五年には東京帝国大学の姉崎正治の下で宗教学研究室の副手に就任し、その後アメリカに留学する。帰国後、大正八年から日本大学の講師を務め、大正十四年には正則中学校長に就任した。そして戦後の昭和二十三年に東京帰一協会を設立、自由宗教運動を始めることとなる（今岡信一良『人生百年』、同『わが自由宗教の百年』）。

## 田中正造と天香

ところで、ここで名前の挙がっている田中正造に関しては、天香自身も明治四十二年末から翌年初めにかけて、交流があった。天香と田中が最初に出会った時期は不明であるが、明治四十二年十二月二十一日付で、天香は逸見宛に「小生田中翁を見しより忘られず、今は親共なし、何となくなつかしく」（『田中正造全集』第十八巻、六七九頁）と記した書簡を送っている。この少し前ぐらいに初めて会見したのであろう。田中正造は天保十二（一八四一）年生まれ、この時点で六十八歳になっていた。天香が生まれた時、父・八重郎は五十歳を過ぎていたから、父に対する青年期の天香の記憶に重なるところがあったのであろう。田中もまた、十二月二十一日付で逸見に宛てて、「多忙に紛れては又真理追想の余地なく……片時も早く此事に付西田君に尚御面会いたし尚進んでの御相談いたし決して見たいと考ます」（『田中正造全集』第十八巻、一三七頁）と記している。天香と田中の出会いは、逸見が天香を田中に紹介し、田中が天香に強い関心を示すことで実現したようである。天香と田中は三十歳以上離れていたが、田中は天香に対し、教えを請うという姿勢で接した。田中がこのように天香に接したのには、理由があった。それは、田中が従来関わり続けてきた谷中《やなか》村問題への対応をめぐり、ある心境の変化に直面していたためである。

田中正造と（明治43年3月6日）
（中央の老人が田中正造。その左が木下尚江，さらに左に福田英子。田中の右手前に座るのが石川三四郎。右端が逸見斧吉。天香は後列左より3番目）

田中正造は、明治二十三（一八九〇）年の第一回衆議院議員総選挙で栃木県より当選して以降、渡良瀬川流域の足尾銅山の鉱毒問題に取り組んでいた。しかしこの問題はその後、渡良瀬川の決壊により水没したまま放置された谷中村を遊水池化するという問題に吸収されてしまう。堤防の修復を省略すると共に、鉱毒を沈殿させて利根川に流出するのを防ぐためであった。

田中が谷中村を訪れたのは明治三十七年であっ

た。そして県や国との折衝に当たる中で、国や県が災害発生の責任を曖昧にしたまま、というより、洪水を好機に谷中村を安く買いたたき、問題の収拾を図ろうとしているのではないか、という疑念を持つようになった。村民の多くは村から退去したが、国や県の当局に反発した一部村民は、村にとどまり続けた。明治四十年六月末より、谷中村に残留する十六戸に対する家屋の強制破壊が開始された。しかし、残留住民は仮小屋を設置し、なお谷中村にとどまった。そして明治四十一年一月十二日に最初の死者が出た。竹沢友弥という人物で、竹沢は、親族や田中による移転の勧めを拒否し、「みのかさにて樹の下にかがみ、食物ぬれて健康甚だ害され」る状況の中、「我れは死すとも此地を去らず、無法無政府の現在、何れの地に至るも人民の保護なしと信ぜり、救済の名の下に人民の家屋を破壊するの強勢に対しては、死すとも此処をさらざるなり」と語っていた(『田中正造全集』第十一巻、二八〇頁)。そしてこの頃より、田中はキリスト教を始めとする宗教的な関心を強めていった。

明治四十二年になると、田中は日記に「聖書は読むにあらず。行ふものなればなり」「人はパンのみを以て生きるものにあらず。谷中一百人は定職、定住、定食なく、水中の仮小屋に生活する三ヶ年、人はパンのみを以て生まるものにあらず」(『田中正造全集』第十一巻、二二九、四一九頁)といった言葉を記すようになった。田中はこうした心境の中で、従来の考え方を修正し、天香の生き方に共鳴していく価値観を形成した。すなわち、政治で救済されない人々への精神的救済、痛みの共有による物質を越えた人格の尊重という世界である。『田中正造全集』第十八巻に収録された書簡から判断する限り、田中と天香は緊密な関係にあったわけではない。田中も天香も、互いに共感し合う部分は多かったが、相互の領分に深く関わり合うことはむしろ控えていたようである。天香としては、田中を精神的に支援するに撤したということになろう。

山科天華香洞の記録は、明治四十二年九月十七日で終わっている。その後、年末までに閉鎖されたようであるが、事情ははっきりしない。きっかけは小田が山科を去ったことであろうが、大家側の事情など、他の要因も作用したのかもしれない。天香が中止させたということはないであろうが、天香が積極的に関わっていたわけでもなかったので、自然消滅のような形になったのであろう。しかしその一方で、明治四十二年七月に、大阪西田家の西田又蔵が京都の第三高等学校から東京帝国大学農科大学に進学していた。しかも天香は、又蔵の上京に合わせ、東京郊外の千歳村字粕谷（現・世田谷区内）に居住していた徳冨蘆花に宛てて、「法兄の近所の農家の一間をかりて、全く農的生活（たまには農事をも手伝はせてもらふならばありがたし）をして、学校へ通いたいとの事」という本人の要望を伝えている（長浜城博物館『西田天香』七二〜七四頁）。徳冨蘆花は、明治四十年より同地に居住し、田園生活をしていた。又蔵が田園生活を希望したのは、山科天華香洞に触発されたためであろう。実際、又蔵は柳原㓐祐という後輩を天香に紹介し、山科天華香洞を訪れさせてもいた。柳原は一燈園が創設された後も、最古参の光友として天香と交流し続けることになる（柳原㓐祐「追憶二片」100、同「思ひ出るまゝに」101）。

明治四十年代の天香は、綱島梁川との交流をきっかけに、若い知識人階層の人々との交流を拡大した。しかし、天香はそうした人々に、時として知識そのものの意義を否定するかのような姿勢を見せることがあった。又蔵から天香を紹介された柳原なども、そうした天香にむしろ距離を感じていた。おそらく天香としては、知識人階層に属する若者が、具体的行動よりも抽象的思考を優先させがちで、そうした知識偏重の姿勢に自己中心的な自我を感じたのであろう。その意味で、梁川の周辺に集まった人々、特に安倍能成らを中心とする知識人階層において、天香の立場は異質であった。ただし、そうした知識人の中にも、天香に同調した人々も存在した。とりわけ宿南昌吉と魚住影雄という二人は、それぞれ天香との距離と共感を感じ、苦悩した知識人であった。

## 4　宿南昌吉と魚住影雄

### 宿南の場合

宿南昌吉は、梁川会の中で天香と特に親しい関係にあった人物である。宿南は明治四十年十月二十三日、日本アルプスの登山から京都に戻り、梁川の死を知らされてからまもなくの日の日記に、「西田君の調子の一本にしてきつ粋なる、わく〳〵させる。捨身でなくば話が始らぬ。捨てた身は真に文字通りに神物で活きようとするのである」（阿部編『宿南昌吉遺稿』三五六頁）と記した。宿南は、自己の生き方を変えると共に、家族にもそれを強く促したようで、天香から受けた感化をそのまま実践しようとしていた。

宿南は京都帝国大学に通学しながら、天香の滞在する西村屋や山科天華香洞にしばしば出入りしていた。そうした中で宿南は、明治三十九年に北輝次郎が出版した『国体論及び純正社会主義』に接する機会を得た。北の国体論は、出版直後に発禁処分を受けたが、堺利彦が仲介する形で小田頼三が原本の多くを引き取っていた（松本健一『評伝北一輝』Ⅱ、一六二頁）。その一冊が山科天華香洞にもたらされたのであろう。『国体論及び純正社会主義』は、北が頒布した社会主義者などの間で絶賛を受けており、宿南もこれに惹かれた。宿南は、「予は衷心、トルストイズム若くは之に近似せるものに、所謂科学的正確を与へんことを希望す。否、予にして北氏の社会主義を知らざりせば、或は理に於て全く迷ふ処なかりしやも知るべからず」と記している（阿部編『宿南昌吉遺稿』三九二頁）。つまり宿南は、宗教と科学の相互関係について意識するようになったわけである。

宿南は特に北の生存競争をめぐる議論に注目した。北は『国体論及び純正社会主義』において、生存競争について次のように論じている。すなわち、生存競争といっても、そこには二種類の競争がある。つまり、食物を奪い合う異種生物間の生存競争と、異性を獲得するための同種生物間の雌雄競争である。この内、世代を越えた命をつなぐための雌雄競争は、花の美しさや虫や鳥の鳴き声といった美を生み出し、人類においても、知識や道徳、容姿の美しさなどが恋愛を規定するようになった。それは、人類が社会進化の理想を子孫に伝えようとした結果であった。そこで北は、今後人類は経済面で社会主義を実現し、共同社会を実現すると共に、その中での競争によって真善美を発展させ、理想的社会を後世に伝えていかねばならない、と論じた。その上で北は、動物が類人猿を経て人類になったように、人類は将来、類神人を経て神類へ進化していくと予言した。

宿南は、全てを捨てて他者のために奉仕しようとするトルストイや天香の考えと、競争の中に進化と共同の契機を見出す北の思想の間で動揺した。そこで宿南は、情愛を対象とする宗教の世界に、科学による裏付けを与えることで、北の議論を克服できないかと考えた。しかし、かえってそのために宿南は、天香との距離を自覚することにもなった。宿南は天香の立場を、進歩を否定する主義と理解しており、その点は医学に従事するものとして、受け入れられなかったのである。とはいえ、そもそも貧しくても正しく生きようとする精神と、科学の進歩や発展とは、相互に矛盾するわけではなかった。ところが問題は、その間に利己主義が介在し、進歩や発展の名の下で競争による貧富の格差が正当化されたり、あるいは拡大したりしていることであった。この点で大正期の天香は、社会における利己主義を否定することで、むしろ科学や文明の発展と人々による真理に即した生活との調和を目指すこととなる。

宿南は明治四十二年二月二十四日の日記に、将来の抱負として、田舎医師となること、農民として郷村を整理し、場合によっては村長になること、医学研究者として四分の一の余力で二、三十年をかけ、遺伝論の研究に携わることの三点を挙げている（阿部編『宿南昌吉遺稿』四九九〜五〇〇頁）。情愛の世界に科学による裏付けを与えようとした宿南は、医学の分野における大成よりも、地域の生活の中に哲学や科学を活かすことに自らの存在意義を見出そうとしていた。こうした中、三月に宿南は京都大学病院の助手に任命された。医療現場に携わる機会を得たわけであるが、結果的にこれが仇となった。宿南は八月十日、手術を行った患者より病原菌に感染し、翌日に発病、十五日に死去した。原因不明であったため、宿南の遺志で即日解剖が行われた。細菌感染による敗血症であった。享年二十七歳。翌日、天香の司式で告別式が行われた。

宿南の死から三年近くを経た明治四十五年五月、安倍能成、魚住影雄、阿部次郎の三人により、宿南の書簡をまとめた遺稿集が三百部出版され、知友に頒布された（安倍能成編『宿南昌吉遺稿』）。そして昭和九年六月には、日記を中心とする遺稿集が岩波書店から出版された。岩波書店版の序は天香が執筆し、編輯後記は阿部次郎が執筆した。阿部はそこで、宿南を「明治四十年前後の特色ある精神的空気を呼吸しつゝ身を以て生きて通つた人」と紹介し、「此の書は日露戦争前後の望み多く、悩み多く、活気多き時代の活写として、少くとも文化史の一証券とするに足るであらう。本書を編纂するために遺稿を読みかへしながら、私は自分の青年時代がいき〳〵と身に迫り心に蘇つて来ることを感じつゝ、幾度か涙を催すことを禁じ得なかつた」と記している。

## 魚住の場合

次に魚住影雄もまた、阿部のいう日露戦争前後の精神を共有し、死後、安倍能成らにより遺稿集が出版された宿南の友人である。魚住は、宿南の生前中は天香とそれほど親しい関係にあったわけではない。ところが、宿南の死から一年余を経た明治四十三年九月十三日付で、魚住は友人に宛てて、「綱島先生の親友に西田市太郎といふ人があります……この方の宗教上の考は時々聞いてゐましたが、此度ほどはつきりしたことはありません、私は私の生活が根本から虚偽の上に立つてゐる事を痛切に感ぜさせられました」と書き送った（魚住影雄『折蘆書簡集』五〇一頁）。

魚住が郷里で天香と親しく話し、感銘を受けたのは九月四日、天香は自らが新生活に入るまでの思考や生活の経緯を話したようである。魚住と天香が知り合ったのは明治四十一年一月十四日の梁川会の場であった。それから三年近くを経て、突如この時点で魚住が天香に傾倒したのは、魚住が阿部純子という女性との恋愛に苦悩していたからであった。

魚住影雄は明治十六年、兵庫県加古郡母里村野寺村に生まれた。兵庫県出身という点では宿南と同郷である。父魚住逸治は儒学者魚住逸平の息子で、郷土の水利整備などに携わり、県議会議員や衆議院議員となった。地方の名家に生まれたという点でも宿南と環境は通じていた。ただし、魚住は姫路尋常中学時代より、討論、演説に熱中し、上級生批判から私的制裁を受けそうになるほど、正義感が強く、権威に対する反抗的姿勢が際立っていた。明治三十三年、小説の執筆や短歌、俳句の作詠を多く行うが、学生風紀の紊乱を糾弾する中で退学し、上京した。上京後、内村鑑三を訪ねて平民主義に傾倒する一方、私立京北中学校に編入し、藤村操を知る。明治三十六年五月二十二日の藤村の自殺の後、九月より第一高等学校に入学し、十二月に綱島梁川を訪れた。そして翌明治三十七年には、安倍能成らと共に『校友会雑誌』の編集に当たることとなった。

五月に魚住は、「自殺論」と題する文章を『校友会雑誌』（魚住『折蘆書簡集』五八三頁以下）に発表している。この中で魚住は、自殺した藤村の気持ちを、世の不合理に対する純情や誠実という視点から代弁している。魚住はゲーテやトルストイといった、ロマン主義的キリスト教に惹かれ、そこから梁川の影響を受けて哲学を学び始め、卒業論文でカント哲学を取り上げた。魚住は明治四十一年九月、自らのロマン主義的な思索の変遷をたどった自伝的書簡をまとめ、友人に送っている。その中で魚住は、「実在者を愛若しくは完全、円満、正義等の積極的の賓辞を以てあらはさんとする宗教と、之を無条件、無制約、無限等の消極的の賓辞を以てあらはさんとする哲学」を対比することに興味を感じ、「宗教的信仰をフォロソフォーレンすることは綱島先生に負ふところ最も多い」と記している（魚住『折蘆書簡集』五七〇～五七一頁）。つまり、この時点で魚住は、現代文明における合理主義や物質主義に対する違和感とそれに対する愛や正義といった感覚を哲学的に表現することに関心を持っていた。魚住が天香と初めて会ったのはこの年の一月であったが、この時点で魚住の目指した世界は、宿南が天香との違いを意識したように、天香の世界とはかけ離れていた。

それから二年後の明治四十三年九月に、魚住が突如として天香に傾倒するようになった理由は、先述のように魚住の恋愛問題にあった。明治四十三年二月頃より、魚住は阿部純子という女性に恋愛感情を持ち、結婚も考えた。魚住はそれを学問以上に大切なことと考えた。そうした思い詰めた気持ちが、真理に人生を捧げる天香への敬意、共感につながったのであろう。しかし、十一月初めまでに純子が他家に嫁ぐことが決定し、魚住との関係は破談に終わった。しかし、魚住は未練を断ち切れず、純子の本心を天香に確認してもらうことを依頼した。魚住はその事情について、十月二十五日付で兄に宛てて次のような手紙を送っている（魚住『折蘆書簡集』五二一～五二二頁）。

西田さんと話してみて西田さんの断乎たる精神は大に心づよく感じました。去る二十一日に京都宛で西田さんに出した私の手紙は西田さんの思想態度に対して誤解してゐるところもありました。西田さんは私がまだ断念し去らぬ態度を是認せられたのみならず、更に純子さんの心情に如何なるものが動いてゐるかをつきとめた上で根本から純子さんの腹をたしかめて見、その上で思ひ切るか、更に断々乎として当初の望を貫徹する事につとむるか決したいと云はれ升。私も西田さんが純子さんにお会ひ下さらば、たゞに此事件のため（成否は措て）好都合なのみならず、純子さんの眼と胸とに西田さんその人を印象させることが純子さんの将来のためにも大に慶すべきことだらうと信ずるのです。……

これは西田さんの想像ですが、純子さんの此度の婚約は純子さんに不満足なものとせば之れ純子さんを殺すものである（霊的に、宗教的に）。殺したくはない、けれども純子さん自身がしつかりしたる意志を持つてゐられねば側から彼此いふことは純子さんを苦しめて、尚且つ純子さんの周囲の人々から見て我等は悪人とならねばならぬ。こは一得なくして両損の事であるから余儀なく此問題は諦めねばならぬ。然し若し純子さんの内に一点の紅き火あり不動の精神があるならば、我等が悪人とせらるゝことも、純子さんの周囲に紛々雑々が起らうが、断乎として霊のために純子さんを励まし且つ援けねばならぬ。このための尽力ならば飽くまでやらうとのことなんです。

この時点で魚住は、純子の気持ちを天香に確かめてもらい、その上で結婚の道を探ろうとしていた。天香は、一旦は「娶るといふ事のみが愛するのではない」という意見も述べていたが（魚住『折蘆書簡集』五一二頁）、魚住の強い気持ちを知って、右のように魚住の本心を貫くよう促した。天香は十一月四日、五日に魚住の実家に滞在したが、具体的なことは何も記していない。天香は「道を求むるは遊戯にあらず。……須《すべか》らく心身一切を道の前にさゝぐべき也。己れに道をそへるにあらず、道の内に己れを投出すべき也」（③四一九頁）といった抽象的な記述をするのみである。ただし、魚住の十一月十四日の日記（魚住『折蘆書簡集』「最後の日記」）によれば、純子の気持ちについては、兄嫁の節子が天香に先立って確認したようである。その際、純子は節子に対し、彼女には失恋の経験があり、それ以来、誰に対しても恋愛感情を持てないでいることを伝えたらしい。魚住は、純子の強い性格への驚きと「精神的自殺」に対する悲しみ、純子に再び情熱を呼び起こしたいという気持ちと、自分のために純子が今後苦しむことはないであろうという安堵など、錯綜した思いを感じていた。魚住はそれをそのまま天香に書き送った。

しかし、その直後の十一月十八日、魚住は激しい頭痛に襲われた。二十五日にチフス感染を疑われて入院、まもなく急性腎臓炎を併発して重態に陥った。十二月九日、魚住はそのままチフスと尿毒症のために死去した。享年二十七歳。十一日に東京で告別式が行われ、二十三日に郷里野寺村の共同墓地で、天香の司式で埋骨が行われた。天香はその際、魚住の日記を見る機会を得た。日記は十一月十五日の記事で終わっており、そこには、「神さま仏さまに近づいたやうな気がしみ〴〵してゐる。……純子さんをさへ捨て得ば外にもうすてがたいものが何ほどもあらう」（魚住『折蘆書簡集』五七五頁）と記されていた。天香は『天華香洞録』に「折蘆之日誌を見てその能くあらゆる執着と戦ふて、凱歌を挙げたるを確認し、歓喜の涙をしぼる。嗚呼よくも勝ちたりな。……折蘆不死、折蘆不死」と記した（③四六七～四六八頁）。

綱島梁川の周辺にあって、日露戦争後の社会の中で、純粋な精神と生活を求め、そうした中で天香の生活に理解と共感とを覚えた宿南昌吉、魚住影雄は、明治末までに夭逝した。しかし、彼らの思いは遺稿として出版され、それによって倉田《くらた》百三《ひゃくぞう》の一燈園来園が実現する。特に魚住の晩年の思いは、後の倉田の思いに通じており、阿部次郎が記した「明治四十年前後の特色ある精神的空気」は、そのまま倉田へと引き継がれていく。

## 5　変化への兆候

### 奥田勝との新生涯

明治四十三年末、天香は奥田勝に宛てて、次のような書簡を書き記した。現存する史料は天香が残した下書きのみで、実際に送られたかどうかは不明である。しかしこれは、この年の彼女との関係が天香の内面にいかに重要な影響を及ぼしたかを示すものである（香倉院蔵）。

今日は少しくひまを得たり。此思ひ出多き四十三年を今二三日の内に送るに当たり、一書を御身におくるは、あながち無意味の事にてあらざるべし。南無阿弥陀仏とともによみたまはゞ、己の本懐、之に過ぎず。

われ生れて三十九年、明年はまさに四十歳也。今迄に己れに大なる記念すべき年を数へば、

第一　生まれたる年　明治五年
第二　北海道に籍をうつし仕事を始めたる年　明治廿六年
第三　北海道の仕事をすてし年　明治三十一年
第四　新生涯に入りたる年　明治三十八年〔七〕
第五　新生涯の立場を更に明かに決定したる年　明治四十三年即今年の事也
の五ヶ年也。然してその内尤記念すべきは、生まれたる年と、第四の新生涯に入りし年也。新生涯に入りしとは即生まれ〔か〕わりし事なれば、第二の誕生といふも可也。此二事にも劣らず忘るべからざるは今年なり。是新生涯の立場を極めて明かに内心に決定し、新たなる一生涯を貫いて、もはや変わらざるべき基礎をきづきたる年なれば也。

天香はまた、「尤我心をなやまし、尤我に難有実験をなさしめたるは今年也。……此春御身より一飛報のきたりし時よりの自分の内容は、到底いひあらわせぬ程のもの也」とも記している。明治四十三年春、奥田勝より天香に対して何らかの意思表示があり、天香はそれを深刻に受け止め、天香の内面に新たな変化が生じたという。引用にあるように、この時点で明治三十七年は形の上の新生涯の出発年とされ、それが明治四十三年に精神的な変化が生じたというわけである。とはいえ、全体としてみれば、天香における内面的な変化の兆しは、梁川およびその周辺の人々との交流の始まった明治四十年代初頭より始まっていた。奥田勝との関係は、そうした明治四十年代における天香の思想、信仰の全体的な変化の中で、意味を持っていた。

### 思想の多元性と普遍性

明治四十年以降、天香は様々な教義や思想に対する独自の位置づけを模索していた。たとえば明治四十年一月十九日の日記で天香は、孟子より孔子を、孔子より老子を、老子よりキリストを、そして慎重ながらキリストより釈迦を上位に置いている。天香が老子、キリスト、釈迦の関係をこのように評価したのは、老子が無の境地に徹することで、世俗に対する関心を失ってしまっているのに対し、キリストは愛を持って、世俗の問題に立ち向かうべく、自らを犠牲にしたからであった。しかし、天香が孟子より孔子、孔子より老子を上位に位置づけているように、世俗的価値に対する執着からいかに脱するかという点で、キリストにはやや曖昧なところがあった。キリスト教には、その慈愛精神がかえって覇気を生み、自我への執着を生み出しかねないという難点があったからである。キリスト教のこうした側面に比較すると、仏教ないし釈迦は、自らを無の境地に置きながら、なおかつ世間に対する救済を行おうとする点で、老子とキリスト教のそれぞれの優れた点を兼ね備えていると感じられた。

こうした、西洋と東洋の思想、宗教の対応関係を踏まえ、それらを階層的に理解していこうとする姿勢には、綱島梁川からの影響があった可能性がある。梁川は天香にキリスト教と真宗が通底しているという見解を示していた他、梁川には『春秋倫理思想史』と題する著作がある。梁川は同書で、たとえば孔子を道徳重視の実際的、実務主義的な思想家としてソクラテスに対置するなど、西洋哲学を基準に中国の春秋時代の思想を再評価している（貝塚茂樹『諸子百家』）。梁川は、東洋と西洋の諸思想を対照することで、その普遍的有意性を指摘しようとしたわけである。天香が梁川の『春秋倫理思想史』に目を通したかどうかは不明であるが、あるいは梁川との会話を通じ、直接それに関わる趣旨を聞いていたのかもしれない。

天香はその上でさらに、東洋と西洋という思想的枠組みを超え、政治、道徳、宗教という階層に則って諸思想を再構成した。そうした思考整理の過程で、天香はたとえば、二宮尊徳を批判したりしている。すなわち、二宮尊徳が自己を抑えた人の道を説きながらも、出家を現実から遊離した空論として捉えていたことに対してである（②三四二〜三四三頁）。しかし、同時に天香は、孔子や二宮尊徳といった世俗主義的な主張の意義も認めていた。すなわち、二宮尊徳や孔子、カントなどの思想は、あるいは天道と区別された人道としての勤勉や努力を説き、あるいは現世における普遍的「道」の在り方としての仁や礼を説き、あるいは絶対真理を人間の認識能力の外に措定した上で、それを追求する理性に倫理性を求めていた。これらは、信仰と一線を画した世俗主義的な思想であるが、一体化できない絶対性を意識する中で、世俗社会における人としての正しい生き方を追求している点に特徴があった。その意味でこれらは、宗教の持つ倫理、道徳機能が低下し、形骸化した状況の中で、社会に即した現実的、実際的な倫理、道徳を説くという役割を担ったのである。

天香はこうした世俗主義の論理を「平凡道」と評価している。天香はさらにこれについて、「何人もかくなるときに一切は平和なれ共、一面に平凡以下の悪あるときにその悪を折伏《しゃくぶく》するの資格なし。故に一切が無明なるとき平凡道は遂に十字架道に起つの階梯たるに於て許すべきもの也」（②五五六頁）と記している。つまり平凡道とは、直ちに全てを捨てることのできない人々にとっての「道場」、すなわち、信仰生活に至る前段階の修行的な生活形態として、評価されたのである。

天香は、禅宗の概念に則り、直ちに神に一致する境地を「頓」、世俗道徳を通じて信仰に至る境地を「漸」と呼んでいる。以上のような東西諸思想の対応と階層について、天香は次のように記している（②五〇四頁）。

頓　南能、老子、陽明、第十八願、信之坐、信仰、ルーテル、自然療法、零

漸　北秀、孔子、朱子、第十九願、行之坐、哲学、カント、　医薬療法、数

南能とは慧能（六祖）、北秀とは神秀のことで、それぞれ禅宗における頓教、漸教の始祖とされる。第十八願と第十九願とは、『無量寿経』でいう、阿弥陀如来が修行中の法蔵菩薩であった頃に立てた四十八の願の中の一つで、第十八願は信心による衆生の救済、第十九願は功徳による衆生の救済を意味する。天香にとって、二宮尊徳や田園生活の実践は、「漸」や「功徳」に対応するものとして評価されていた。

以上を便宜的に、明治四十年代の天香の思索の第一段階とすれば、次の段階は、仏教諸宗派、とりわけ法然、親鸞、日蓮、道元といった鎌倉新仏教の諸開祖に関する思索であった。それは、天香が以上のような諸思想の相互関係を踏まえ、仏教における諸宗派の存在についても、人々を普遍的真理に

導くための多元的な修行形態として捉えたからである。

たとえば法然は、ひたすら阿弥陀如来にすがること、そのための念仏三昧（専修念仏）による救いを説いた。親鸞は、弥陀一仏への絶対帰依という点で法然と同様ながら、その方法は法然とは対照的な一念発起であった。対して日蓮は、念仏など他宗を厳しく排撃し、題目を唱えて法華経に帰依すべきことを説いた。ここで重要なのは対機という概念である。対機とは対手の機根、すなわち悟りに至る人それぞれの特有の性質、仏性のことで、問題は、救いを与えるべき衆生の様々な仏性に、開祖たちがどのように対応したか、という点であった。念仏や題目など、これらは信仰における〝行《ぎょう》〟に相当し、いずれかの行に専心して心の統一、安定を図ることを一行三昧《いちぎょうざんまい》という。一行三昧とは、自我を克服するための重要な手段であり、開山たちはそれぞれの行を携えて衆生と対した。法然の場合は、仏に救いを求める人々に自我を捨てさせるため、ひたすら念仏を唱え続けることを説いた。対して親鸞は、仏の救済に絶望した悪人に救いの一瞬を自覚させるため、あえて一念発起という易行を選択した。しかし、浄土宗や浄土真宗は、他力本願による救済を掲げるが故に、そこには念仏を唱えさえすれば救われるといった、目的と手段を取り違えた誤解を生む可能性をはらんでいた。日蓮が、法華経という普遍的真理のため、他宗に対して厳しい態度をとったのはそのためであった。つまり、天香にとって様々な宗派の存在は、衆生の様々な状況に対応し、かつ祖師の思考過程を共有しない一般宗徒に絶えず内省を促すための、相互補完な役割分担として捉えられたわけである。

天香は、こうした諸宗派に通底する普遍的な共通性を、不二《ふに》という言葉で表現している。不二とは、仏教全般で用いられるが、やや禅宗的な概念である。禅宗は時として哲学的な視点からその論理構造について議論されることもあるが、禅宗の場合、たとえばAという対象について認識論的に問題を取り上げた時でも、認識対象の本質論的な議論に入ることはない。禅宗ではむしろ、認識論的な問題設定そのものを、対象を認識しようとする主体側の問題として捉えていくからである。重要なのは、対象を認識、把握しようとする執着を捨てることであって、そうした執着を捨てた時、対象の本質など意味をなさなくなる。そしてさらに、そうした執着を捨てるばかりか、対象が自己に呼び起こす情感に心身の全てを委ねていくことで、AはAであってAでない、とか、AはAであり一切である、とい

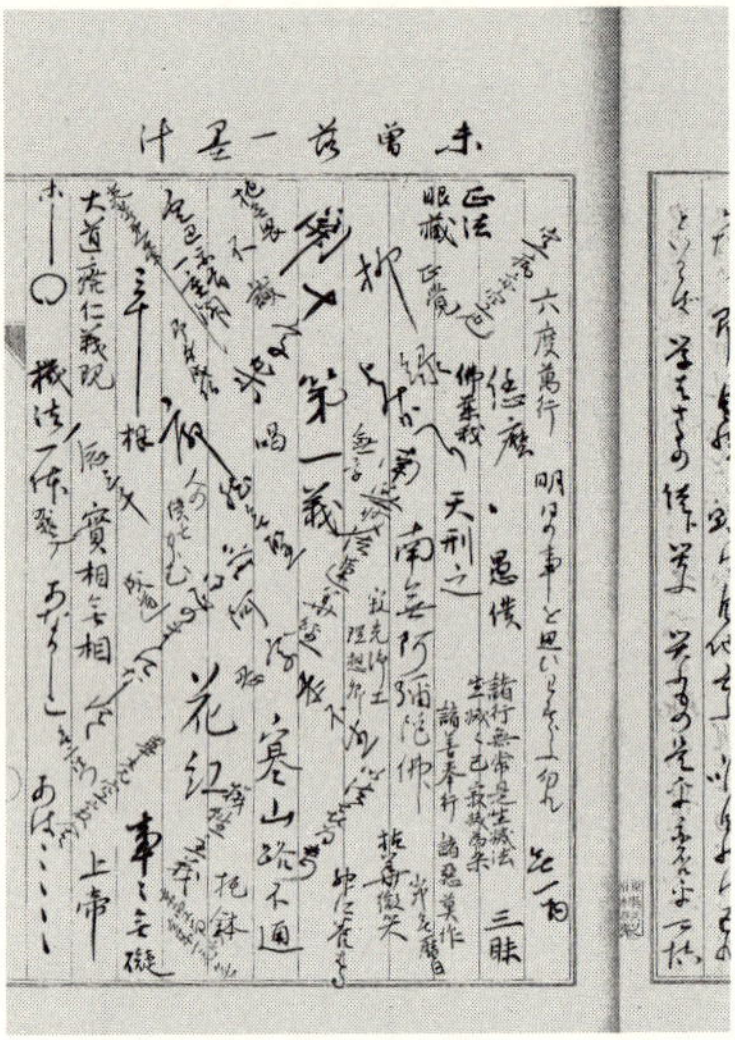

**『天華香洞録』**（明治41年6月）（②527）
（明治40年代の天香は時折，様々な仏教用語や格言，諸開祖や諸思想家の名を『天華香洞録』に無作為に書き連ねるという行為を行っている。それぞれ，一貫したものを体現した先達に敬意を表しながら，称名に通ずるある種の行として行ったものであろうか）

った実感を得ていくのである。不二とはそうして得られた自己と客体世界との一体感を表現したもので、それが自我の克服や無我の境地につながるのである。

### 真諦と俗諦

不二という概念には、不二而二《ふにに》が二諦《たい》で用《ゆう》、二而不二《ににふに》が中道で体という用法がある。諦とは真理のこと。二諦とは第一義的な真理（真諦）と世俗的な便宜的道理（俗諦）を指す。中道とは有無や苦楽といった二項対立を越えた不偏中正の道のこと。体とは実体や本体、用とは働きや作用を意味している。不二而二とは、本来は一つのものが仮に二つに現れているということで、諸開祖が対機に応じて開いた様々な宗派に対応している。様々に分かれるのは衆生に対する便宜上のことであるから、用になるというわけである。対して二而不二とは、様々な宗派が存在しても、その実践には普遍性があり、根底でつながる核心が存在するということ。不二而二、二而不二という表現は、無我の境地において、世俗的な価値対立を超越した真理（真諦）を得ること（体）が、同時に現実社会に対する多様な行動様式（俗諦）を発揮すること（用）でもあるということを示したものである。

以上を踏まえて天香は、真理を体現する自らの生活のあり方、すなわち自らの俗諦のあり方について改めて省察した。そしてその際、奥田勝との関係が重要な意味を持った。というのも、それが性の問題に直結していたからである。性の問題は、食欲と共に本能的欲望の中でも特に抑えがたい欲望であり、そうした欲望を充実させることと、自らを捨てることとの関係について、決着を付ける必要があった。天香はこれに関して、妻帯をめぐる親鸞と法然との関係や維摩《ゆいま》経を題材として、次のように記している（③三一〜三二頁）。維摩経とは、世俗にある維摩詰が菩薩以上の智恵や悟りを示し、智恵をつかさどる文殊菩薩と丁々発止のやりとりを交わしていく物語である。

維摩経曰、婬怒痴即是解脱の相也と。此言実に危機一髪、所謂仏魔一紙の境也。是を若し凡智にて判せば、百生千世無間の野狐《やこ》也。遠離《おんり》（凡智にて）も野狐、不遠離も野狐。左すればショツペンハワーに堕し……、右すれば本能満足、デカダンに往く。「仏、増上慢の為めに婬怒痴を戒む、増上慢なきものは婬怒痴をもちて解脱の相となす」と維摩経に説くも、実に此一髪の白道《びゃくどう》をあやまらせんが為也。親鸞の妻を帯びて婬の解脱にさわりなきを証明せるも又此道理（慈悲心）より出づ。証明、証明。われは鸞上人と法然戒師と（親鸞の自から破戒といふと、法然の戒師として起ちたもふと）実に（互に相許しあふて）慈悲心の双璧と思ふて止まず。一切衆生救済の為めは実に此二方面の必要あり。何時にても法然たり得るものにして親鸞たり、何時にても親鸞たり得るものにして法然たりするにあらざれば駄目也（今の仏徒唯自ら囚はれながら、その弁護の為めに各その宗祖に固執す。可憐。是、法然の一方を見て親鸞を許せし内証の心をしらず、又、親鸞の一方を見て法然と一致せる内証の心をしらず）。

維摩経は、婬怒痴を解脱の相として位置づけているという。相とは、ある事物の実体や働きに伴う外面、すなわち表面に現れた形のことである。婬怒痴、すなわち性欲や怒り、愚昧さなどは、あくまで外面的な問題であって、過度なこだわりからそれを排斥するのも、逆に開き直ってそれを肯定するのも、共に真理を離れた態度であるという。外面的な問題はあくまで本人の人間性やその行動との関連によって性質が変わる。親鸞は妻を帯びて救われた相を示し、法然は妻を持たずに救われた相を示した。そして親鸞と法然の間には、相互の信頼関係が存在した。親鸞の方が世俗に近く、婬怒痴を解脱の相として示していることになる。それはいわば、世俗の中に世俗を超越する契機を見い出したということである。しかし、そうした生き方は、凡俗に開き直りの誤解を与えるおそれがあった。そうであればこそ、法然の存在が必要となるのである。

天香は、以上のような一つの真理とそれに至る多元的な方法、そしてそれを踏まえた世俗生活のあり方について、先述した「頓」と「漸」の概念を用いて次のようにも記している（③一六二頁）。

漸法正しければ遂に頓に入るべし。
頓入正しければ漸法自から備はる。
漸法具備せざる頓入は危哉。
頓に入らざる漸法亦全からず。

法然が頓入に相当する漸法であるとすれば、親鸞は漸法を備えた頓入ということになる。まもなく成立する修行場としての一燈園においても、同人は形式として出家したわけではないが、真理を体現するが故に一燈園生活を行うか、あるいは一燈園生活を行う中で真理を目指そうとした。一燈園はあくまで在家信仰であったため、形態としては真宗に近かった。しかしその一方で、天香や一燈園の日常用語にはむしろ禅宗の用語が多用されている。それによって、精神的な悟りの生活を表現するわけである。

天香が用いる禅宗用語の中でも、「托鉢」という言葉は、一燈園生活において特に重要な意味が与えられている。天香は「托鉢」を、食べ物をもらいに行くことではなく、与える気持ちをもらいにいくことであると位置づけている。天香はその点で托鉢を、「自他人格の完成の為め」の「下化衆生《げけしゅじょう》と上求菩提《じょうぐぼだい》とに亘る大行事」と記した（②二二〇〜二二一頁）。上求菩提、下化衆生とは、上に向かって悟りを求めると共に、下に向かって衆生の教化を目指すことを意味する。無私の境地を目指す個人の修行が、社会的に教化の意味を持つということで、それによって自我の執着を捨てることと、社会に対する救済活動とを兼ね行うわけである。一般に禅宗における托鉢とは、路上で、あるいは各戸を回りながら布施を受ける行為であるが、一燈園の場合、それを社会への奉仕活動全般を指す意味で用いている。托鉢とは、人々にそうした奉仕活動を通じて、他者に与えることの大切さを気づかせ、情愛の念を喚起しようとする行為として位置づけられた。この場合の「托鉢」は、用語としては禅宗に由来するが、その用法は一燈園特有のものである。社会に対する活動を「托鉢」と称することによって、一燈園は、頓入に相当する漸法、ないし漸法を備えた頓入を実践するのである。

明治四十四年より天香は、自らを「乞子詰」または単に「詰」とも称し始めた。さらに後には「詰」を「言吉」に分解して「ことよし」とも自称している。詰とは維摩経の維摩詰に由来する。維摩経は、世俗にあって宗教界以上の宗教的な生活を実践する一燈園の世界観を象徴する経典となったが、その一方で、天香が自らを維摩詰になぞらえたことは、ひたすら自分を追い込み、世間との対決意識を強めていた頃とは異なる、天香における新たな心境の始まりを象徴する出来事でもあった。

先に記したように、明治四十三年春、奥田勝は天香に書簡を送ったようであるが、その内容は伝わっていない。おそらく、生涯を通じて天香に従っていきたい、という趣旨ではなかったかと推測される。そして天香がそれを受け入れるには、「新生涯の立場を更に明かに決定」する必要があった。かねてより、世俗道徳を通じた真理への到達の可能性を考慮していた天香は、奥田勝との関係に苦悩することによって、世俗生活の中に世俗を超越する契機を見出す生活へと転換を遂げていく。そして年末の返簡に先立つ十一月二十七日、天香は翌年に西国遍路か、四国八十八か所遍路に出発することを思いつき、「終生を遍路の心もち」でありたいと記した（③四六〇頁）。大正三年に天香は、奥田勝その他と遍路に出発するが、おそらく天香は、形式的な夫婦関係を超越して、奥田勝と残りの人生を共に歩む決意をしたのであろう。

明治末の天香は、世俗社会の中での世俗を超越した真理を実践しようとし、それによって個人の完成から社会の完成を実現しようとした。天香はこうした理念の上に、新たな修行場としての一燈園を創設することになる。

# 第三章　一燈園と宣光社

## 1　鹿ヶ谷一燈園の建設

### 道場と行願

大正元（一九一二）年十一月六日、天香は『天華香洞録』に「藤田氏、道場建設せんといひ出ず」と記し、翌日には「夜は藤田方にきたり、道場の図面を作る」と記している（④七七、八一頁）。藤田とは藤田玉という女性で、天香の幼なじみであった下郷伝平の愛妾、一燈園には参加しなかったが、天香に理解を寄せていた。この年、明治四十五年二月十一日に奥田春が死去しており、新橋天華香洞はその歴史を終えていた。柳原舜祐はこの頃の状況について、「まだ一燈園と云ふ建物もなければ、固有名詞もなく、天香さんの托鉢生活と、その托鉢生活を慕つて集まつた所の、指を折つて数へることが出来る位の極めて少数の人々と、そして是も亦指を折つて数へることが出来る位の極めて少数の托鉢先きとがあつただけ」（柳原「追憶一片」100）と記している。さらにこの時期、卯三郎は病床にあって保養していたが、ついには失明してしまう。こうした中で藤田玉は、傷病者も含めた多くの人々が天香に接することのできるよう、新たな道場の建設を申し出たのである。

福井昌雄によれば、藤田の提案に対して天香は、家ができると修業の妨げになる可能性があることを指摘し、さらに藤田が提示した節約による資金に対し、それに懺悔の心を足して欲しいと述べたという（福井『一燈園と西田天香の生涯』七六頁）。その上、天香は建物の普請が始まった後も、「お玉さんの気持に不純なものが見えたので幾月も瓦を上げさせなんだ……私は決して純なものでなければ手をつけまいと思ひました。しまひにお玉さんは、あやまつて来たので建てました。あんなものを建てまして御迷惑でしようと謙遜な言葉で挨拶せられました」という（天香「一燈園生活について」59）。つまり、天香は一燈園の建設中、藤田玉の気持ちに不純なものを認め、それを戒めるために工事を中断したことがあったというのである。

この時の天香の厳しい態度には、ある事情があった。十一月十五日、天香は『天華香洞録』に「今日、『一〔頓〕度覚了如来禅』『六度万行体中円』にちなみて六万行願を発起す」と記している（④九二～九三頁）。「頓覚了如来禅、六度万行体中円」とは永嘉《ようか》大師「証道歌」の一節、如来禅とは如来が行った禅ないし如来から伝えられた禅のことを意味し、これを修したものには六度、すなわち布施、持戒、忍辱《にんにく》、禅定《ぜんじょう》、精進、智恵という六種の行（六波羅蜜）が備わるという。六万行願とは、この六度の行を一万人に行ずることを意味する。布施以下の六種の行とはそれぞれ、与える気持ち、破戒的態度を慎むこと、悪に対して悪で報いず、徳と愛で悦服させること、心身を整え、神仏と合一すること、科学、生産、奉仕活動に励むこと、一切の成就と衆生済度《さいど》の方便を備えることを意味している（④二四一〜二四二頁）。大正元年十一月の時点で天香は、「先づ布施万行の第一次、布施千行より始む」としか記していないが、これは具体的には、一般家庭ないし施設等を訪問して行う便所掃除を中心とする奉仕行を意味しており、後に一燈園の名は、この便所掃除と強く結びついて知られることになる。

六万行願、とりわけ一燈園の便所掃除には、生活の結果として生じる汚れを清めること、誰しもが嫌がる仕事に誠意を込め、手ずからそれを行うことによって、自らの人格の向上と他者への感化とを合わせ行うというねらいが込められている。天香はまた、同人は「信施に養は」れ、菜食、禁酒禁煙、「労働に対して無報酬」であるが、準同人は「冥加金を納」め、菜食、飲酒喫煙、労働報酬は随意、などとした同人と準同人の生活に関わる規約をも構想していた（④八三頁）。天香は、鹿ヶ谷一燈園の建設を機に、それまでの個人としての生活をより社会的な集団生活にまで拡大していくことを念頭に置き始めていた。それが、天香を訪れる人々に対する天香なりの回答であった。

個人の新生涯を社会的集団としての新生涯へと発展させる以上、馴れ合いや地位への甘えを防ぐ、自己へのさらなる厳しさが必要であった。浄財の提供をめぐり、天香が藤田玉に厳しい姿勢で臨んだ一つの理由は、そこにあった。天香自身、大正二年四月に妻のぶとの正式な協議離婚に踏み切っていた。一燈園の建設は、天香が従来の世俗的な家族関係を正式に清算する時期とも重なっていた。

## 西村夏子の死

その上、一燈園の建設中、天香はさらなる試練に直面した。古くから天香に従い、明治三十九年十月の最初の一燈園にも参加していた西村夏子が、結核に倒れたからである。西村夏子は、二十歳を過ぎたあたりから縁談話が持ち込まれるようになっていたが、家族には、神仏にすがって生活する人とこの世を送りたいと答え、断り続けた。この頃の夏子は、派手な着物や芝居見物を遠慮し、南禅寺で難解な講話を聞いてもすぐに理解したという。ところが、西村家では、奥田勝と天香の関係もあり、夏子の行動が天香の悪影響によるものと考え、天香を遠ざけるようになっていた（『懺悔の生活』、③五四一〜五四三頁）。

結局、西村家の様子を見かねた天香の友人のある僧侶（大井令淳か）が間に入り、夏子の思いを傷つけず、かつ親も喜ぶような縁談がないか、天香に相談したという。相談の時期は不明であるが、天香はほどなく、西村夏子を一年前に東京帝国大学農科を卒業した西田又蔵に嫁がせることを決意した。天香は大正二年二月二十日の『天華香洞録』に西田又蔵について「我此人ありていつ死すともうらみなし」「本地如来、観世音を妻となせ」と記し、翌二十一日には夏子について「御身によりて不二真玄門を妻として証明するに至らむ」と記している（④一〇〇頁）。おそらくこの前後のことであろう。『懺悔の生活』によると、天香は、西田又蔵と比叡山に登り、西村夏子との縁談を持ちかけたという。又蔵は驚き、しばらく瞑目した末に了承した。翌日、天香は西村夏子を訪れ、又蔵との婚姻について仮定的に打診し、二日後に正式に申し入れたという。夏子もこれを了承した。ところが、それから間もなく夏子は発病したのである。

夏子の親は、結婚については歓迎したが、夏子の生活については依然として無理解のままであった。夏子の発病以来、家族は天香の来訪を断っていたらしい。対して天香は、比叡山無動寺谷へ日参し、札を人に託して渡したところ、家族も天香と夏子の面会を許した。夏子を訪れた天香は、夏子と次のような会話を交わした（『懺悔の生活』）。

「私は叡山へあなたの命乞ひには行きません。あなたの病ひが最早絶望である事は、あなたも私も知つてゐる。あなたの愛するMさんは、今遠く秋田の山中にゐる。あなたの事は詳しう言うてやつたが、返事がやう〳〵昨日来た。『帰ってよければ何時でも帰る。しかしひよつと会ふた為に死にたくなくなつては、二人ともみぢめなやうな気がします。……進退はそちらの希望とさしづにまかす』と言うて来た。逢ひたければ電報を打たうか。」

わたしは娘の顔をじつと見た。娘はしばらく目をつぶつてゐたが、

「どちらでも――」

とかすかな声を洩した。やや暫くすると、何か思ひ定めたらしく、無限のかなしさを制《おさ》へて、

「どうぞお礼だけお伝へ下さい。無理に帰つてもらうのはお気の毒です。うちの家が斯《こ》うですから――けれど――一寸は――」娘の両手は私の右の手をさし挟んで強く合掌してゐました。二つの目は涙に滲んで閉ざされましたが、見る〳〵顔は極度の淋しさを見せました。

後述のように、西田又蔵はこの頃、秋田の田乃沢鉱山の経営に取り組んでいた。天香はその後も叡山に登り、病気の平癒祈願と現実を受け入れようとする気持ちの間で葛藤していた。対して夏子は、

「死ぬまでに、してをかねばならぬ事があつたらいうて下さい。家にいふこと、弟にいふこと、なになりとも、どんな事でも、死ぬまでの御奉公を、どうぞ」と述べた。結局、夏子は九月二十二日に永眠した（『京都一燈園だより』1）。又蔵が夏子の許を訪れたのは、夏子の死の三日前であったという。

その間の九月四日、比叡山無動寺谷から下山した天香は、歴代の開山たちの声を聞くという霊覚を得ている。天香は「若有毫釐之名聞利己之心、願即時奪此身命、而有其不及者、願鞭撻、今世界在火宅之内、不忍見、小子之願誠不得已也」（もし毫釐の名聞利己の心あらば、即時にこの身命を奪うことを願う。しかして、その及ばざるあらば、鞭撻を願う。今、世界は火宅の内にあり、見るに忍びず、小子の願い誠に已むを得ざるなり）と記した。そして六万行願に関して、「一年内二百日」「一日五家、一年壱千戸、十ヶ年満願。従今日前行自大正三年始十二年終。時我年五十三歳」との願を立て、これにさらに、「なつ子病気之為め、此決心を愈強からしめ又早めたり。なつ子の為めに一基之観世音を感得し、之れを念じ、一切の理想的結婚之守護をなさしむ」と書き加えた（④一一七～一二二頁）。つまり、一燈園の建設は、新たな社会への飛躍を構想する機会になると共に、西村夏子の病気によって内省を促され、六万行願の決行を決意した時期とも重なっていた。天香にとって、最初の一燈園に参加し、信仰を深めた西村夏子が死に臨んでいる時に、安易に建物を受け取ることはできなかった。それが藤田玉に対する天香の厳しい姿勢に現れたのである。

洛東の鹿ケ谷《ししがたに》に一燈園が落成したのは大正二年十月で、おそらく十二日に献堂式が行われた。『光』誌には、後の天香の発言に基づき、九月十四日に献堂式が行われたという記述もあるが、『天華香洞録』には、西村夏子の三七忌に献堂式が行われたことを示唆する記述がある。式は十月十二日かあるいは十三日に挙行されたのであろう。とはいえ、奥田勝は奉公先の西村家から、献堂式への出席を許されなかった。西村夏子の死後も、天香と西村家のすれ違いが続いていたためである。そこで奥田勝は、風呂場の鏡の前で鋏を手にし、自ら髪を下ろしてしまう。母と夏子の相次ぐ死に、思いつめるものがあったのであろう。西村家側も決意に負け、奥田勝の出席を許した。式に引き続いて奥田勝は落飾し、式で導師を務めた南禅寺僧侶の大井令淳より「勝淳」の名が与えられた（④一二三～一二九頁、鈴木賢太郎「鹿ヶ谷惜別記」98、平林たい子「京都山科の一燈園に西田天香氏夫妻を訪う」）。

献堂式への参加者の中には、イギリスの宗教学者のゴルドン夫人（エリザベス・アンナ・ゴードン）や細原華子などもいた。細原華子は、十九世紀前半に来日した医師フィリップ・フランツ・フォン・シーボルトの第二子ハインリヒ・フォン・シーボルトの日本滞在中の妻である。細原は慶応二（一八六六）年、大阪の池田町で旅館業を営んでいた細原茂兵衛の娘として生まれた。細原家は箕面でも旅館を経営しており、華子がその手伝いをしていたところ、オーストリアの領事館官房書記官の地位にあったハインリヒと知り合ったらしい。ハインリヒと華子は明治十八年に結婚、一人の女児が生まれたが、まもなく他界し、ハインリヒの帰国によって二人は別れることになったという。細

鹿ヶ谷一燈園（昭和５年２月）

原はハインリヒが一九〇八年に死去した後、時期は不明ながら南禅寺の豊田毒湛に師事し、南禅寺に入った（森上多郎「女人哀切」）。そして天香と出会ったわけである。細原華子は、翌年の天香と勝淳らの四国遍路にも参加している。

## 2　四国八十八か所遍路

遍路へ　大正二年の大晦日を河道屋で過ごした天香は、大正三年元旦午前三時に河道屋で雑煮を食し、午前五時に同所を出て一燈園に戻った。河道屋とは京都の老舗の蕎麦屋で、天香がしばしば寄宿し、托鉢していた店である。この日、一燈園には、大井令淳、奥田勝淳、西田不言（卯三郎）、柳原舜祐、高野広三、柳川某、畑某、高野五郎、梅田梅次郎他一名が会した。天香はこの日の日記に、同席しなかった西田又蔵、藤田玉、村瀬円修、西田保太郎、そして故西村夏子をも、精神的な「会者」として記している。入園者といっても、彼らは必ずしも一燈園に常住していたわけではない。創立時の一燈園は、十名余の同人ないし準同人で始まり、まもなく二十名ないし三十名程度の入園者を迎えていたようである。

二月二十三日の天香の日記には、「不言兄、四国巡礼の祈願に付、打合せの為め津の利へ来られ、真面目なる告白の為め、大に感謝せり」と記されている。大正三年早々、天香らは四国巡礼を行うことを決めていたようである。天香が最初に四国遍路を思いついたのは、二年余り前の明治四十三年十一月二十七日であった。しかし、奥田勝の母・春が二か月半後に死去し、さらに一燈園の建設が開始され、西村夏子の発病、そして死去といった出来事が続いていた。その間、天香は四国遍路を見送る一方で、その希望ないし予定を周囲に話していたのであろう。

三月十日、まずは失明した西田卯三郎に高野広三が付き添い、四国遍路に出発した。天香らは、四月八日に東寺に参詣して御判を受け、十二日に汽車で徳島に到着した。一行は、細原華子、植田しげ、高沢ます、奥田勝淳の女性四人と、飯島象太郎、丁野恵深、野村尽太郎、そして天香の総勢八人であった。この内、植田しげは、河道屋の主人・植田貢三の実母である。野村尽太郎は、三月三日に一燈園に入園したばかりの同人、飯島象太郎は大学生で、後に熊本の第五高等学校教授になる人物。一行は四月十五日に一番霊山寺に参詣し、六月二十六日に八十八番・大窪寺への参詣を終えた。その間、天香はほぼ毎日にわたり日記を記しており、たとえば四月二十日には次のように記されている。

**四国遍路の一行**（大正３年４月）
（前列左より，井上福之助，高沢ます，細原華子，勝淳，植田しげ，西田永助，後列左より，飯島象太郎，天香）

今朝、広野の安宿に起きて十三番一ノ宮寺に至り、十四番常楽寺に弥勒菩薩を拝し、国分寺、観音寺を打ちて十七番井土寺を打つ。是にて一先づ切上げて徳島に帰る。雨粛々、路よからず。徳島市に入りて歩みはかどらず。六時半、池田末吉方へ着く。細原和一氏及大藤方と二人より手紙来る（十四番常楽寺にて）。札所にて受る手紙はたのしきもの也。勝淳女、道心愈進める様なり。誠に仏に召されし人也。
途中、ふと思ひしは夏子の事なり。倶に偏礼して居ると思ひしに生前の面影其儘にて我右方にあり、互に相談笑して歩めり。若今撮写もせば、我面影の傍に夏子の姿も曚昧として写りはせぬかと思ふ迄にあるは不思議なり。

出発に際して一行は、下座の精神で遍路を貫くことを心得として打ち合わせ、乞食を思わせる粗末な身なりで巡礼していた。そのため、五月四日には警察の職務質問を受け、八日にも巡査が尾行していた。警察は彼らの身なりから、窃盗か、それほどでなくても近隣の住民に不安を与える不審な挙動をしないか、警戒したのであろう。遍路を終えた天香は、急ぐように翌日には神戸に戻り、六月二十九日に一燈園に帰着したが、四月十日の出発から三か月近くに及ぶ旅路となった。一燈園ではこの後、四国遍路はしばしば同人の結婚に伴う、新婚旅行に相当する行事として位置づけられることとなる。

世界大戦への追悼

天香が四国遍路を終えた直後の大正三年六月二十八日、サラエボでオーストリア皇太子夫妻が暗殺された。それから一か月後の七月二十八日、オーストリア・ハンガリー帝国はセルビアに対して宣戦布告、八月一日と三日にはドイツがロシアとフランスに対して宣戦布告、そして四日にはイギリスがドイツに宣戦布告し、第一次世界大戦の勃発となった。

八月三日、天香は日記に、「今の世、宰相とならば戦はねばならぬは必然なり。……非宗教的なる生活の保障を托されて承諾したればなり」「真の宗教的生活は更らに是以上のものなり。非戦論にあらず、戦争論にあらず、……常に戦はねばならぬ世と人とを戦はずして勝ち得る世と人とに改造する為めに祈るなり」と記した。つまり、この時点で天香は、単純な非戦論の立場をとってはいなかった。死から逃げるための非戦論は、結局は我執から生じたものであって、それはそれで別の争いの原因を生み出すものであった。明治四十年代の天香は、世俗道徳には世俗道徳なりの役割があると考えるようになっていた。したがって、非常事態に際して政治家や国民がとらねばならない措置について、天香はそれなりの理解を示した。その上で天香は、宗教には宗教なりの争いの根本を取り除くという使命があると考えた。単に戦争から逃げるだけでは戦争を生み出す原因の除去は不可能であり、宗教はその問題に対処しなければならないと考えたのである。

八月二十一日から翌二十二日にかけての天香の日記に、京都の太秦と鹿ヶ谷とを対置し、太秦を「聖井保存」「世界大戦乱戦死者献水供養塔」として、鹿ヶ谷を「聖火保存」「世界大戦乱戦死者献火供養塔」として位置づける記述がある。聖井は、イスラエルの井戸に通じると同時に、太秦の由来から聖徳太子にも通じ、俗諦門に当たるとされた。ここで太秦がイスラエルに通ずるとされているのは、明治四十一年に発表された佐伯好郎「太秦（禹豆麻佐）を論ず」という論文に由来している。この論文は、その結末部分で、古代日本の渡来人たる秦氏をユダヤ人と比定し、秦氏の居住地太秦村に掘られた「いさら井」（伊佐良井）と称する井戸は「イスラエルの井」に由来すると主張していた。天香が佐伯の論文を直接参照したかどうかは不明であるが、天香としては、世の東西を結ぶこの学説に奇縁を感じたのであろう。

一か月後の九月二十一日から翌二十二日にかけて、一燈園では西村夏子の一周忌を兼ねて、戦死者を供養する追善行事が行われた。二十一日、天香は午前三時に起床し、静坐、瞑想の後、釈迦や基督、明治天皇などへの回向《えこう》として読経し、夜明け前に勝淳と共に一燈園を出て叡山法然院、次いで東寺を参拝している。二十二日、一燈園禅堂に一同が参列して戦病死者の追悼と傷病者の平癒を祈願し、犠牲者に聖水と聖火が捧げられた。聖水は犠牲者を清め、聖火はその復活を祈願するためであった（④一六三～一六四頁）。

さらに九月二十五日、天香は日記に「四時廿分起床、直ちに出発、太秦に向ふ。清き聖なる水を得ん為め。御所の前にて暁となる。即例によりて四方を拝す」「今日此水をくみて万感起る。……午前八時藤田方に帰る」「沢山なる死者病傷（世界大戦）者が自分の影につきまとひ、先を頼む〳〵といふ声するを思ふ」などと記している。京都御所で天香が行った四方を拝するという行為は、宮中の元旦行事である四方拝に由来するが、天香は自らの四方拝を後に一帰四礼《いっきしらい》と名付け、深呼吸と身体の屈伸とを通じて大地と一体化しようとする行作と位置づけることになる。

なお、大正三年暮れの十二月九日、魚住影雄の五周年忌を迎え、『折蘆遺稿』が岩波書店より出版された。これには魚住の「最後の日記」が収録されており、天香はそれを改めて読み返し、五年前と同様の感慨を催している。『折蘆遺稿』の題字は天香の揮毫によるもの。この出版によって、一年後の倉田百三の一燈園入園が実現する。

## 3　倉田百三の入園

意志と美と宗教

大正四年から七年にかけての時期は、天香の日記および『天華香洞録』が欠落しており、その動静はよくわからない。しかしこの間に、倉田百三の入園があった他、西田又蔵、藤田玉という一燈園を支えてきた人々が死去するという出来事があった。特に西田又蔵に関しては、天香が宣光社という概念を形成していく上で媒介的な役割を果たしており、その死の意味は大きかった。

倉田百三は明治二十四年、広島県三上郡庄原村の呉服商の家に生まれた。明治四十三年に上京し、第一高等学校文科に入学した。同期には、矢内原忠雄や芥川龍之介がいた。倉田は哲学を専攻し、まずはショーペンハウエルに惹かれ、次いで西田幾多郎『善の研究』に傾倒し、大正元年十一月の一高『校友会雑誌』に「生命の認識的努力」を発表した。倉田はここで、西田の所説によりながら、「我等が自己に対して最高の尊敬の情を感ずるのは、我等が道徳的意識の最深の動因によりて行動したりと自覚する時である」「宗教は自己に対する要求である。自己を真に生かさんとする内部生命の努力である」と論じている（『倉田百三選集』第二巻、二二、三二頁）。倉田は主観的意志を尊重し、それを真善美に一致させることで自己の完成が可能になると考えた。

ところがその後、倉田は、妹の艶子から紹介された艶子の同級生の逸見久子という女性と恋仲に陥り、学問や哲学など放棄して一途な恋愛に盲進した。それだけ、主観的意志を貫く形となったが、この恋愛は、逸見家側の事情で進められた縁談によって、突然の破局を迎えてしまう。しかも、ほぼ時を同じくして倉田は、結核に罹ってしまう。そのため、大正二年末に倉田は第一高等学校を退学し、須磨に転地療養することとなった。

翌大正三年一月、倉田は『校友会雑誌』に「愛と認識との出発」を発表した。ここで倉田は、「最後の彼女の手紙を見た私の心に燃え立つたものは獣の如き憎悪と讎敵の如き怨恨とであつた」が、それを克服することで、「本能的愛は愛の純真なるものではない。囚縛されたるエゴイスチックなものである。真の愛は……認識的基督教的愛である。意識的努力的なる愛である。生物学的なる本能にあらずして、人間の創造的なる産物である」という結論に達したことを述べている。退学を目前に控え、療養中に記されたこの文章は、善と美による自己実現という見解を、失恋と病気を機に「意識的愛」による自己完成という考えに発展させたものであった（『倉田百三選集』第二巻、九七、九九頁）。

倉田は三月に庄原に帰り、郊外で独り暮らしを始めると共に、キリスト教を信仰し、日本アライアンス庄原教会に通った。しかしその一方で倉田は、九月には結核性痔を発病して広島病院に入院した。そして大正四年一月に神田晴子と知り合う。神田晴子は、アライアンス教会から依頼されて倉田を見舞ったが、倉田が常に聖書を読んでいるのを目にし、共に賛美歌を歌ったり、さらには倉田が神田に対して失恋の経験を打ち明けたりしたために、次第に倉田に惹かれるようになった。しかし、倉田は、神田の愛情を受け入れられないことを伝えた。それは好みの問題でもあり、この時期の倉田が性欲と禁欲との矛盾に苦しんでいたからでもあった。

倉田は大正四年三月に広島病院を退院、別府で療養し、六月初めに庄原に戻った。それからほどなく、友人に宛てて「人よりも自らが幸福な境遇にあつて、そして自らをその人に割き与へずにゐるときには、安らかではありません」としながら、「書斎を飾」りたいという欲求もあり、心に「二元」を感じるとした書簡を送っている。ここで倉田は、「綱島梁川の善き友である天華香洞主人といふ人」が不幸な境遇の人を思い「無妻、菜食、無財産の身にな」ったことにも言及している（『倉田百三選集』第一巻、二二一～二二二頁）。倉田は、綱島梁川の文を読み、それが天香に接した最初であったらしい。ただし、この時点で、天華香洞主人が天香であることについての認識はない。

次いで大正四年十月二十九日付で倉田が友人に宛てて送った書簡では、天香の名前を挙げて「死んだ梁川の一人の友達で梁川は此の人の小著『天華香録』を読んで自分の『病間録』を焚いて仕舞ひたくなつたと恥ぢたさうです……私は予てシユーレのやうなところでなく、有り難いといふ感じのする高僧のそばに侍して修業したいと思つてゐました。それで私は此の人の弟子にして貰はうと思ひます。京都在の一燈園といふ寺が此の人の Orde のやうなところなのださうです」（『倉田百三選集』第一巻、二三九～二四〇頁）と記している。引用中の梁川と天香に関する記述は、前年十二月に岩波書店から出版された魚住影雄『折蘆遺稿』に収録された魚住の書簡に依拠したものである。倉田はさらに、「キリストはパンを神にデペンドしてか、人類財産を私有せずに相愛することに依つて、地上に天国を建設しやうと考へたのではありますまいか」とも記しており、その点で倉田の関心は、綱島梁川や天香の信仰意識と通じ合っていた。そこで倉田は、岩波茂雄に天香の所在を尋ねる書簡を送った。ただし、倉田が創設からまもない一燈園についてどのように知ったのかは不明である。実際、天香をクリスチャンとし、一燈園を寺とするなど、倉田の情報は断片的で、正確ではなかった。その意味で倉田の入園は、熱意が先行した、やや場当たり的な決断であった。

**入園と退園**　倉田は大正四年十二月二日に京都に到着、四日夜に一燈園に来園した。時に倉田は二十四歳。倉田はほどなく、友人に対して次のような手紙を送った。これは、この時期の一燈園の様子を伝えると共に、天香の次男理一郎の心情にも触れた数少ない資料である（『倉田百三選集』第一巻、二四八〜二五一頁）。

私は一燈園で毎日よく働いて暮らしてゐます。畑の仕事や洗濯や車曳きなども致します。昨夜はバケツを携げてお豆腐を買ひに十町もある店まで行きました。……畑へ出て耕したり、野菜を植えたり、草を刈り、焚火をしたりしてゐると土に対する親しい感じや農夫に対する同悲の心などが泌々《しみじみ》起ります。私は畑から担いで帰つた葱やしやくし菜などを谷川で洗ひましたが、その冷めたさ、それからは路を歩いても、子をおぶつた女などが手を赤くして菜を洗つてるのを見ると（これまでは少しも目に付かなかつたのに）限りなき同悲の情が起ります。私は社会の下層階級の人々の持つ感じ方に注意せられます。そして共に労働するもの丶間に生まれる愛憐と従属との感じなどを思ふ時に古への聖者たちが愛と労働とを結びつけて考へたのは道理のあること丶思はれます。……一燈園は喜捨で生活して行くので、他家ではたらくのは無報酬なのです。廿九人居ますが、皆それぞれ不幸な運命の元に生まれた人ばかり、白髪の老人や、切髪の奥様や、宿無し児や若い娘なども居ます。……今日は天香師の息子さんの理一郎といふ十四になる少年に就いて少し書きませう。理一郎さんには母がありません。それは西田さんが出家の生活を初めた時に西田さんを気狂ひだと思つて西田さんを捨て丶行かれました。それは今から十数年前まだ此の不幸な少年が三四歳の時でした。理一郎さんは純な愛らしい少年です。色の白い丸ぼちやの活潑な子です。それがまたどうした因縁か私を大変好くのです。……私は此の少年の感じ易い純な性質によく触れました。そして此の少年の小さな胸のなかに動く悲哀や疑ひや憧憬などを聞き感動させられました。母のことを語る時には特別にセンチメンタルでした。「長浜から来た当分は悲しくて悲しくて泣けて仕様がなかつた」など丶も云ひました。また、「皆私のお父さんを偉い偉いと云やはるけど私はお父さんの主義はきらいや」など丶も云ひました。その理由を聞くと西田さんは理一郎さんをも他人をも同じやうに愛するのだそうです。そしてものを買ふのにでもなかなかお金を出してくれない。不自由を忍耐させる。また学校も早く止させるつもりなのだそうです。私は西田さんの心持をよく解るやうに説明してやりましたら肯いてゐました。そして少年倶楽部が買ひたいけれどお父さんが買つてくれないと云ひましたから、私は「西田さんはお金は幾らでもあるけれどあなたを贅沢な習慣にしないために買つて呉れないのだ。それさへ解つてれば私が買つてあげる」といつて寺町の本屋まで行つて少年倶楽部を買つてやりました。

後の倉田の回想によれば、倉田がある日、都踊りを見て美しいと思ったところ、天香から、その都踊りのために必要な多くの犠牲、罪悪を挙げられ、それらが無くならない限り、都踊りの存在を祝福できないという意見を伝えられたという。その際さらに天香は、火事が起こっている間は火を消すことを優先し、花見を後回しにしなければならないことを述べた(『倉田百三選集』第三巻、四三頁)。倉田は天香の美に対する無理解に同調できなかったようであるが、そもそも天香が倉田に火事と花見のたとえを挙げたのは、第一次世界大戦の最中であったからである。一燈園では、周辺の人々の死と世界大戦における犠牲者とを重ね合わせる形で慰霊、追悼を行っていた。天香の趣旨はおそらく、他者の痛みを理解すれば人の取るべき行動は自ずから定まるはずで、なおかつ、そうした気持ちの中から生まれてくる芸術こそが本当の芸術である、というものであった。理一郎に対する倉田の態度に照らし、倉田自身も、そのことを理解しなかったわけではない。

倉田は健康上の理由で、翌年一月末に一燈園近くの下宿に移ったが、二月には神田晴子が倉田の許を訪れ、共に一燈園に参加する。倉田と神田は同棲しながら、個々人で一燈園に参加するという形をとった。とはいえ、そもそも一燈園自体、あくまで社会奉仕のための拠点のようなものであって、出家希望者を受け入れるような施設ではなかった。それは、来園前の倉田が全く理解していなかった点であった。また、短期的な体験とはいえ、下層社会の人々の視点、愛と労働の結びつき、労苦を共有することによる精神的一体感を実体験として得られたことは、倉田自身が記すように、大きかったはずである。そうした経験を得られれば、倉田が同人ないし一労働者として一生を過ごす必要はなかった。倉田は一燈園を離れた直後に次のように記している（『倉田百三選集』第一巻、八六頁）。

また一燈園の仏壇に飾られてある観音の絵像は、西村家の娘なつ子さんの似顔です。なつ子さんは廿四で、四年前になくなりました。私は天香さんの日記「天華香洞の礎」（『天華香洞録』第四巻所収）といふのを読ませていたゞき、なつ子さんの死がいかに天香さんへの打撃であつたかを知つて涙をこぼさせられました。多くの若い娘たちが、天香さんを慕ふて来て、なつ子さんのやうになくなつたそうです。私は深かい〳〵此の聖者の胸の底の悲哀の測りがたきことを感じます。ある時私は問ひました。「あなたに求めに来た人が、あなたを去る時に淋しいでせうね」と。天香さんはよく問ふてくれたといふやうに感動した様子を帯びて答へました。「初めは随分淋しかつた。けれど今はそうでもない。別れる時、自らの不徳をわびて、去る人の後ろ姿を手を合はせて拝むで送つて置けば、その人が行きつまつた時には必ず帰つて来るものです」

私はさう云う深かい別れの心持がまたとあらうかと思つて泣きたくなりました。

ほどなく倉田は帰郷するが、その後の倉田は、一燈園の外でその精神を共有する創作活動に取り組むこととなる。

## 『出家とその弟子』

倉田は大正五年六月二十二日、姉の危篤の報を受け、一燈園を離れた。一燈園との直接的な関わりはおよそ半年間であった。倉田が庄原に戻ると、三姉の他、次姉の病も重篤であることを知らされる。倉田は二人の姉とさらに祖母の三人の死に直面する。そして夏頃から『出家とその弟子』の原稿を書き始め、『生命の川』十一月号に第一幕を発表し、十二月に全六幕の戯曲として完成した。

倉田は、十二月二十日付で岩波茂雄に宛てて、「出家とその弟子」の出版を依頼する書簡を送った。書簡は、阿部次郎と斎藤茂吉にも原稿を読んでもらったこと、天香が「一幕目を読んで批評の手紙」を送ってくれたこと、しかもそれが「ずい分鋭い、深かい批評でさすがに豪《えら》いと思」ったので、「昨年の因縁もありますからついでに送」ったこと、そして「仕方がなければ、自費で出したい」ことなどを記している。倉田は、特に天香の批評について「私の作の欠点を衝いてゐる」としながら、同時に「天香さんは私を大変愛して下さいます。丁度私の作のなかの親鸞と唯円とのやうな、濃やかな、師弟のやうな愛が生じました。あの忙しい天香さんが、つゞけて四日も手紙の長いのを下さつたりします」とも記していた（『岩波茂雄への手紙』七〜九頁）。

『出家とその弟子』は、翌大正六年六月に岩波書店より自費出版で刊行された。初版は八百部であったが、まもなく売り切れて版を重ねた。第一幕は、常陸国で親鸞ら三人の僧が雪中の一夜の宿を左衛門という人物に求めたところ、左衛門が酔った勢いで暴言暴力を振るい、追い返してしまうところから始まる。しかし、左衛門は夜中に後悔して、親鸞らを家に招き入れる。許しを請う左衛門に対して親鸞は、「あなたの苦しみはすべての人間の持たねばならぬ苦しみです。只偽善者だけがその苦しみを持たないだけです」と語る。

『出家とその弟子』の主題は、人間はその欲求の故に引き起こしてしまう社会の不合理や不調和を、罪悪感と共に受け入れなければならない、とするところにあった。それだけに倉田は、人間における様々な欲求の存在を正面から見据えようとしない綺麗事を、偽善として排した。第二幕にも、「凡そ悪の中でも偽善ほど悪いものは無いのですね」という唯円の言葉が登場する。倉田の偽善批判は、人間が善悪を共に抱えているという現実を受け入れるところから出発しており、その点で自我を捨てることを目指した天香とは、宗教観をかなり異にしていた。しかし、『出家とその弟子』全六幕の出版後の大正七年二月二日、天香は日記に、「出家とその弟子をしらべる。批評文を作る。材料としてまことによく書かれたり。世の珍重すも道理也」と記している。

第二幕以降は、左衛門の息子で親鸞に帰依した唯円と親鸞の息子の善鸞との間の恋愛観や罪悪感をめぐるやりとり、さらには彼らと他の親鸞の弟子との間の葛藤が取り上げられている。亀井勝一郎は『倉田百三論』の中で、『出家とその弟子』の親鸞には天香の面影がかなり入っているのではないかと考えられることを指摘し、さらに「あくまで純情で信仰を求める唯円と、紅灯の巷に惑溺し、最後まで信仰を拒否するデカダンの子善鸞」は、倉田自身の二つの分身であると評している（『倉田百三選集』別巻、七二頁）。おそらくこれに該当するものとして、たとえば第五幕第二場に、次のような親鸞と唯円との会話がある。

親鸞　恋が互ひの運命を傷けないことはまれなのだ。恋が罪になるのはそのためだ。聖なる恋は恋人を隣人として愛せねばならない。慈悲で憐れまねばならない。仏様が衆生を見給ふやうな眼で恋人に対せねばならない。自分のものと思はずに、一人の仏の子として、赤の他人として――

唯円　(叫ぶ)出来ません。とても私にはできません。

親鸞　さうだ。できないのだ。けれどしなくてならないのだ！

唯円　(眩暈を感ずる)あゝ、(額に手をあてる)互に傷け合ひながらも、慕はずにはゐられないとは！

親鸞　それが人間の恋なのだ。

「愛と認識との出発」において倉田は、本能的愛と真の愛とを区別し、真の愛を認識的かつ努力的な与える愛として捉えていた。しかし同時に倉田は、自らの心の中に存在する二つの感情の対立にも苦しんでいた。その意味で倉田は、天香と理一郎や勝淳との関係に接するまで、自身のいう真の愛を現実のものとして実感できていたわけではなかった。倉田が一燈園を離れると同時に『出家とその弟子』を完成させることができたのは、自らが思い続けてきた真の愛について、一燈園での生活を通じて具体的な確信を持つことができたからでもあろう。

## 4　西田又蔵の死と宣光社

大正六年四月四日、西田又蔵が須磨で死去した。享年三十歳。西村夏子と同じく、結核であった。そしてその翌五日、一燈園の建設に貢献した藤田玉も結核で死去した。享年、三十四歳前後。この頃は天香の記録類が欠けているため、西田又蔵や藤田玉の末期の様子や、その死去に天香が何を思い、何を感じたのかは不明である。ただ、伝わっているのは、西田又蔵が晩年に宣光と号し（香倉院蔵、大正六年二月二日付西田又蔵宛天香葉書）、死後に釈宣光という戒名が付けられた事実である。宣光とは宣光社に由来しており、『天華香洞録』大正四年五月かそれにやや遅れる時期の「宣光社は二階にあり」という記述がその初出である（④三四五頁）。これからすると、宣光社とは一燈園の建物二階の事務所か作業場のようなところを指す名称として用いられていたらしい。しかし、名称の由来は不明である。

### 宣光社の誕生

生前、西田又蔵は天香に、天香の新生活に対して自分は宣光社を担当することを述べたという（天香「一燈園生活について」59）。これは天香による後の回想であるため、実際に又蔵が「宣光社」という言葉を使ったのか、あるいは後に成立した宣光社という概念を天香が遡及的に用いてしまったのかは不明である。しかし、西田又蔵が天香との間に分業的な関係を想定していたのは確かで、それが又蔵の死までに「宣光」という概念に集約されたのであろう。西田又蔵は、永助の実弟、卯三郎の義理の弟にあたる。卯三郎が投機的事業から宗教生活へと一転するなど、一貫して天香の跡を追うかのように行動したのに対し、永介は家業を継いでいた。それに対して又蔵は、高度な教育の機会を与えられるなど、家庭からの束縛を比較的受けず、かといって卯三郎のように奔放に過ごしたわけでもなく、天香の行動を情理に則って理解し、天香の周辺にありながらあくまで実業方面で活動していた。その一つが、西田保太郎と共に当たった田乃沢鉱山の経営であった。

## 田乃沢鉱山

西田又蔵は明治末年頃より田乃沢に赴いていたが、大正二年の時点で田乃沢鉱山は、従業員十人で採鉱、選鉱を行っていた（香倉院蔵「大正二年鉱業明細表」）。しかし他方で、明治末年より関村家と西田家の関係が極度に悪化した。関村家は、多額の負債を抱えながら東京府北多摩郡千歳村船橋に新規の農場を開き、時々の入り用に応じて西田家側に出費を求めたためである。たとえば大正元年十二月三日に関村みきが小平英男に送った書簡では、みきが又蔵に対し「船橋分金五百円、花輪分二百円、月々の分は両方で四十円」を要求したことを知らせており、さらに十二月十三日に関村みきは、小平の予算計画を踏まえ、「御手紙中の予算表を見たら、鶏舎を建てる分はない。……この予算表で又蔵氏へ話されたのではなかろうね。矢張り以前の通り何んでもかんでも五百円でなければ足らぬ積りで話されたらうね」と念を押す手紙を送っている。（「江渡家の往復書簡」㈡三六～三八頁）。

天香が卯三郎の依頼で田乃沢鉱山の支援に乗り出した時、天香や大阪西田家はおそらく、卯三郎に必要な支援を与えながらも、あくまで堅実な事業経営を通じて負債を返済させようとしていた。それと同様に、天香は関村家に対し、関村家の負債について堅実な事業を通じて返済することを求めたようである。しかし、関村家の経営予測は又蔵にすれば机上の計算に近い楽観的なもので、しかも、関村家側はそれを指摘されることを煙たがっていた。その上、そもそも田乃沢鉱山採掘権の売却価格がおそらく収益と釣り合っておらず、そこから生じる債務返済の滞りに対して実態に即した解決法を得ることが難しかったのであろう。そこで表面的には、関村家が債権の執行を猶予する形になっていたが、無謀な事業拡大や雑費の名目で西田家に度々資金を請求していた。その上、江渡狄嶺も西田家の土地の一部を取り返す訴訟まで起こした（香倉院蔵、大正三年三月十一日付西田天香宛西田又蔵葉書および十三日付同書簡）。相互の感情が悪化することは避けられなかったであろう。

しかし、ほどなく西田又蔵は病に倒れてしまう。又蔵は大正五年九月三日付で、一燈園の同人に宛てて次のような手紙を送っている（香倉院蔵、本多りゑ宛西田又蔵書簡）。

私は今二階の坐敷に籐椅子にもたれながら、ほがらかな朝の海を眺めてゐます。実に静な好い天気です。微かな東風に吹かれて海は一面に漣の遊び場、冲行く無数の船の帆が朝日に輝いて如何にも奇麗です。眺め入つてると気が清々して来ます。病気の事なども自づと忘れて了ひます。天気が好いと病人の気分も好い。昨今私の身体は昨今先づコンナ調子です。御安心下さい。今によくなりますよ。来年は私も三十になる。孔子さんも三十而立と仰つた。来年は私も立たねばならぬ勘定である。そう何時迄も臥てゐられませんワイ。

今年中に治つても丸三年か間臥て暮した事になる。此の我がまゝな惰けた三年の罪滅しに、よくなつたら一つウント勉強せんならん。そうせぬと炎魔さんの手許で帳消しにはなりそうにありません。何でも皆さんの驥尾《きび》に付して大にやりたいと思ひます。

引用文中の丸三年とは、足かけ三年の意味か。西田又蔵が死去したのは、これから半年余り後の大正六年四月四日のことである。

既述のように、天香は又蔵に「釈宣光」との戒名を与えた。又蔵は天香との間に実業と信仰という役割分担の関係を想定しており、天香もまた、宣光社について、「平凡道場は宣光社也」と記している（④三五二頁）。「平凡道場」とは、明治四十年代以降の天香の考え方、すなわち、生活を改める中で神に近づこうとする信仰形態を表現した概念であり、宣光社はそれに相当した。とはいえ、鹿ヶ谷一燈園が建設されてほどなく、又蔵は療養生活に入ったはずなので、宣光社という言葉ができた頃には、又蔵は実際的な仕事はほとんどできない状態にあった。しかし、西田又蔵は、天香が宣光社という概念の基礎となる考えをまとめている時に田乃沢鉱山の経営に携わり、実務面で天香の補佐をしていた。それが宣光という又蔵の号と、その死去に際して天香が宣光の戒名を送る理由となったのであろう。

又蔵の死後、天香は又蔵と分担していた一燈園と宣光社の関係を一身で体現しようとし、田乃沢鉱山の経営に熱意を傾けていった。天香は大正七年一月十八日付で採掘権の名義を永助から自らへと変更し（香倉院蔵「鉱業権贈与証」）、七月十五日の日記に「田ノ沢に付ては十五年恐らく何人も此為めに苦労をつけたるべし。当初軽き負担と思ひしに今日の様となりしは、公平にいわば自然の数なり。永介、信兄、堺藤母、共に之れを捨つ。大正四年頃、又造〔蔵〕の遺産によりて継続し、六年四月又蔵の死と遺言によりて宣光社に引つぐ。……又蔵の遺言の金は用ひ尽せり。此日より全く土佐堀の経済的関係を断つ」と記している。又蔵は死に際して天香に鉱山の後事を託したようである。しかし、経営状況は芳しくなかった。

採掘権の譲渡で、大阪西田家と田乃沢鉱山の関係は清算されたが、それからまもなく、それを象徴するもう一つの出来事があった。不言こと西田卯三郎が、大正七年三月二十八日に死去したのである。享年四十歳。卯三郎は天香に田乃沢鉱山との関わりを持ち込んだ当人である。また、六月三十日には小田頼造が広島市で死去しており、かつて山科天華香洞を支えていた二人が、相次いでこの世を去る形になった。しかしその一方で、大正六年から七年にかけて、一燈園には新たな参加者も加わっていた。その中には、松下吉衛、相武次郎、金川最勝らがいた。この時期に参加した同人には、一燈園に長期間在園し、その運営と発展に深く関わっていく人々が含まれている。施設としての一燈園は、この頃に定着し始めたようである。

### 新たな試みと挫折

松下吉衛は早稲田の学生で、中桐より天香を直接紹介された。明治末年の頃で、それからほどなく鹿ヶ谷を訪れ、倉田百三と河道屋での托鉢を共にしたともいう。松下が一燈園を初めて訪れたのは、大正四年頃であろうか。松下はその後、大正五年ないし六年頃に郷里の栃木県に栃木一燈園を設立した。天香も秋田へ向かう途中、しばしばここを訪れている。松下はまた、大正八年の『光』誌の創刊に大きく関わり、その編集を担当した（鹿ヶ谷を偲ぶ会『私達の足跡』）。

相武次郎は、明治二十六（一八九三）年、北海道岩内町生まれ。父は陶磁器商を営んでいたが、明治三十六年、武次郎が十歳の時に他界してしまう。対して武次郎は、中学校時代にバイオリンに熱中し、明治四十四年に中学を卒業した後、上京して東京音楽学校へ入学する。しかし、その音楽学校も一か月で退学し、早稲田大学文科からさらに東洋大学へと転校した。音楽学校の風紀、早稲田大学における島村抱月と松井須磨子の恋愛問題が、相の良心に相容れなかったからという。しかし、在学中の大正三年には母も死去してしまう。兄の回想によると、武次郎は東洋大学在学中、いつ地殻が裂けないとも保証できないのに、人々が平気でいることに懐疑を覚えていたという。また、バイオリンの断念を決意し、毀損しながら、諦め切れずにバイオリンを買い求めるということも何度かあったという。一燈園を訪れるまでの相には、真理を追究する思い詰めた気持ちと、自らの勝手な振る舞いに対する両親への呵責の念とを持ち合わせるところがあったようである。

東洋大学在学中の大正六年夏、二十五歳の時に相は一燈園のことを知り、鹿ヶ谷を訪れた。相が一燈園を知ったきっかけは不明である。相は秋から十二月まで田乃沢鉱山で働き、大学に戻った。大正七年春に東洋大学を卒業した後、将来について悩んだ末に一燈園に入園した。一燈園の同人時代、空華と号し、寡黙ながら理詰めで、かつ行動力がある点で後輩に尊敬された（相空華「黄檗禅師への祈り」、相徳太郎「弟（空華）の事ども」191）。

金川最勝は、浄土真宗大谷派の青年僧侶であったが、詳しい経歴は不明である。大正七年一月二十三日の天香の日記に「金川氏来園」とあり、四月八日には「金川氏酒に囚はれ丸山（円山公園）にてたをる」と記されている。大正六年末か七年初めに入園し、しかも当初は奔放に振る舞うこともあったらしい。金川は大正九年、幼い園子という女の子を連れた民子という女性と結婚し、三人で四国遍路に出発する。民子と園子は、天香が家族ぐるみの新生活を証明する実例として、期待を寄せていた母娘であった（④四六九頁）。相と金川は一燈園の中でも最古参に属し、入園希望者が増加し始める大正九年以降、当番や先輩として後進の指導に当たることとなる。

又蔵の死去とこれに前後する新しい同人の参加を受けて、この後の天香は、田乃沢鉱山の株式会社化を目指した。その際、問題になったのは、経営理念と収支であった。収支については必ずしも楽観できない状況にあったが、それだけに天香は、理念を重視した。そこには、西田又蔵や卯三郎といった故人の遺志を引き継ぐ意識や、天香が北海道入植時代に果たせなかった労使問題解決への意欲があったのであろう。天香は大正七年九月一日、田乃沢鉱山の目指す理念について「田ノ沢鉱業株式会社は道を行ふ為めの証明にしたい。経済と道心とは一ツにならぬといふもの、為めに或程度迄は一ツになるべき証拠として見たい」と記している。このような考えに基づき、天香は田乃沢鉱山株式会社の「趣意書」「仮定款」を作成した（香倉院蔵）。それは以下のような会社設立の目的を掲げていた。

第一　人は正しき生活によれば余分のものを強いて占有せざるも、安定にして又何等の不足なきを得ることを実証し

第二　而かも因縁ありて自己の所有となりたるものを、如何に取扱ふが、一切と自己との為めに最も正当なるかを研究し

第三　憂世寡慾の資本家、同じ思ひの労働階級、及び此の両者の間に立つて経営の衝に当る懺悔奉仕の一団とによりて治生産業《ちしょうさんぎょう》の上に新らしき試みをなし、現代資本主義の余弊矯正策に対する一の参考を提供せんことを期し

第四　以て経済戦より起るあらゆる悲惨なる事件の原因と、其の傷痍とを軽減し、やがて平和と生活との一致を見るに至らしめんとするにあり。

折しも十月一日に京都市のキリスト教青年会館で、武者小路実篤主催の演説会が開催されており、天香もこれに参加した。その際に天香は右の趣意書を武者小路に贈っている。この演説会は、武者小路が「新しき村」の開設を前に、九月十四日の東京・本郷を皮切りに、浜松、長野、松本、京都、大坂、神戸、福岡の各地で行った演説会の一つであった。そしてこの年の十二月より、武者小路実篤を中心とする十八人が、宮崎県児湯《こゆ》郡木城《きじょう》町石河内の七千六百余坪の敷地に入植し、新しき村が開設された。一燈園に関わる天香として、純粋かつ独立自尊の新たな共同体生活を始めようとする武者小路に、期待するものがあったのであろう（奥脇賢三『検証「新しき村」』）。

天香の日記によれば、天香は武者小路に次いで十月二十日に新渡戸稲造と会見し、田乃沢趣意書について意見を求めた。他にも天香は、中桐確太郎や大井令淳らと共に、具体的な株式会社設立のための助言を渋沢栄一に求め（『渋沢栄一伝記資料』別巻第二・日記㈡他、大正八年一月三十日、二月十九日、一三〇、一三五頁に関連記事）、あるいは田乃沢に送金を繰り返している。しかし、翌年七月一日に天香は上京し、おそらく会社設立を実現しようとしたが、七月十二日の日記には、田乃沢鉱山に関連し、「到底一責任者としての余の堪ゆる能はざる処となれり。……何処からこふなるもの歟。いたましき事也」と記している。詳細は不明であるが、この時点での株式会社設立は不可能になったらしい。しかし、その間の一月十二日の日記によれば、天香は鉱山より「山主と事務所鉱夫との情はうるわしきものあり云々」との知らせを受けており、労使関係は順調であったようである。田乃沢鉱山には、事務所の他、販売所や小学校などの施設もあり、天香らは既存の鉱業経営者の支援や協力を受けると共に、おそらく福利厚生施設の充実を図るために、多額の投資をしたのではないかと推測される。

天香の次男・理一郎も、大正七年に一時田乃沢鉱山に関わっていた。天香は同年六月十五日の日記に、秋田での出来事として、「理一郎氏に荷物をせをわす。彼れは近々能く祈れる子となるよふなり。ありがたし。親は親らしく愛も出来ざるを。ひたすらに神に御加護を祈る也」と記している。しかし、翌年に理一郎は結核を患い、六月以降、大分で療養することとなる。

とはいえ、田乃沢鉱山をめぐる状況は厳しかった。その上、大正七年十一月に第一次世界大戦が終結したことで、日本の経済界は不況に直面し、鉱業界も厳しい状況に置かれる。田乃沢鉱山はその後さらなる事件に直面するが、天香にとって田乃沢鉱山は、目的とした理念や払われた犠牲が大きかっただけに、容易に切り離せない桎梏となっていた。

## 5 『光』誌の創刊

### 光明祈願

天香は大正七年九月二十六日の日記に、「今の経済は宣光社によりてのみ道と不二となるを得べし」「宣光社を明了にし、宣光といふ雑誌を発する事にせり」と記している。計画された雑誌は、翌大正八年十一月二十五日発行の『光』創刊号として結実する。日記に記されたように、『光』誌は、宣光社の理念や事業内容を深めると共にそれを内外に表明する目的で刊行された。『光』創刊号には「光明祈願」「六万行願結成略意」「一事実」という文章が掲載されており、これは一燈園の指針ともいうべきものとなった。「光明祈願」とは、天香と中桐確太郎、小此木渾沌（忠七郎）の三人でまとめ、中桐が執筆したもので（西田天香『光明祈願』）、以下の通り。それぞれの項目には説明が付されているが、ここでは見出しのみを掲げておく。

光明祈願（暫定）

一、不二の光明によりて新生し、許されて生きむ。

二、諸宗の真髄を礼拝《らいはい》し、帰一の大願に参ぜむ。

三、懺悔《さんげ》の為に奉仕し、報恩の為に行乞《ぎょうこつ》せむ。
四、法爾《ほうに》の清規《しんぎ》に随ひ、世諦《せたい》を成ぜむ。
五、即ち天華香洞に帰り、無相の楽園に逍遙せむ。

この内、第五項については、次のような説明が付されている。

天華香洞の門、仮に名づけて一燈園となす。道に志して尚自ら立つ能はざるもの、乃至老、病、幼者等の為めに設けられたる一の化城《けじょう》とも見る可し。その存立は喜捨の浄財に成り、在園はその清規によりて許さる。

『光』創刊号表紙（復刻版）
（「光」は天香の筆）

天華香洞に立ち、信託を受けたる財物事業の整理経営等に従ふを仮りに名づけて宣光社といふ。宣光社の目的は世間の執迷、紛争、葛藤を根絶し、以て斉家、治国、平天家を期するにあり。

天華香洞と一燈園と宣光社と、三位にして一体、通じては即ち無相不二。

中桐確太郎によれば、天香が前年十月に新渡戸稲造に「田乃沢趣意書」を示した際、「光明祈願」も提示しており、中桐はそれに天香の紹介を添えていたという（中桐確太郎「光明祈願の後にそへたる」1）。「光明祈願」と「田乃沢趣意書」の作成は大正七年中のほぼ同じ頃に行われたようである。「田乃沢趣意書」が宣光社の具体的実践目標であったとすれば、「光明祈願」は一燈園と宣光社、天華香洞の関係を示しており、天香の内面で両者は一体の関係にあった。「光明祈願」の第一項は、一度「死ぬ」と共に許されて生きること、第二項は、あらゆる宗教に通ずる真理を尊重し、特定の宗派の形態をとらないこと、第三項は、懺悔と報恩により、「托鉢」によって生きること、第四項は、世間における実業に取り組むことを、それぞれ掲げている。その上で第五項は、表面的な形に囚われない真理の世界を天華香洞と称し、それに基づいた無所有の生活のあり方を一燈園とし、実業に関わる生活のあり方を宣光社と称することを述べている。そしてこの規則を「暫定」とすることで、光明祈願そのものへの執着を戒めている。

天香は、私利や我執を捨てた「無」の境地を天華香洞と名づけており、それがこの世界で具体的な生活の形態をとった時に、「一燈園」と「宣光社」という、二つの生活形態が現れると考えた。天華香洞が自分を無にすること、すなわち、私利を図らず、他に対して奉仕、貢献しようとする精神や意識を持つことを意味するのに対し、人はそのような境地に立つことで、表面的には二つ相、すなわち一燈園と宣光社という二つの生活様式を取るというわけである。「光明祈願」第五項はこうした三者の関係を述べたものである。

一燈園の生活とは、無所有の生活、すなわち、他人から奪うのではなく、自らに与えられたものによって生きていくという生活である。報酬を求めず、社会や人々に役立つ仕事を行い、そうした中で恵まれた物を生活の伝手として生きていく生活であり、これが「路頭」に当たる。天香自身、報酬を求めない生活が本当に可能なのか、しばしば質問された。また、後述のように、一燈園に入園した同人は、修行の一環として路頭の生活を実践し、何の縁故もない市井に単身で飛び出し、仕事を求め、結果として与えられた謝礼を供養としていただくという生活を試みている。当然、仕事を得られず、野宿したり、拾い物を食したりするような羽目に陥ることも多々あった。しかし逆に、そうした修行を通じて、見返りを求めずに人の役に立つことの素晴らしさや与えられた物に対する感謝の気持ちを実感し、あるいは何も所有しなくても生きていけるという自信を得たのである。

「光明祈願」の一、二、三項に示されているように、天香は、神や仏によって生かされているという自覚と、社会に対する感謝の気持ちを持って奉仕の仕事を行うことに、あらゆる宗教の真髄があると考えていた。そこで天香は、一燈園に体系的な教義内容を備えさせるよりも、こうした諸宗教の真髄を実践していくことを重視した。一般に一燈園は修行のための施設として認識されたが、天香自身は施設としての一燈園に、あくまで路頭の生活を行っている人にとっての仮宿の一つ、あるいはこれから新生活に入ろうとする人々にとっての入門的な施設、という位置づけを与えていたに過ぎなかった。引用文中の「化城」とはそのような意味である。

対して宣光社とは、一燈園が無所有の生活であるのに対し、仮所有の生活と呼ばれるものに相当する。無所有の生活が、いかなる境遇にあっても捧げていこうとする愛の精神を表現し、あくまで個人に基礎を置く生活形態であるのに対し、人々が互いに協力し、事業を起こし、技術の改良や社会の発展を促していくことが個人の活動以上の大きな可能性を持っていることも、確かであった。天香は、無一物になっても生きていける人々が事業活動を行うことに、あるいは事業の才や技術を持つ人々が私利私欲を捨てて経済活動を行うことに無限の可能性を認め、そのような路頭の精神を基礎とする事業活動を宣光社と名付けた。そうした天香の姿勢は、時として文明を否定する時代逆行的な考え方という誤解を受けたり、あるいは逆に、経営の観念を欠く社会運動家や評論家からは資本主義に同調的と批判されたりしたが、宣光社とは、企業が私利のみを追求し、対社会的な軋轢と企業内における労使紛争を引き起こすのではなく、人々が互いに協力しつつ社会的責任を果たすことで、より豊かな社会を実現することを目指した概念であった。「光明祈願」第四項の「世諦」とは、既述の「俗諦」と同義。厳しい人間関係の中では、正しいと思うことがねじ曲げられていくことも往々にしてあり得るが、天香は、人々が真理に即した生活を送ることで、真理に即した社会が実現できると確信していた。宣光社とは、こうした「世諦」の成就を目指した活動に当たる。

六万行願については既述の通りであるが、『光』誌創刊号は「六万行願結成略意」の中で、世界大戦における死者を追弔し惨禍を繰り返さないため、また、戦後の経済戦争や階級闘争を整理するため、懺悔奉仕の行が必要であるとの意義付けを発表している。最後に「一事実」とは、「一人あり、十字街頭に立つ。人なれ共光明をうけて活ける者の如し。或は合掌して何ものかを拝し、或は人の家に入りて下駄を揃へ庭を掃き、便所を潔め納屋を整理す。餓ゆれば合掌して厨房の傍らに起つ。或時は与ふる心清まらざれば受けず。或時は受けて暫く祈念するとき、受けられし（与へし）人の心、自然に清浄となる。……一切の人をとふとみ、一切に感謝し、報恩之行にいそしむ。……僧にあらず俗にあらず、無限の福田《ふくでん》ありてしかも同時に一労働者なり」に始まる文章で、一燈園の路頭の生活のあり方を例示的に示したものである。これは大正八年二月三日の『天華香洞録』（④四九七～五〇〇頁）からの引用で、今日の一燈園では光明祈願と同様に暗唱されている。

### 「出家とその弟子」公演

一燈園では『光』誌の創刊を記念する形で、大正八年十一月二十日から二日間、京都岡崎の公会堂において、「出家とその弟子」を公演することとなった。十月六日の天香の日記に「岡田不二太郎氏にあふ、『出家とその弟子』試演に付て」とあるが、上演の計画が立てられた経緯や時期は不明である。二十八日の日記には、「村田実氏来園、『出家と其弟子』に付て打合をなす」、翌二十九日には「村田氏来る、公会堂日取廿日廿一日に決定、中外日報馬淵氏の宣光社の原稿訂正」との記述がある。村田実は、小山内《おさない》薫《かおる》らと第二次新劇運動を展開した舞台監督で、唯円を演じた俳優。上演は東京のエランヴィタール劇団員が中心となって行われたが、村田は熱意が高じる余り、善鸞を演じる野淵《のぶち》昶《あきら》との間で喧嘩になることもあった。その際、天香は、両者に親鸞の心持ちを想起して、問題に対処するよう仲裁したという（『懺悔の生活』）。

開演に先立つ十一月十八日、倉田百三が一燈園で「『出家とその弟子』の上演に就いて」と題する講演を行った。倉田はこの頃、福岡で療養しており、無理を押して一燈園を訪れたが、開演時には発熱のため、観劇できなかった。会場には倉田が横臥したままでも観覧できるよう、特別席も設けられたが、花束のみが飾られていたという（『倉田百三選集』第二巻、『すわらじ劇園五十年の足跡』四～五、一二四～一二五頁）。

十月二十九日の天香の日記にあるように、『光』誌の創刊の頃、一燈園は「出家とその弟子」の公演準備を進める一方で、中外日報社からの取材を受けていた。記事は「一燈園物語」と題し、『中外日報』に大正八年十一月二日から十二月四日まで、全二十七回の連載として掲載された。「一燈園物語」は、『中外日報』の記者が京都の光沢寺の住職・足利浄円の紹介で天香と会い、進々堂（竹屋町寺町西入所在のパン屋）で同人の金川最勝の働きぶりを見学した後、天香から新生涯開始の経緯について話を聞き、一燈園を訪れるという内容である。ここには、愛染堂の参籠の記述も含まれており、これは後の『懺悔の生活』における「転機」の章の原型となったものである。

『光』誌の第二号は大正九年二月の刊行となった。ただし、『光』第二号に、天香の文章は掲載されず、『天華香洞録』からの抜粋のみとなった。これは、編集後記によると、「本号を労働問題に献げ、各方面よりの御寄稿を仰」ぐ計画で、天香も寄稿するはずであったが、「つぎ〳〵に起り来る奉仕に御忙はしくて、これも次号に延ばさねばならぬことにな」ったためという。

### ○光の誕生

大正九年二月十五日の『天華香洞録』に、「二月十六日は仏国に於て国際連盟組織の成りし日也。此日を以て宣光社を法人となす事を決定せり」「杉本家より提供を受くる天華香洞の安居所の提供の小禱をなす」「此日より六万行願をまづ一周〔週〕間なすべし」（③五五四頁）という記述がある。天香は国際連盟の創設を機に六万行願を行うこととした。宣光社の法人化については詳細は不明である。また、ここで言及されている杉本家とは、京都市上京区衣棚通丸太町上ルに位置した杉本徳次郎の宅を指す。杉本は、安政元年に創業された絹布精錬業を受け継ぎ、杉本精錬場を経営し、絹布の精錬、染色などを行っていた。杉本が天香に師事するようになったのは、大正六年からという（『杉本練染株式会社二十五年史』）。そして大正九年二月に、天香に住居を提供するに至ったわけである。これ以降、天香は仮寓としての杉本家に起居しながら、杉本宅やその他での托鉢に従事した。一燈園には必要に応じて訪問する形をとり、天香が京都に滞在している場合、土曜日に定期的に訪れるようになった（八田不勝「鹿ガ谷時代の思い出を語る集い」453）。

四月、天香は、原敬内閣によって執行された第十四回総選挙に福島県から立候補した中桐確太郎の応援活動を手伝ったが、五月十日に行われた投票で中桐は落選に終わった。それから一か月後の五月二十七日、天香は『天華香洞録』に「世之みだるゝは人格者なきが為めなり。人格者は国之宝也。㊈は人格者によりてあらわる」（③五五六頁）と記している。引用中の㊈は、「おひかり」と読み、これが初出である。天香は前日より鍵括弧を付した「光」という表現を用い始め、二十七日に㊈の表現を思いついたようである。これは直接には『光』誌表紙の図柄、すなわち、赤い円中に光の文字を描いた図柄に触発されたものであろうか。『光』誌第二号の刊行時、天香は平和を祈願する六万行願を実行しようとしていた。天香が『光』誌の第二号に原稿を掲載できなかったのはおそらくそのためで、『光』誌第三号の発行も、『懺悔の生活』出版直後の大正十年八月まで遅れてしまう。『光』誌が月刊となるのは、第三号以降のことである。

『懺悔の生活』出版前に一燈園を訪れた同人に、谷野信暁、八田勝三、鈴木五郎などがいた。谷野信暁（入園後、捨三と号す）は明治三十年、石川県羽咋郡の明蓮寺という浄土真宗東本願寺派の寺に生まれた。京都の宗門の中学に在学していた大正二年冬、『京都日出新聞』に掲載された記事で一燈園のことを見かけ、また、『出家とその弟子』を読んで感動していたという。その後、『中外日報』に「一燈園物語」が掲載され、この記事で『出家とその弟子』と一燈園の関係や『出家とその弟子』が上演されること、『光』誌の創刊などを知り、『光』誌の購読と、一燈園への入園を申し入れた。折しも、寺を次ぐべき兄が末期の病床にあったが、谷野は兄の死後、大正九年四月十六日に実家の寺を出て京都へ向かい、翌日一燈園を訪れた。しかしこの時、天香は中桐確太郎の選挙応援のために福島に滞在しており、また、当番の金川最勝は、妻に迎えた民子と共に五十日余の四国遍路に出かけており、不在であった。谷野は五月上旬に入園を果たし、翌日より河道屋での托鉢に従事した。天香との面会は六月上旬となった（谷野捨三「私の歩いた新生活への道」416、同「わが愚道」600、鹿ヶ谷を偲ぶ会『私達の足跡』）。

八田勝三は明治二十九年生まれ、父は投資信託行を営んでいたが、大正九年の不景気によって多額の負債を抱え、破産した。勝三も八田家として債権者に多額の損害を与えたことに悩み、大阪商船会社を退社すると共に、宮崎安右衛門の著書を通じて一燈園のことを知った。宮崎安右衛門とは、乞食行で知られた人物である。そこで八田は、家族に別の口実を告げて、大正十年六月に一燈園を訪れた。しかし、天香は東京に上京中で、不在であった。八田はそのまま上京し、『懺悔の生活』の校正をしていた天香を早稲田印刷に訪ねることとなる。その夜、修養団本部で天香の講話を聞き、訪問の動機を話して入園を許された。まもなく中桐確太郎を訪問する機会があり、そこで鈴木五郎と出会った。鈴木は日本精製糖や台湾製糖の創業者であった鈴木藤三郎の息子で、明治二十七年生まれ。慶應義塾の理財科を卒業した後、北海水産会社を創設したが、日露戦争後に父の事業が失敗し、五郎本人も大正十年に北海水産会社から退き、一燈園に入園していた。八田は、天香より、入園の動機が似ていたことから、鈴木と話し合うよう勧められたという。八田は、中桐を始め、和辻哲郎や山中峰太郎、安倍能成、阿部次郎など「知識階級」の家で托鉢することが多かった。また、松下吉衛と共に関東大震災に際しての支援活動に当たった後、鹿ヶ谷に戻った（鹿ヶ谷を偲ぶ会『私達の足跡』）。

これまでは、たとえば綱島梁川周辺の人脈など、個人的な関係を通じて天香を訪れるという場合がほとんどであった。しかし、右の谷野や八田のように、新聞や著作で情報を得て一燈園を訪問する人々が現れ始めた。この時期に訪れた人々には、明治三十年前後に生まれた、二十代前半の青年が多かった。いずれも倉田百三と同様、河道屋など、既に天香やその周辺の人々が頻繁に出入りしていた仕事場での労働に従事することで、いわば托鉢の初歩を経験する形となっている。一燈園は、新規の入園者を迎えることで、新生活への入門的な機能を徐々に備えていった。

## 6 『懺悔の生活』の出版

### 出版経緯と概要

大正九年十二月二十四日、天香は毛利三郎という画学生宅で開かれた数十名の画学生の会合に出席し、講話を行っている。その内容は、後に「芸術と一燈園生活」と題され、『懺悔の生活』に収録された（朝山勇「ありがたし」鹿ヶ谷を偲ぶ会『私達の足跡』）。大正十年一月二日、四日、六日、十二日の天香の日記には、村上華岳の名が登場する。村上は明治二十一年生まれ、京都市立絵画専門学校を卒業し、大正七年に同期の土田麦僊と共に国画創作協会を結成していた日本画家である。村上は大正八年か九年に初めて天香を訪問したという。大正十年一月六日、天香は午前に村上を訪問し、夕方まで懇談している。天香はこの日の日記に、次のように記している。

観音を画くには観音を識らねばならぬ。識るは体することである。体したものが何にあらわれてもそれは芸術であり、創作である。絵画のみが高価なのは、又彫刻のみが高価なのは、必らずしも正しいとはいへぬ。金で価格つけられることは或意味に於て何れも侮辱しあつているのである。金で買えぬ様に又金で売らぬ様にせねばならぬ。買つて死蔵するものも、売つて立派な生活する画家も観音には何の交渉もない。真の観音はもつと実質的な方面に活躍している。芸術家も中々触れかぬるものである。

おそらく天香は村上に同趣旨の説明をしたのであろう。天香にとって大正十年は、芸術家に囲まれる形で始まった。

二月中旬から三月初旬、天香は東京、福島、秋田、天童の各地を巡った。その後の三月十三日、天香は日記に「宮崎氏、久坂氏を伴ひ来訪、出版の事に付相談を受く」と記し、さらに十五日には「春秋社神田木村両氏を伴ひ、宮崎氏来訪」と記している。ここに登場する宮崎とは宮崎安右衛門のことで、既に大正七年十一月二十三日の天香の日記に、中桐確太郎の家で面会したという記述がある。その頃、中桐の紹介によって知遇を得たのであろう。春秋社の神田豊穂と木村毅《き》が天香を訪れたのは、この中桐と宮崎の仲介による。そしてこれによって、『懺悔の生活』の出版が実現する。

木村毅によれば、春秋社とは、謡曲の出版社で編集局長をしていた神田が、部下の古館清太郎と共に創設した出版社であった。春秋社は創業に当たり、古館の早稲田同窓の植村宗一（後の直木三十五）の提案でトルストイ全集を出版することとした。ところが、植村はその悪友・鷲尾雨工と放蕩にふけり、神田と対立するようになる。木村が春秋社に入社したのは、創業から三か月ほど経った後であったが、神田は植村らと分かれ、木村と共に春秋社を移転した。春秋社の新たな出版方針について神田から相談を受けた木村は、宗教と文芸の中間的な分野を開拓することを提案したという。そして木村が最初に出版したのが宮崎安右衛門の『聖フランシス』と『乞食桃水』であった。

木村が西田天香のことを知ったきっかけは、宮崎の三番目の著作に一燈園のことが記されているのを目にしたことであったという。そこで木村は、綱島梁川の「天華香洞主人」を思い出したところ、果たしてそれは同一人物であった。さらに木村は中桐確太郎の近隣に居住しており、妻がそこに出入りする乞食風の異様な風体の人を目撃していたこと、さらに木村が翻訳で苦労していたところ、中桐から紹介を受けた女子英学塾（現・津田塾大学）の渋谷ふさをという女性が、翻訳料を受け取らないで仕事をしてくれたことも機縁になった。渋谷は、天香に感化を受けて奉仕活動を行っていた。そこで木村は中桐を通じて、天香に出版の依頼を持ちかけたのである。

神田や木村と会った直後の三月十七日、天香は中桐の紹介で、女子英学塾の卒業生向けに講演を行っている。西村夏子と西田又蔵の関係をもう一組の男女関係の話と対比的に紹介したもので、これは後に「一燈園生活にふれたる二種の女性」と題して『懺悔の生活』に収録された。また、天香は帰京途中、二十六日には愛知県田原町の近藤博宅と公会堂で、二十八日には名古屋市の文化講坐でも講演した。

二十六日の講演は、一燈園でも内容を増補して繰り返され、『懺悔の生活』に「托鉢」と題して収録された。講演後、天香が泊まった家はキリスト教徒の家であったが、翌朝、近藤家を再び訪れた天香に、近藤は揮毫を依頼した。近藤は天香に、真宗とキリスト教の間に一つになりきれないものがあることを話したことがあり、それを思い出した天香は、まず円を描き、筆の終わった左下のところで「南無阿弥陀仏」と記し、右上に「アーメン」と揮毫した。それともう一枚、「南無阿弥陀仏」と「アーメン」の位置を逆転させたものを揮毫し、「㊋によってどんな小さいさわりの痕跡をも取り去って頂くように、そうして南無阿弥陀仏は南無阿弥陀仏であり、アーメンはアーメンであるように」と祈った。これは、「諸宗の真髄を礼拝」という精神を例示したものである。続く二十八日の名古屋での講演には約二百人の聴衆が参加した。ここで天香は、愛染堂に参籠し、新生活を始めた経緯について講演している。これも「転機」と題され、『懺悔の生活』に収録された。

天香は四月末より『懺悔の生活』の構成を検討し始め、五月二日以降、原稿を渋谷や京都帝国大学学生の古川実、森川礼次郎に口述筆記させ、五月二十四日に原稿を完成させた（「天香日記」、谷野捨三「懺前の鹿ヶ谷」鹿ヶ谷を偲ぶ会『私達の足跡』）。五月三十日に中桐らと春秋社を訪れ、「懺悔の生活」という標題を決定し、六月十三日以降、早稲田印刷での校正作業を進め、七月に出版に至った。

原稿を受け取った木村は、一読して感激したという。製本ができると早速新聞に広告を出した。木村によれば、『懺悔の生活』の「売れゆきは目ざましかった。なんぼ追い増し刷り（重版）をしても、すぐ倉庫に山と積まれた製本が捌けていって、空しくなった」という（木村毅『私の文学回顧録』二三二～二五四頁）。

神田と木村は宮崎と共に、八月九日の夜行で京都に向かい、翌朝到着した。相武次郎の案内で杉本宅を訪れたところ、天香は京都御所での托鉢に三人を案内した。木村は、『光』に寄せた原稿には「無言の教化を受けた」（木村毅「一宿両餐の記」4）と記したが、実際は肉体労働に従事させられたことがよほど不快であったらしい。木村は托鉢の後、「夜汽車で疲れているのに、こんな炎天下の労働に加えられて、くたくたにまいった」などと苦情を述べていた。木村は、「東京にかえる前、ビールに大酔して一燈園を訪うた。一ばん奥の室が拝殿のようになっていて、『お光』と仏陀、基督、マホメットを合わせて祭ってある。その前に大の字に横たわって昏々と眠ること二時間、おきると大きなあくびをし、縁から、その菜園に植えて累々と実のなっているトマトに放尿したのが、私が一燈園にむかって加え得たせいぜいの侮辱、軽蔑であった」と記している。木村がなぜ臆面もなく、自らの不品行を曝しているのかは不明であるが、木村は自分の名が『文士録』に掲載されたことに感激する一方で、天香や神田社長の金銭に対する姿勢を非難している。相当の嫉妬があったのであろう。

『懺悔の生活』は、「光明祈願」を冒頭に掲げ、「福田」「托鉢」「芸術と一燈園生活」「転機」などの内容からなる。「福田」は、天香が職を求める老人に、逆に死んだつもりで奉仕活動に従事するよう諭し、実行させたところ、老人は当初は困惑しながらも、次第に周囲の厚意に気づかされていくという話である。福田とは、仏法を、人々がそこに徳を植え、その何倍もの収穫をもたらす良田としてたとえた仏教用語。天香は「凡る宗教はこの福田で無くては立ち得ません。……金で為たものなら、金の力で出来たものなら、もはやその生まれて出て来るものは金臭いのです。自分の力で出来、又地位で出来る様な伝道なら、その根本に於て人臭く地位臭いのです。……金の力も及ばず、人の力も又地位も役に立たぬ行詰りを、素裸で判然整理し得るものが本当の宗教です」と述べている。

『懺悔の生活』は天香の講話や講演を収録したものなので、全体の趣旨を簡潔に要約することは難しい。それでも、多くの話に一貫するいくつかの主題は読みとることができる。人は金銭のために生きるのではなく、欲望を募らせても決して満たされることはないということ、それどころか、逆に全てを捨てて正しい生活を送り、さらに人々に与えていく中で、生活は必ず保障されるということ、自己を慎み、物を大切にすることで、自分には既に多くの物が与えられていることに気づかされること、などである。

『懺悔の生活』出版直後の八月四日、天香は勝淳と共に東上し、富士山に登山した。そして九月十七日付で、天香は勝淳と正式に入籍している。

## 反響

『懺悔の生活』の刊行後、一燈園には多くの来園者が訪れ、講演依頼が殺到した。天香の日記によると、『懺悔の生活』出版直後の七月二十二日に「大本教の人谷口氏」が一燈園を訪れた。谷口雅春は明治二十六年十一月、兵庫県八部《やたべ》郡烏原村に生まれた。明治四十四年に早稲田大学高等予科文学科に入学したが、経済難から大学を中退し、一時就職したが、資本主義の矛盾を感じて退社、大正七年に京都府綾部の皇道大本（大本教）を訪れ、翌年入信した。しかしその後、蛇が蛙を飲み込んでいる現場を目撃し、生物が殺し合いをすることによってしか生きていけないという現実に直面する。谷口はそれを契機に、最後の審判を信じて自力的精進を進めていくという信仰ではなく、神の愛による救済を求める信仰へと傾斜していった。谷口が天香の『懺悔の生活』に接したのは、そのような時であった。谷口の在園は五日間のみであったが、その後も『光』誌にしばしば寄稿している。谷口はその後、大正十年十月に大本教を脱退し、昭和五年三月に『生長の家』を創刊、生長の家を創設する（生長の家本部編纂『生長の家五十年史』）。

谷口以外にも、大正十年後半以降、一燈園を訪れ、入園を希望する人が激増した。中田一女《なかたかずめ》は岡山出身。女学校の最終年度の頃から、人間のエゴに対する嫌悪感を感じるようになり、賀川豊彦や武者小路実篤、倉田百三などを読む内に『懺悔の生活』にも接し、自分の悩みを解決する方法は一燈園のような生活を実践してみるより他にないと感じたという。大正十年末、天香が岡山で講演を行った際、新聞で案内を見かけ、早速聴講、翌年には一燈園に行きたいという希望を募らせた。そして父の許可をようやく得て、二月二日に京都へ出発、父から依頼状が天香に届けられていたこともあって、翌日には入園を許された。中田は後に相武次郎の妻となる。

鈴木八重造は富山県出身、大正十一年二月に中学の先生から『懺悔の生活』を紹介され、一読して感激し、数日後には京都に向かって出発してしまう。一燈園に到着したところ、「天香さん」が東京に行っていることを告げられる。「さん」付に驚いたという。三月三日に衣棚の杉本家で天香と初めて会うことができたが、四人の先客があり、正午近くまで待って面会、入園を許される。入園後、旅館や師範学校寄宿舎などで托鉢を行ったが、托鉢を続ける内に、こうした生活が求道の生活としてふさわしいことは理解しながらも、合掌することに何か気後れのようなものを感じていた。しかしある日、天香を駅に出迎えた際、天香が出迎える人々に深々と合掌しながら一礼している姿を目にし、迷いが全て「フッ飛んでしまつた」という。

本多春子は、長岡近郊の村に生まれ、「こわいもの知らず、矢鱈と鼻っ柱ばかり強がりの娘」であったが、何時しか「私は何の為に生れてきたのだらうか」と考え込むようになったという。そうした折りに『懺悔の生活』に接し、自分の生きていく道はこれ以外にないと思い詰めた。そして、「二月の寒む空暁天に積つた粉雪を踏みしめて井戸から風呂水を汲み込んだり、お釜のお尻をみがいたりも人にかくれてソットし」たという。大正十一年六月、天香の長岡来訪を聞きつけ、「気がついた時は着のみ着のまゝ汽車の中に」乗っていた。そして信州飯山の寺まで天香の後を追った。既に日暮れとなっており、天香としても本多を追い返すことができなかった。そこでとりあえず、一行に加えることになったという。そしてほどなく入園を許された（鹿ヶ谷を偲ぶ会『私達の足跡』、「鹿ヶ谷時代の思い出」726、727、729、731）。

三上和志は、明治三十五年生まれ。広島高等工業学校（現・広島大学）在学中、両親の不和に思い悩み、真宗の寺を回って道を求めていたところ、大正十年十一月、仏教済世軍が天香を講演に招いており、ある僧の勧めでそれを聴講した。それまで三上は、天香の名前を知らなかったが、聴衆の聞き入る姿や、天香が便所で合掌している姿を見て、何か惹かれるものを感じた。十二月二十六日、冬期休業時に三上は一燈園を訪れ、入園した。三上は二日目から外での托鉢に出され、毎日違う家で年末の掃除を手伝った。その頃、一燈園では、「ギリギリの生活」という言葉がよく用いられていた。今日は今日、明日は明日のその時々のあるがままの最低限で一切が足りているという生活に、三上は一燈園生活の核心を見出した。三上は、そうした生活を送る同人が皆優しく、しかも一般社会に即しながら社会の行き詰まりを超えていることを感じ、父が迎えに来るまで一燈園に滞在し、父に一燈園を体験させようと考えた。しかしある日、それに気づいた天香が三上に一旦広島に戻るよう諭した。三上は卒業後に入園させてもらえるか尋ねると、天香はその時はその時のこと、毎日が路頭の生活なので、約束はできないと答えた。三上が初めて路頭という言葉を耳にした瞬間で、返す言葉がなかったという。

三上は卒業後、両親の反対を押し切って一燈園に入園した。約一年半ぶりであったというので、大正十二年半ば過ぎのことか。一燈園では、朝五時に起床し、一斉に内外を掃除、禅堂で朝課に臨んだ後、朝食を取らず、当番の指示に従って園外の奉仕活動に出かける。三上はそのようにして一年半ほど過ごした後、自らの希望で路頭に出ることとなった。大正十四年の夏頃という。三上は他の二人の同人と連れだって鹿ヶ谷の一燈園を出て、山科で別れた。三上は大津方面に向かいながら、一軒一軒仕事を頼み歩いた。どの家も当然、相手にしない。その夜は、家と家の間に積んであった筵《むしろ》の中にもぐり込んで寝た。二日目も三日目も仕事は得られず、道の紙屑を拾い続け、土手の木の下で寝た。五日目、線路沿いに落ちていた駅弁の残飯を食べ、その日の夜は古い藁小屋があったのでその中に筵を敷き、枕を作り、漬物の蓋に仏像を書いて簡単な仏壇を作って寝た。翌日、道を歩いていると、ビスケットが落ちている。しばらく見つめた後、合掌して食べた。その晩、少し早く藁小屋に帰ってみると、筵から枕まで全て外に投げ出され、小屋には藁が一杯に詰めてある。ところが、仏壇だけはそのままにしてあり、その前で寝た。

翌日、再び仕事を頼み歩いたところ、ある家の老人が上がって御飯を食べて行けという。その老人は、それまで仕事を断っていた上に、三上を怒鳴ったこともあった。なぜ食事を勧めるのか聞くと、昨日、三上を見かけ、まだいるのかと思って見ていると、突然、三上がしゃがみ込んだ。何をしているのかと思ってさらに見ていると、合掌して落ちているビスケットを食べてしまった。それを見て、これはただの乞食ではなく、行者さんであろうと思い、訪ねてくるのを待っていた、というのである。その日はその家の障子洗いをし、泊めてもらった。それが縁となり、ほどなく一室を借りて、托鉢が広がっていくことになった。これが三上にとっての「一燈園の建物への最初の出発点」であった（三上和志『地下を流るる水の如く』、同『路頭に帰る』）。

一燈園との関わりは、一燈園への入園のみに限られたわけではない。岩橋武夫は明治三十一年生まれ、早稲田の理工科で就学中に失明し、一時は自殺を試みたこともあったという。岩橋は妹の世話を受けながら関西学院に転じて宗教哲学を専攻し、卒業した。在学中にキリスト教に入信している。卒業後、妹は岩橋の友人と結婚し、元看護婦の寿岳きおという女性が岩橋の介護を引き継ぐこととなった。寿岳は京大病院や救世軍の結核療養所に務めた後、自身の病気療養を経て『懺悔の生活』に接し、一燈園に入園していた。寿岳は托鉢として岩橋の世話に当たっており、ほどなく二人は結婚した。ある日、岩橋は知友より、イギリス留学の話を持ちかけられ、エディンバラ大学に留学することになった。岩橋自身は一燈園の同人ではなかったが、キリスト教の愛の精神を信じ、しかもそれを日本とイギリスの双方で実感した一人として、一燈園に理解を示し続け、エディンバラ留学中より『光』誌に多くの記事を掲載した。帰国後、岩橋は関西学院で教鞭をとりながら、昭和十年に日本初の盲人福祉施設ライトハウスを設立、さらに昭和十二年のヘレン・ケラーの来日を実現する（岩橋武夫『光は闇より』、『日本ライトハウス四十年史』）。

『懺悔の生活』の出版によって、天香と一燈園をめぐる環境は大きく変化した。年末の十二月二十九日、天香は『天華香洞録』に次のように記している（④五二七〜五二九頁）。

今年も不思議な年であつた。「懺悔の生活」を著した事が動機となつて、一燈園生活が国内に自からなる宣伝をされた。半年の内に四万部を売尽した様である。一冊を五人読んだとして弐十万人の読者である。

別の世界の消息である為め、議論の外である。実生活にふれてある為めに、一々脚下の問題にふれる。手紙がくる。講演をたのまれる。入園を希望する人がくる。自分の生活は急転して忙殺を極めてくる。

信州へ二回、前後四五十回の講演をたのまれた。群馬、栃木、埼玉三県に招かれて矢張十数回、東海道をかいりがけに五ヶ所講演さゝれて、最後は伊勢の山田である。神宮皇学館での講演は我ながら至誠にあふれたのを感じた。此日、神宮より差まわされし自動車にて内宮、外宮の参拝をさせてもらふた。法喜勝淳も同参の栄を得た。

（中略）

京都に帰つて七日間、再び九州へ招きによつて遊歩した。前後壱ヶ月、鹿児島、熊本、福岡、鏡町、飯塚、直方、八幡を経て、山陽道、広島、岡山、笠岡、大谷、玉島、倉敷、明石、神戸、大坂、丹波市、奈良、相楽とかけて丁度六十回の講演を了した。勿論托鉢を主としてである。常に十人あまりの随鉢者がある。到る処反響は随分少くない。一方には、このうはすべりせんとする様子に気をもんでくれる道友がある。尤のことである。それを知らぬでもない。されども不二の光は唯要求に応じて動く。何れの注意も感謝に価するが、深く浅くするも不二の光りのそれである。名聞も出る。執着も出る。おそろしい。あしもとを注意するが肝要である。十二月十三日に帰る。岐阜地方へ行き十七日帰園。園には五六十人の同人がいられる。不徳之小子をかこみて集まれるのは勿体ない。

今年はかくしてくれる。此時に当つて万感交起つてくる。

引用文中の「法喜」とは妻のこと。維摩経中の「法喜以為妻」（法喜以て妻と為す）に由来する、天香特有の用語である。大正十年後半の天香は、北関東から東海、九州から中国地方へという講演に忙殺されていた。この状態は翌年も続き、講演の範囲は台湾、満州から、さらにハワイ、カリフォルニアへと広がっていく。

# 第四章　全国講演から海外托鉢へ

## 1　講演活動と理一郎の死

### 結核療養所と刑務所

大正十一（一九二二）年を迎え、天香は一月から三月は、亀岡の大本教道場を始め、京都、滋賀の学校や病院、寺院などで講演、三月から四月は山陰地方で講演、四月から五月にかけては京都に滞在したが、五月末からは北陸から信州、東海地方の各地で講演をしている。また、この間の三月、天香は山陰に向かう途中で、神戸の直木三郎に招かれ、直木が専務取締役を務める日本燐寸株式会社で托鉢を行っている。直木方はまもなく、神戸における一燈園同人の活動拠点の一つとなり、一年後には「多い時は二十人余り、少い時でも十二三人の托鉢者」が神戸に滞在し、それでも「手が廻り兼ねる位に托鉢先が殖へ」るような状態となった（S生「神戸より」25）。さらに天香は同じく三月上旬に東京のある結核療養所を訪れていた。これについては、次のような回想がある（村尾次郎「この眼で視た日本の五十年」㈣）。

私の父は天香さんを深く尊敬していて、大正十一年の春に勤め先の結核療養所へ招請した。天香さんは同人三人をともなって東京へ托鉢と奉仕にやってきた。療養所内で一燈園の人々がおこなった奉仕行は天香さんの講話のほか、霊安室や便所の掃除などであった。天香さんは、患者が食べ残したものを一箸ずつもらって集め、それを食べては掃除に明け暮れる。社会から極度に恐れられていた肺結核患者の残飯をもらって食べる、これには療養所側も驚きあわて、集められた残飯をも一度炊きなおして食べてもらったという。

この時、天香が結核患者の残飯を食したのは、かつて西村夏子や西田又蔵らが結核で死去し、さらにこの時期、天香の次男・理一郎も結核で重態に陥っていたからである。理一郎は大正八年に罹患し、療養していた。理一郎は、病室にロダンの彫刻「考える人」の写真を掛け、それに見入ってせき込んだことがあり（IT生「南紀行脚」46）、また、ミレーの「種子播き」の絵を見て詩を作ったこともある（西田透石「折にふれ」17、透石は理一郎の号）。かつて、倉田百三になついていたことからも、幼少の頃から芸術的なものに対する関心が高かったのであろう。ある時、天香は外出に際して理一郎に「わしは光の中でお前の病気を見舞ふ。……どうぞこゝからわしの托鉢を祈つてくれ、そこでは二人断えず一つに居る事ができる」と語ったという（扶桑「御子息御重態の際に於ける天香さん」15）。大正十一年前半の一連の講演は、理一郎を気に懸けつつ、行われたものであった。

東京市療養所での講演からまもない三月二十三日、天香は広島県三次女囚監での講演に臨んだ。百人余の囚人を前にして、天香も「緊張し切つて」いたという。まず天香は、高いところから話すことを詫び、次のように話している。すなわち、これまでの人生で、自分の至らなかったことや悪かったことに気づかされる一方で、罪に及んだ人々も、その事情にまで踏み込めば、一人一人を強く責めることができない。人は罪を負った存在であり、その点で自分と囚人との間に根本的な違いはない。したがって、「お互、罪のよごれの泥の中から蓮の花をさかす工夫をつまうではありませんか」「あやまりきるなら、のこる一生を罪ほろぼしとくわんねん《〔観念〕》しきるなら……今までに味つたことのない、すが〳〵しさ、ありがたさ、心安けさを感じませう」。天香はこのように話しかけ、さらに次のように述べて、講演を終えた（天香「一粒の飯」13、『篝のあと』に収録）。

最後に、おねがひがあります。どうぞ皆さんのあがるごはんの中から一はしづゝ私共にご供養ください。このことが、ごきそくにふれるなら、一つぶだけでも、まどの外の雀か蟻かにお与へください。それは私共にご供養くださつたのと同じです。私共はふつゝか者にはきまつてゐますが、体を神仏《おひかり》にまかせてゐるのです。一つぶのごはんでも、私共にご供養くださり、それがこの体の血肉となるなら、皆さんは私共の仕事にご参加くださつてゐることになりませう。けふ《〔今日〕》、これでおわかれすれば、又いつどこでおあひできるかわからない身ですが、どうか私共を思ひだしてくださつた

**勝淳，保太郎と**（大正11年）
（左より中桐確太郎，勝淳，天香，西田保太郎）

ら、私共にご供養のお心で雀にでも蟻にでも一つぶをめぐんで下さい。私共も皆さんのために祈らせてもらひます。

ドストエフスキーの『罪と罰』に、殺人の罪を告白したラスコーリニコフに対し、娼婦のソーニャが、大地に向かって口づけをするよう促し、また、苦しみで自分をあがなうことによって、神より新たな生命が授けられることを告げる場面が登場する。これは、雀や蟻に一粒の飯を恵むよう求めた天香の講演の趣旨にも通じている。つまり、罪を非難するのではなく、苦しみを分かち合い、世界や自然に対する愛を喚起しているのである。かつて天香は、托鉢を食べ物をもらいに歩くことではなく、与える気持ちを受け取りに行くことであると記していた。しかも天香自身、自らを死刑囚にたとえたトルストイ『我宗教』の記述に衝撃を受けたことによって、新生涯への決断を下していた。結核療養所でも、刑務所においても、天香は人々の痛みを共有し、愛を与えることで人は愛に囲まれることを伝えようとした。

西田理一郎（透石）は、大正十一年七月二十九日に死去した。享年二十一歳。天香はこの日の日記に、「九時頃済世病院に透石を見舞ふ。今朝は意識朦朧たり。程経てはつきりしたる事あり……遠来之見舞客に挨拶をなし得たり。後に又昏睡、再たび又少時はつきりしたり。此時は兄保光とよく語りあひたり。しかして夜に入り九時卅五分、余の手、産みの母の手、保光の手、勝淳などにまもられて静かに息を止め示寂したり。渋谷ふさ尾、鈴木ちか、相賀某、とく子、清水悦子などに随分世話になりたり。臨終のときは随分沢山な人に見舞はれつゝはなやかに仏土に帰りたり。仕合せな人にてありし」と記した。

天香の日記によると、八月二日に村上華岳が天香を訪れ、観音一体の絵を香典として供えているが、その一方で、理一郎の死の直前の七月二十五日から八月二十五日までの一か月間、一燈園では夏期托鉢会と題して、高等家政女学校（京都市寺町四条下ル）に六十名余りの人々が集まって修行を行っており、また、一燈園にはこの頃、百五十名内外の在園者がいたという（「余白雑記」14）。この夏期托鉢会は以後、八月の盆供養前後に開催される「夏の集まり」として定着する。天香自身、「人壱人の世話だに容易でないに到底是は堪ゆる事でない。当番評席の方々とてやりきれぬ。純粋な園生活希望者であつても容易でないに、況んや一時之逃避をする人もある。……力量もないくせに園の生活を発表した筆禍として己れの責であれども、またこうした事で修業をさゝれることにもなる」（②四四三〜四四四頁）と記していた。さらにこうした状況に追い打ちをかける事件が発生した。すなわち、田乃沢鉱山をめぐる訴訟が提起されたのである。

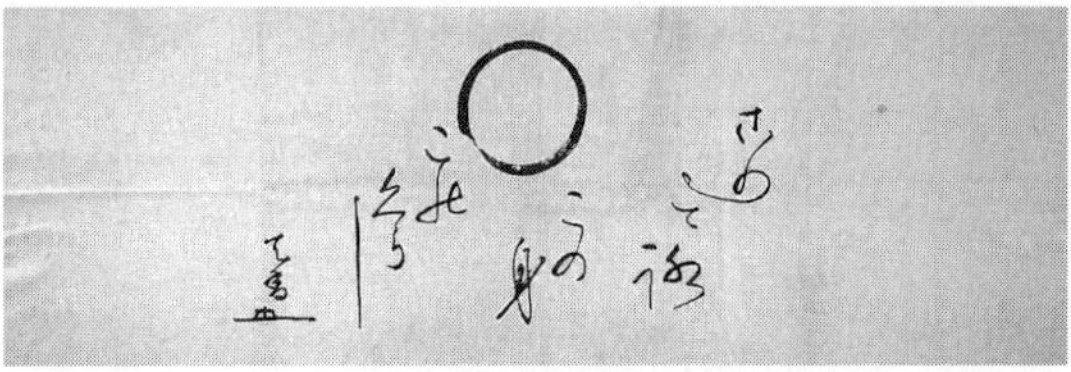

「この心この身このくらし」の「天蓋」
（写真は天香が長年，六万行願に際して使用したもの，香倉院蔵）

**この心この身このくらし**

香倉院に残る史料によれば、理一郎が死去する直前の七月二十日付で、秋田県の大館区裁判所より、田乃沢鉱山の鉱業権を競売に付すべく、差し押さえ命令が出された（香倉院蔵、大館区裁判所「強制競売開始決定」）。しかし、ほどなく天香は、他の債権者と打ち合わせ、競売の無効を求める訴訟を京都で起こした。そうした中の九月一日朝、天香は一燈園の禅堂で静坐し、思索の末、『天華香洞録』に次のように記している。天香の思いは不明であるが、様々な試練を契機に、自己の生活について省察したのであろう（②四六三～四六六頁）。

起床、掃除、拈香の後、坐す。しかして、
この心この身この生活《くらし》とおもふ。

このとはこの事実也。人は説明を聞かんことを願ふ。答ふらく、この事実を体することなくして之れを聞く、何ものありやと。聞かんとするものあらばそれこそ知る能はざるもの也。

このは体験底也。

（中略）

この心この身の外に此のくらしをいふ。是新生涯也。万人の目をはり耳をそばだてゝ聴かんとする処也。天華香洞、一燈園または宣光社などゝおのづから名を必要とするに至りしも是れが為めなり。
このくらしなき宗教教育は力なし。唯物史観の産るゝは、このくらしを失ひし現代の欠かんより也。……われらはこのくらしならざる間にありてこのくらしを為さんとす。そこに人より見て消極といひ奴れい的道徳なりといふ。是不二を知らざるもの、尤低き見かた也。……余が此くらしとおもふてうれしきは、現に今、一切に仕へまた仕ふるゝ事を歩む家族をもてる事也。否、そのもてる家族がそを歩める事也。次きに園に来らん程の方々はこを歩めるため也。是、恵まれたる余の生涯にしてまことに十九年来之同人の血液也。幾人か死し、幾人か犠牲となり、又幾千の人に心を痛めしめたことよ。され共、きりひらくべき道はひらけたり。茲にこのくらしといふ。言語少ふして意深し。

天香は八月二十四日の時点で、(光)の心、(光)の身、(光)の生活を併記して、「此一つかけても他の二つは全からじ」と記していた（②四五九頁）。それが九月一日に、「この心、この身、この生活」へと改められ、さらにこれを円相と共に記す様式ができあがった。これは後に手ぬぐいに印刷され、六万行願を行う際に頭に被る「天蓋」として用いられることとなる。殺到する入園希望者や講演依頼、田乃沢鉱山をめぐる紛争の中、おそらく天香は、「この心、この身、この生活」に、一般の世俗社会の中で事実としての一燈園生活の存在意義を確認したのであろう。その際、天香は、理一郎を含めた多くの人々の死についても思いを馳せていた。

田乃沢問題は、年末に示談が成立した。そもそも田乃沢鉱山鉱業権の競売請求の原因となった負債は、大正八年八月九日付で大井令淳から天香に貸し付けられた一万余円であった。ところが、大井は大井で、他に多額の負債を抱えており、そこで「西田氏を訴へて居るだけの其中《うち》が命あるので、かくして延びて居る内、何かうまい事があつて其借金が返済ができれば」という打算から、競売請求を行っていたのである。（香倉院蔵、杉本宛吉田書簡、大正十一年十二月十四日）。大正十一年末の十二月十八日、天香は東京で大井と会見し、天香が杉本徳次郎より四千円を立て替えてもらい、それを出金し、さらに三千円について「出来るだけの事をする」（『日記』）ということになった。既述のように、大井令淳は鹿ヶ谷一燈園の創設の頃から天香と交流し、勝淳の命名者でもあった。天香にとっても、大井との紛争は心痛であったはずである。しかし、大井は大正十四年七月二十八日に死去してしまう。また、田乃沢鉱山自体も大正末年までには休山となる。実際、『懺悔の生活』出版後、天香の生活は一変しており、田乃沢鉱山の経営どころではなくなりつつあった。それでも天香は、田乃沢鉱山の経営を軌道に乗せるため、最後の試みを行うことになる。

田乃沢問題が落着した後の大正十二年二月二十三日、天香は日記に、「病院にゆく。島薗博士に面会、カツケの試験の材料に托鉢の事を相談」と記している。島薗とは、脚気の権威として知られた、島薗順次郎・京都帝国大学教授のこと。天香が脚気の試験云々と記しているのは、脚気とビタミンB1欠乏の関連を調べるための臨床実験に当たろうとしたことを指す。脚気の原因をめぐっては、十九世紀中は世界的に感染症ではないかと疑われていたが、その一方で一八八九年にニワトリの脚気発病に餌が関係していることが発見され、それ以後、ビタミンと名付けられた欠乏物質の抽出も試みられていた。ビタミンの抽出は、一九一二（大正元）年に不純結晶として成功し、一九二六年に純粋単離も成功する。島薗は、こうしたビタミン研究の進展を踏まえて独自の脚気研究を行い、大正八年に伝染病ないし中毒説を否定し、脚気のビタミン欠乏説を主張していた（山下政三『脚気の歴史』）。天香は一年余り後に実験に臨み、それを「入牢蟄居」と意義づけることになる。

## 2　神戸と宣光社

### 宣光社の会合

大正十二年一月五日の『天華香洞録』に、天香は「或時は一燈園に呼ばれて質問に答へ、又は或時宣光社に呼ばれて質問に答ふ。かくする事（京都にて）半月。あとの半月を宣光社の身行に用ゆ。これは神戸にて試むべし」（⑤二三〇頁）と記している。宣光社としての活動の中心を神戸に置いたのは、直接には前年より日本燐寸株式会社専務取締役の直木三郎の工場で同人たちが托鉢に従事すると共に、活動の範囲がさらに鐘紡の工場へと広がっていたからである。しかしその一方で神戸では、大正十年に川崎・三菱造船所争議が発生していた。天香は大正十二年に入り、一月は近畿地方各地、四月下旬には栃木、福島、そして静岡での講演活動を行っていたが、その間の二月ないし三月頃に次のように記している（⑤三八四〜三八六頁）。

世に縦と横との思想あり。縦は国家的ともいひ、又帝国主義ともいひ、家族制度ともいふ。

横は世界的とか、汎世界主義とか、また民衆制度とかいふ。

現今世界の思想乃至いつの世も此二大思想の衝突はあり。それが今は尤も大袈裟に、尤また露骨に、また尤強し。

二つは調和されざるものか。

否、此二つのうち一つを欠けばその体をなさず。既に経緯といふにあらずや。経ありて緯なき布はあらず。柱ありて梁なき家はなし。

されば如何にすべき。

曰く、よき縦とよき横の必要あるなり。

あしき横、あしき縦は要なし。事は主義にあらず、人格なり。反対之思想のあらわるゝは当面之それのあしくなりたる為め也。主義にあらず、徳と行のかけたる也。

縦と横とが織り込まれてあるべきを、一つをおろそかにしたる為め也。

その足らざるを補はんとするが大勢也。されどもその補はんとする為めに他の一つを倒せば又足らず。

されは如何にすべきか。

あるものをよくすればよし。

横は横なりによくし、縦は縦なりによくすべし。若よくすれば執着なし。執着なければ何時にても横が縦となり、又縦が横となるもまた能はざるなし。此時、不二の光明あり。

右の引用は、第一次世界大戦中における日本の経済成長やそれと並行する労働争議の激増という、欧米列強に準ずる大国になった日本の新たな苦悩に対し、天香なりに応えようとしたものであった。かつて貧困層の存在という問題に、自分を追い込むことで対処しようとした明治期の張りつめた厳しさとは異なるものの、天香なりの透徹した論理が特徴的である。天香はこれ以降、一方で事業家たちとの交流を進めつつ、他方で小作争議の現場に入っていくこととなる。

六月二十四日から二十五日にかけ、天香は神戸周辺の伊藤忠兵衛、山岡千太郎、松本鉄次郎、岸田杢、直木三郎らを訪れている。伊藤忠兵衛は、呉服商で財をなした先代を引き継ぎ、丸紅および伊藤忠を創業した実業家。天香が伊藤忠兵衛と知り合ったきっかけははっきりしないが、大正九年七月七日の天香の日記に、天香が中居篤次郎と共に、京都市の伊藤忠商店（室町四条下ル）に赴いた記述があり、さらに伊藤も天香と大正十年に初めて会ったことを後に記している（「伊藤忠兵衛書簡」昭和三十年七月二十日、415）。天香が京都の伊藤忠商店で托鉢を行う中で知り合い、親しくなったのであろう。

山岡千太郎は明治四年、奈良県に生まれ、天香の一歳年長にあたる。東京の三井銀行に勤めた後、明治三十六年より大阪府会議員を一期務め、明治四十三年に久原鉱業に入社した。第一次世界大戦中、山岡は会計担当の立場から、久原鉱業の放漫な経営拡大に反対しており、大正八年末に病気を理由に四十八歳で退職するが、山岡は在職中より、拳春園という兵庫県武庫郡御影町にある山岡の自宅で、盆栽の趣味に打ち込んでいた。山岡はまた、大正五年頃より陶芸家の河井寛次郎と知り合い、陶器の制作にも取り組もうとした。ただし、山岡はその後絵画の方に関心を移したため、河井に京都市五条坂鐘鋳街の清水六兵衛の窯を河井に譲り、河井に対しては展覧会の斡旋を行うなど、その陶芸活動を支援し続けた（松中博「大正後期の一燈園と山岡千太郎」）。

天香が山岡と知り合ったのは大正十二年五月頃のようである。この時期、天香は『天華香洞録』に、「六月入牢、茶山園中の小屋。七月初旬より出雲路へ十日間」「余のこゝに牢居するは、人之便宜の為め也。……又一つは山岡氏の明神振りに、知己の感を起せばなり」（⑤三四九頁）と記している。茶山園とは、京都市の北白川茶山にあった山岡の別荘のこと。天香は、一燈園生活に対する山岡の理解に感動すると共に、自らに罰を与えたいというこの頃の気持ちを記し、山岡の別荘を「入牢」のための一つの候補と考えたわけである。

香積会（大正12年）
（前列左より，伊藤忠兵衛，福原八郎，松本鉄次郎，山岡千太郎。後列左より，杉本吉之輔，河路寅三，奥田友三郎，北河豊次郎，直木三郎。天香は山岡の後方）

大正十三年九月十三日付で、山岡は天香に宛ててある手紙を送っている（香倉院蔵）。そこでは、山岡が久原鉱業に田乃沢鉱山の経営に当たる可能性について検討を求めたことに対し、久原鉱業側から独自の調査の結果、要望には応じられないことを伝えられた旨が明らかにされていた。久原鉱業自身、昭和三年には譲渡に至る厳しい経営状態にあり、これはやむを得ない対応であったろう。山岡から久原鉱業に田乃沢鉱山の経営に関する依頼がなされた時期は不明であるが、そもそも天香と山岡が知り合ったきっかけそのものが、天香が鉱山経営に関する助言を求めたことであった可能性もある。とすれば、山岡の別荘での入牢には、山岡の厚意に対し、身体を捧げて謝意を示そうとする意味が込められていたのかもしれない。

しかしその一方で、大正十二年六月二十七日の天香の日記によると、この日、天香と交流のあった北河豊次郎、弁護士の三幣保、伊藤忠兵衛、杉本吉之輔、岸田杢、松本鉄次郎、鐘紡常務の福原八郎といった実業家、実務家と一燈園の同人が茶山園に参集し、「宣光社之根本祈願に付て祈」り、「茶山園之馳走に夜を深み語りあ」った。天香は、田乃沢鉱山に関しては実業家たちの支援を求める立場にあったが、他方で宣光社の理念について、同人を含めた実業家たちに教示し、理解を得ていた。その意味で山岡の別荘は、天香にとって入牢謹慎の場所として適当ではなくなっていたようである。会合の後、天香は七月六日に島根県安来町へ向かい、以後、津和野、三田尻、長府、厚狭、下関、小倉、八幡という中国、北九州の各地で講演を行った。そして七月二十日に直木三郎、伊藤忠兵衛を訪問し、翌二十一日と二十二日の二日間、伊藤宅で再度の会合を開いた。

天香は七月二十二日の日記に「一の会は成立せり。秘密として他日公表する事とせり。会の名は余の撰定をまつ事となれり」と記している。宣光社としてのこの会合を定期的に行うこととなったわけである。ところが、そこに重大事件が重なってしまう。九月、天香は必成社の三十年記念の行事に招待され、北海道へ行くこととなった。そこで九月一日に、東京の麹町で松下吉衛と待ち合わせる約束をして、まず東京へ向かった。ところが、静岡県の御殿場付近を汽車で通過中、天香らは関東大震災に遭遇したのである（松下吉衛「社会事業への歩み」30、長浜城歴史博物館『西田天香』四二頁）。

**関東大震災**

この日、天香は、勝淳、保太郎他、同人計十三人と共に九時半に静岡を出発、御殿場まであと十分というところで罹災した。天香は日記に「列車大動揺、左右及上下、始めて大地震なるを知る。前程は線路蛇の如く、土坡は亀裂を生じ、進退谷《きわ》まる。七時間立ち往生。焚出をうく。後進徐行、十時半沼津に着。静岡へは前進にて急行十二時半着」と記している。翌日には「宮城《きゅうじょう》飛火の事、首相暗殺のうわさなどもあり、東京横浜全滅ともあり、形勢甚だ惨絶、革命起らんかとおもわしむる程也」と記している。天香らは名古屋まで引き上げ、中央線を経由して北海道へ行こうと計画したが、結局は中止せざるを得なかった。

天香は三日、勝淳と二人で静岡に移動した後、島田に引き返した。その間、「横浜より生命から〴〵帰りたる話しを聞」いたりしている。「汽車は遭難地へ往く人、見舞ふ人、帰る人等によつて満員なり。何としても東京へ入るを得ず。戒厳令施行さる。糧食もたざるものは入るを得ず」という状況であった。その後、五日に御殿場まで移動し、六日には徒歩で駿河駅に向かった。天香はさらに「自分丈山越へて大磯へとおもふたれども是も見合せ」た。東京へ行こうとする意思は強かったが、状況の厳しさと、勝淳を伴っていることから断念せざるを得なかったのである。避難者から東京の様子を聞いた後、午後六時頃より御殿場に引き返した。しかし、貨物列車転覆事故のため、列車は動かず、車中で一泊した。天香はこの日の日記を「電灯なきつぶれ屋つゞき、物すごし。赤襷《あかだすき》に竹槍の青年団、あぶなし〳〵」という文章で締めくくっている。物々しい雰囲気が印象に残ったのであろう。

翌七日、天香と勝淳は三島まで徒歩で移動した。勝淳の様子について「昨日の八里に勝淳はつかれたれども、いやな顔もせずに歩む。中々にどこかに力強いものがある」と記している。三島から電車で沼津へ向かい、さらに島田に到着した。翌日、天香は一人で浜松に向かい、人と会った後、特急で京都に戻った。勝淳は島田に残った。

帰京後の天香は、関東大震災を機とする自らのあり方を省察した。十六日の日記に「此度の震災に就ての体度を禱思す」とある。天香は続けてほぼ全文平仮名書きの「転禍為福三重願」（ざんげといのり）をまとめ、これを『光』誌第二十七輯に発表した。これは、前半と後半の二つの部分からなるが、前半では、生活に無所有と仮所有の生活、一人の生活と世話をする生活の四種が存在することを確認し、その上で個人における心、身体、生活の完成を目指すことを掲げている。対して後半では、震災に際しての感慨とそれを契機とする三重の大願とを掲げている。三重の大願について天香は、「ひらたくいへば、此の大震災をば、私達の眼をさます絶好の薬としたいのであります。三つとは、第一個人として完成し　第二　国民として完成し　第三　人類として完成する」ことであると説明している（天香「此度の大震災にちなみて『転禍為福』の三重願をたて『光の友の会』を作るに至るまで」27）。

天香は十月に東京へ向かうこととし、それを控えた九月二十五日に四天王寺に参詣し、翌二十五日からは連日、早朝より京都御所で清掃にあたった。その際、御殿場で購入した草鞋を「震災わらじ」として身に着けた。九月三十日、五時半に御所に到着した天香は、六時に正門の前に立ち、「北面して、過去仏神皇室師長祖先を拝し、東面して、現在皇室師長を拝し、南面して、同人道友一切の人を祝し、西面して、一切逆縁之人及含霊一之為めに禱」った（⑤四一八頁）。十月四日に天香は、この礼拝を一帰四礼《いっきしらい》（坐脱立忘の五則）として、正面で唵（オーム）、東方で阿（アー）、南方で（イー）、西方で吽（ウーム）、北方で（エー）を唱えながら、呼吸を整える行法とした。これは、既述の一帰四礼に、東西南北に如来を観相する行を重ね合わせたもので、特にオームについては、「首を天にむけ、息をあるだけはき出す。天にみなぎるばかり息をはき出す。次きに地をすゐ尽さんほどのきもちにて息をすゐこむ（首をもとに反して）。かくすること五度、静かに丹田をと丶のへて無相に帰る（天華香洞宴坐の第一歩）。大日如来を観法するにも当るなり」（⑤四二九〜四三二頁）と記している。天香は後のハワイ滞在中の大正十五年十一月にこれを「王雲」と名付け（⑥五七三〜五七五頁）、さらに後には、「天地の恩」（あ〔ア〕め〔エ〕っ〔ウ〕ち〔イ〕の〔オ〕おん〔オーム〕）と唱えながら、腕を上方、左右、前方、胸元（合掌）、下方に伸展する一帰四礼の形式も整えられた。

天香は十月六日に東京に向かった。京都出発後、静岡県清水まで汽車で移動した後、鉄道不通のため、船で東京に入り、十月二十八日まで在京した（⑤四七五頁）。

関東大震災の発生を受け、松下吉衛ら在京中の同人による救援活動が行われた。まずは明治神宮外苑に「子供の家」という託児所を作り、罹災者の子供を二百人預かり、七人ほどの同人で世話をした。また、東京市が外苑に設置した仮設住宅でも托鉢にあたり、青山では九月末の時点で二十人以上の同人が活動し、賀川豊彦の救援活動とも協力していた（長浜城歴史博物館『西田天香』四三～四六頁）。

天香が東京より戻って後、十一月十六日に兵庫県武庫郡住吉村で宣光社の第三回目の集まりが開催された。十月中に天香は、この会合に、維摩経の香積《こうしゃく》国に由来する香積会という名を与えていた。天香は香積会で「欧州のあらそひあひは全く地獄相である。日本もそれにもれなんだが、如何なるはづみか大きな鞭がふつてきた。戦争におとらぬ未曾有之災害であるにも拘らず、国内にてもうるわしき自然之愛もわき、またおもわぬ世界の同情がわいた。同じ災害でも戦争はにくしみの種を多くし、天災は愛の泉を掘りあてた。……たゞに日本之運命をゆきづまりよりよみがいらすのみならず、世界に貢献する一歩にしたい」（⑤五〇四～五〇五頁）という趣旨を話したようである。また、同月中には福原八郎が創立者となって、「光の友の会」として神戸光友会《こうゆうかい》が発足しており、全国各地の光友会がこれに続くこととなる。

大正十二年の天香は、講演、香積会、関東大震災と多忙な状態にあったが、さらにこの年、正確な時期は不明であるが、台湾での講演という依頼も来ていた。依頼者は、松本安蔵という台湾在住の弁護士であった。大正十二年四月八日の天香の日記に「台中弁護士松本安蔵氏来園、色々はなしをきゝ敬服。台中にて小一燈園をこしらへ居らる」とあり、その後しばらく松本は、天香と行動を共にしている。松本は台湾で上ノ湯という温泉も経営しており、天香に協力を要請したようである。そこで草場俊男、松下勝郎（松下吉衛の弟）など四名の同人が派遣され、その後の天香の招待となった。これに関連し、大正十二年十二月二十七日付の松本の書簡には、次のように記されている（香倉院蔵）。

先生の御渡台を二月初旬と考へて居りますが如何でせうか。総督府より二ヶ月前に各知事に宛て書面を出して貰ひましたので、私は一月十日頃より全島知事を訪問いたしまして内相談をいたす事にきめました。日割は御渡台の上決定いたしますが、知事在任地には四五ヶ所の御講演を願ひ度と存じて居ります。喜捨は何程恵まる丶哉存じませんが、一人につき台北迄の旅費金五拾円（往復）、台北より五州旅行の汽車其他の費用御一人につき参拾円と見まして、一行五人と見て四五百円は要するものと存じ、総督府には其御話をいたして居りますので、それ位の御喜捨は恵まれる事と信じて居ります。ところで費用以上に御喜捨が多くありますれば、内地宣光社の大なる費用に補充せらる丶は当然の事とは存じますが、費用以外の余分の三分の二を御別け下さいまして台湾の社界事業に御恵み下さるの御承諾を得ば、私の立場として誠に好都合と存じますが、之は強いてとは申上げません。

松本はその後の書簡で、松本自身の事業のみならず、台湾の教育界に幅広く天香を紹介したいという意向も伝えていた。しかし、以下に記すように、大正十三年初頭には舞鶴での托鉢が決まっていた他、京都府久世《くせ》郡における小作争議の調停依頼もなされ、さらにビタミン検査のための入院を控えていた。そのため、実際の出発は遅れ、四月五日となる。天香にとって大正十三年は、地域的に質的にもさらなる飛躍が要請される年となる。

## 3　小作争議の現場から台湾講演へ

調停依頼

大正十三年一月二日、天香は日記に、「本夜一燈園にて立山不退、本多はる子の結婚式を執行す」「久世郡寺田村学校長、小作問題に付て自分の体度を決せんとして来り、色々話しをきかれたり」と記している。寺田村の校長とは福森民次郎という人物。福森はこの日、自らの教え子たちが地主と小作に分かれて争っていることに思い悩み、相談のために天香を訪れた。話を一通り聞き終えた天香は、福森に対し、園に一泊して結婚式の模様を見ていってはどうかと勧めた。福森は一燈園の取り込んだ様子もあり、小作争議について解決法を得られればすぐに帰りたい旨を述べたが、そうこうする内に、夕食の頃合いとなり、福森も相伴することとなった。運ばれた食事は、混ぜ飯に、芋と焼豆腐と湯葉の煮染めが添えてあり、それに豆腐の汁と番茶であった。一燈園は菜食で、婚礼のご馳走でもこれに饅頭がつくぐらいであるという。福森はそれだけですかと驚いた。天香との会話が続く。「校長さん、小作争議は言はゞ村の兄弟同志の米の取りあひですね」「無論それに外ならぬのです。殊に校長として見ますと、ついこの間迄机を一つにして学校で勉強してゐた者同志が、眼を釣り上げて争ひ合ひをするのですからたまりませぬ」「地主がすなほにまけられぬものですかね」

「地主もまけては引き合はぬさうです」「では小作が引き下がられぬものですかね」「小作の方でも立ちゆかぬと申して居ります」。

こうした会話の末、天香は、小作の家庭にも地主の家庭にも娘や息子がおり、いずれ結婚もするでしょうね、と尋ねる。怪訝な反応をする福森に対して天香は、村の結婚式と、「昼迄托鉢してその夜厳《おごそか》に式を挙げ、新婚旅行も托鉢にします。……一燈園は働かせて頂くだけで、金を貰はないのは御承知の通りでありますが、かやうに簡単に楽しく結婚してゆくのです。……これで一燈園は少しも立ちゆかぬことはない。のみならず、多くの人に喜ばれて」いるという一燈園の結婚式とを比べてみるよう、促した。福森校長は、村が立ちゆかぬのではなく、贅沢をしたいだけであったことを悟り、一晩を園で宿泊し、天香に村を一度訪れて欲しいと依頼して帰った（天香『白日に語る』）。

この時点で、天香には舞鶴の海軍軍港での托鉢が予定として入っていた。天香の日記によれば、六日に舞鶴に行き、翌七日は中舞鶴の要港を訪問。八日に要港司令部の要請で水交社で講演し、午後一時から女学校で舞鶴婦人会のために講演している。舞鶴での托鉢には東海林源吉、尾崎放哉《ほうさい》の両人が随行し、尾崎は天香が帰京した後も中舞鶴要港での托鉢を継続している。

尾崎放哉（秀雄）は明治三十八年に第一高等学校を卒業、同期に荻原井泉水《おぎわらせいせんすい》がいた。東京帝国大学法科を卒業した後、明治四十四年に東洋生命保険株式会社に入社した。この年、荻原は自由律俳句の同人誌『層雲』を創刊している。尾崎は在学中より宗教に関心を持ち、参禅などを行う一方で、『ホトトギス』に放哉の号で俳句を投稿していた。大学には藤村操や安倍能成などもいた。そうした尾崎にとって、東洋生命保険での人間関係は俗悪で、結局退職するに至る。その後、朝鮮火災海上保険会社創設に協力を求められ、支配人として京城に赴任したが、これも会社の基礎ができた一年余の時点で突如解任されてしまう。尾崎はその後、満州に渡ったが、肋膜炎を患い、内地に戻った。そして長崎より、大正十二年十一月十四日付で天香に次のような書簡を送り（香倉院蔵）、二十三日に一燈園に入園した。

拝啓　未だ御拝顔の栄を得ませんが、茲数年来、時々先生の御書きになりました物を拝見しては考えさせられて居りました。此度遂に、先生の御指導によつて信仰生活に這入らせていたゞき度、決心致しました。どうか、将来全部の御導きを御願ひ申します。……私は明治四十二年帝大法科を出まして直に実業界へ這入り、昨年迄東京に在住して居ましたが、昨年夏、朝鮮に行き、只今長崎市の親類の処に居るので有ります。全く実業界とは縁を切りました。いつか、先生が御書きになりました「ざんげの生活」の中に見へて居ります魚住君や安倍能成君とは一高時代同期生で有りました。私は本年卅九才になります。在学時代から、信仰といふ事を考へて居りましたのですが、実業界に這入りましても、今日迄、常に其の傾向を漸次深めて来まして心の安定がどうしても得られないのです。この頃は、自分の欠点計りが思へて来るのでたまりません。自分程下らない人間は世の中に無い様な気持がするのであります。……兎も角も、私といふものは世の中から、見捨てられてしまつたので有ります。一番死んだ気になりまして修養さしていたゞき度いと思います。

私には子供は一人もありません。妻は今回、別居しました（機縁を得た時、妻も、先生の御指図を乞ひたいものと思つて居ります）。お金も何も、只今、御座いません。只、私の身体一つが世間から見はなされて残つて居る儘であります。両親は母は死にまして、父は、田舎で、兄の扶養の下に居ります。されば、私は、先生の下に十分に修養させていたゞきたいと思ふのであります。どうか、入園御許下さいませ。

突然御都合もかへり見ず、はだかん坊で入園御願ひに押しかけます事、相済まぬ次第ではありますが、何卒正しき人間を一つ作つてやるといふ思し召しで御許しねがいます。

くだ〳〵しく書きます事は差しひかへて置きます。茲数日中に御眼にかゝれる事をたのしみに致しまして御願ひの筆をとめて置きます。　敬具

舞鶴から帰った天香は、一月十三日朝、寝床で感ずるところがあり、勝淳と共に鞍馬山に参詣した。そしてその日の晩、福森校長の他、郡農会長らが天香を訪れ、小作争議の模様について再び話した。これを聞いた天香は、十一時の夜中にもかかわらず、同人の樋口作太郎、山崎寿、他一名と共に寺田村に向かった。天香によれば、産土神《うぶすながみ》に祈りを込めに行ったとのことで、翌十四日、天香と同人三人、福森ら三人の計七人で神社の清掃などを行い、村の禅寺や役場を訪れて、昼頃に京都に帰った。これ以降、何名かの同人が寺田村での托鉢に従事することとなった。

その一方で天香は、十八日の日記に、「島園〔薗〕博士と語る。入牢のかわりとして医学上の試験に供されんことを相談、博士非常に喜ばれ、直ちに承諾……九時愈入院」と記している。天香は一年前の大正十二年二月二十三日に、京大病院を訪れて脚気実験について島薗順次郎と相談していた。この年、新たに持ち込まれた小作争議の調停という大きな仕事はあったが、かねてより入牢し、自らにけじめを付けることを希望していた天香は、多忙の合間をぬって脚気試験に臨み、自身への罰とすることとしたのである。とはいえ、入院の翌日には神戸に向かっており、さらに二十二日の日記には、「富野村に往く。学校にて講演。夕方寺田村に往く。茲には津田、内田両女の托鉢及山崎寿氏あり。校長福森氏方にてとまる。此夜の講演は尤なだらかになし得たり。尾崎、大津二氏は富野の学校に残り托鉢」と記されている。この時までに天香は、寺田村周辺の富野村、佐山村での調停も頼まれており、福森も一燈園生活を実践し始めていた。そうした托鉢に、尾崎放哉も加わっていた。

二十四日に天香は、勝淳と共に静岡県島田へ向かい、北河豊次郎の許で托鉢を行った。二十五日には東京で江口定条を訪れ、静坐会に参加している。江口は三菱合資会社に属し、後に南満州鉄道株式会社（満鉄）の副総裁に就任する人物。天香と江口が知り合ったきっかけは不明であるが、江口は大正期に岡田式静坐法に参加しており、逸見斧吉や今岡信一良らと共に、岡田虎二郎の晩年の静坐会場の一つを提供していた（中西清三『ここに人あり』一四八頁）。おそらくそれが交流の始まりで、大正九年に岡田が死去した後も静坐会が継続されていたが、江口の師事する対象が次第に天香に向かい始めたということなのかもしれない。大正十四年以降、江口は天香と密接な関係を持つこととなる。

天香は二月六日に夜行で東京を出発し、京都に戻った。そして十三日に寺田村を訪れ、同夜、福森方で学校の先生を中心とする光の友会を開催した。翌十四日、天香は、朝は寺田村の学校と富野村の寺で講演を行い、午後に佐山に赴いて、佐山農民組合同志会の幹部と会った。ここで青年たちは、「私等はもう一人前の農民です。それを地主は『小前のもの』と言つて居ます。庭に蹲《しゃ》がんで私共の親達は、地主の話を聞いてくるのです。私等はそんな事に甘んじられないのですがどうでせう」「もう一人前の農民であり村人であるのだから、何事でも一々相談して然るべきであるものを、少数の地主が寄り合つて村のことを決めるのです。私等は其不公平に堪へられないのです」などと天香に理解を求めた。天香もそれをもっともな主張として肯定した。

しかし、その一方で天香は、一燈園は「むかうの喜ぶことが自分の喜び、先方の利することが自分の利」と考えているが、対して「地主側も、小作側も、此の世界では皆己れの利のみを主張することに於て一つであ」り、したがって理屈を述べると「すぐに自分もその理で負かされ」るのが実際であるとも述べた。自分が負かされる、という意味についてさらに説明を求められた天香は、青年たちと次のような会話を交わした。引用中の局長とは、天香を青年に紹介した郵便局長のことである（天香『白日に語る』「小作争議と一燈園生活」）。

天香　甲さんは、先程の話のうちに地主が「小前のもの」といふのを憤慨してゐましたが、あれは苟《いやしく》も人は平等だから軽蔑すべきでないと云ふ道理でせうね。

甲　さうです。地上の人は決して差別してはならぬ筈ですから。

天香　あなたは御家庭があるやうにきゝましたが、子供さんと女房さんを呼びすてになさいますまいね。

甲　――――

天香　乙さんの先程のお話中に「一々相談して然るべきだ」と云はれたのも、やはり同じ平等観から出たのでせうが、争議を起す起さすと云ふやうな大事件なり、又その外、大小の事を親や女房と相談して全部の同意でなさるでせうね。

局長　いや、それですのぢや。親のうちには心配して、「随分世話にもなつたのだから」と云ふものやら、「喧嘩はおよしよ」と止める女房もあるのです。

乙　老人や女房は、今の時代の事は判りませぬ。

天香　わかる、判らぬは又五分五分で、争議と同じことになります。平等観から出たことは、誰でも平等に扱はねばならぬやうに思はれますが。

乙　内のやつ等に相談したつて。

天香　その「内のやつら」は、あんまりひどいやうですね。

天香はさらに、所得の平等説に触れ、それを認めるとすれば、自分より少ない人から要求された時には与えなければならないことについて、注意を促す。その上で天香は、「一燈園は、自然にその道理にも服従しています。かうして働いて合掌して報酬は取らずに帰ります。女房をも子供をも呼びすてにいたしませぬ。『うちのやつ等』などは、いかに脱線しても申しませぬ。女房・子供をうちに働かせて、余所で酒や遊びに耽りませぬ。随分細かい事でも、主人だけの自分勝手をいたしませぬ。他には此の道理を強ひないで、自分等の方はやつてる事になつてゐますが」と述べる。青年たちは、自分たちの運動を直ちに中止はできないが、正しいとはいえないことも理解できたことを伝えた。

第一次世界大戦後の近畿地方は、労働争議や小作争議が多発した地域であった。天香が関係した久世郡一体は、京都における小作争議の中心地帯であった。近畿地方における小作争議の増加には、都市と農村の関係が影響していた。たとえば関東のように、大工業地帯が隣接する地域では、農村部における余剰人口は都市部に大規模に吸収され、小作争議は発生しにくかった。また、逆に東北のように、大都市部が近隣に存在しない場合は、農村だけで労働人口を抱えざるを得ず、相対的に地主の立場が強まり、やはり争議は抑えられた。これに対して近畿の場合、大阪や神戸といった商工業地域が存在し、かつ、近畿地方は農業経営における最先端地域であった。こうした中で、都市部で労働争議が発生すると、同様の気運が農村部にも波及し、また、都市部における労働賃金の上昇が農村からの人口流出を引き起こすと共に、農村内における小作料減免の要求を高めるという相互作用が生じた。その上、天香と農村青年とのやりとりから明らかなように、大正末期には、農村部においても身分制的な価値観が希薄化し、自由主義的な価値観が広まっていた。

第二次世界大戦以前の日本の農村においては地主経営が広く見られ、それらは戦時中から戦後にかけて崩壊していくが、地主と小作の関係は、一般に想定されるほど単純なものではなかった。地主から農民に小作地の貸付がなされる場合、小作料は単位面積当たりで設定された一定収穫量を現物で納めるのが普通であった。そのため、豊作の年は小作料の実質的負担は低下するが、逆に凶作の年は増加し、小作料は概ね、収穫総量の四十％から六十％の間を上下した。経営の成否は全体として自助努力次第であったとしても、経営基盤の弱い零細農家は、非常事態に際して深刻な状況に直面しやすかった。とはいえ、土地課税たる地租は農業収入の概ね十％に達したが、その負担は全て地主が負っていた。また、地主は耕地所有者として耕作路の修繕などの義務を負った他、災害に際しての助成など、村における共益、公共的業務も請け負っていた。そのため、地主側の負担も決して軽くはなかったのである。

地主にとって、小作料収入が負担に見合わない場合、自作した方が有利になる。その場合、他家の二、三男などを臨時の農業労働者として雇い入れるという方法もあった。また、小作農民にも、自作地を所有しそれを耕作しながら、収入を補うために小作地を借り入れるという場合があった。小作料の設定は、伝統的な習慣、必要経費、需要・供給関係などが相互に作用して定まっていた。しかし他方で、都市の発展、産業化の進展などにより、農業は商業的競争にさらされていた。そこで、日露戦争前後には農業経営の合理化の必要が認識されるようになり、耕地の区画整理や、都市圏への販売を目的とした蔬菜、果樹などへの作物の転換が図られた。ところが、第一次世界大戦後になると、近畿地方では農村から都市部への人口流出が増加する一方で、農村では小作争議が発生し、小作料の減免要求が高まるという状況になった。地主や村の経営状況はさらに厳しくなった。そこで大正末年頃になると、近畿各府県では、府県側より融資を行い、地主から小作人に土地を分譲させ、自作農を創設するという試みが行われた。これにより、農村における零細農民の自立を促進すると共に、地主と小作の紛争を解消し、農村からの人口流出を抑え、村の再建を図ろうとしたのである。こうした試みは、小作争議の激発した近畿地方で一定の成果を上げ、小作争議は収拾に向かう（『城陽市史』第二巻）。一燈園が関係した久世郡各村でも、一燈園同人が一年余にわたって托鉢したことで、小作争議は沈静化した。天香は、自由主義的な雰囲気になじんだ農村の青年に、自らの自立と他者を対等に扱うことを共に求めており、大正末期の農村更生の理念を自らの実践によって示したのである。

**原点回帰と三円相**

佐山村における青年とのやりとりから戻った三日後の二月十六日、天香は須磨で福原八郎他が主催する光友会に出席し、十九日にようやく京大病院に入院した。この日天香は、「午後四時大学病院へ入る。先月十九日より一ヶ月を出あるきたる形なり」と記し、二十一日より試験食となり、血液検査も始まった。とはいえ、「病院でも来客多くてひまなし」という状況であった。実際、二十日には、神戸から戻った尾崎放哉が天香を訪れ、「托鉢の仕振りにつゐて相談」している。尾崎にとって、天香の行動はかなり印象的であったようで、尾崎は翌年、一燈園を紹介した文章の中でも、「病院の研究材料」について言及している（『尾崎放哉全集』二三四頁）。

尾崎はほどなく一燈園を離れ、一燈園同人・住田蓮車の紹介で、兵庫の須磨寺に寄宿した。住田は、尾崎が最も心を許した一燈園の同人であった。尾崎が一燈園を離れた理由は、事務職の経歴が長く、かつ病み上がりであった身に肉体労働が堪えられなくなったことや、若い人々との間に世代的な格差を感じたことにあった。また、尾崎は天香から「一日に百句位作れますか」と質問され、「矢張り門外の人」との感想を持ったことがあったという（『尾崎放哉全集』二三五〜二三六頁）。大正十三年八月に尾崎は住田に宛てた書簡の中で、学問に関連し、「天香さんが理解して下さるのに少々物足りない処がある気が致します」（『尾崎放哉全集』三二〇頁）とも書き送っている。寡作であった尾崎にとって、学問への無理解や俳句を趣味的に捉えるような雰囲気に、違和感があったのであろう。

尾崎が一燈園滞在中に詠んだ俳句には、「ホツリホツリ闇に浸りて帰り来る人人」「ねそべつて書いて居る手紙を鶏に覗かれる」「皆働きに出てしまひ障子をあけた儘の家」といったものがある（『尾崎放哉全集』三五〜三六頁）。自由律俳句は、俳句というよりは短詩の一種であるが、俳句のような簡潔さで表現される散文詩、あるいは定型から開放された、散文詩のような俳句という性格を持っている。一般にそれほど馴染みはないかもしれないが、定型化した俳句に対し、あえて形を崩すことで緊張感と自由な表現形態とを両立させようとしたところに、自由律俳句の本領があるのであろう。

もともと尾崎は、学生時代から禅宗に関心を持っており、仕事上の人間関係の失敗から孤独への志向を一段と強めていた。大正十三年九月二十二日付で尾崎が住田に送った書簡によると、舞鶴で托鉢を行った晩、尾崎は天香から「尾崎さん、あなたは私がかく地方で講演するのをどう思ひますか」と尋ねられ、「私としては非常に面白くないと思ひます。ヂツとして坐つて居られるあなたを欲します」と答えたという（『尾崎放哉全集』三二八頁）。この書簡の書かれた時期は、後述のように、天香が太秦

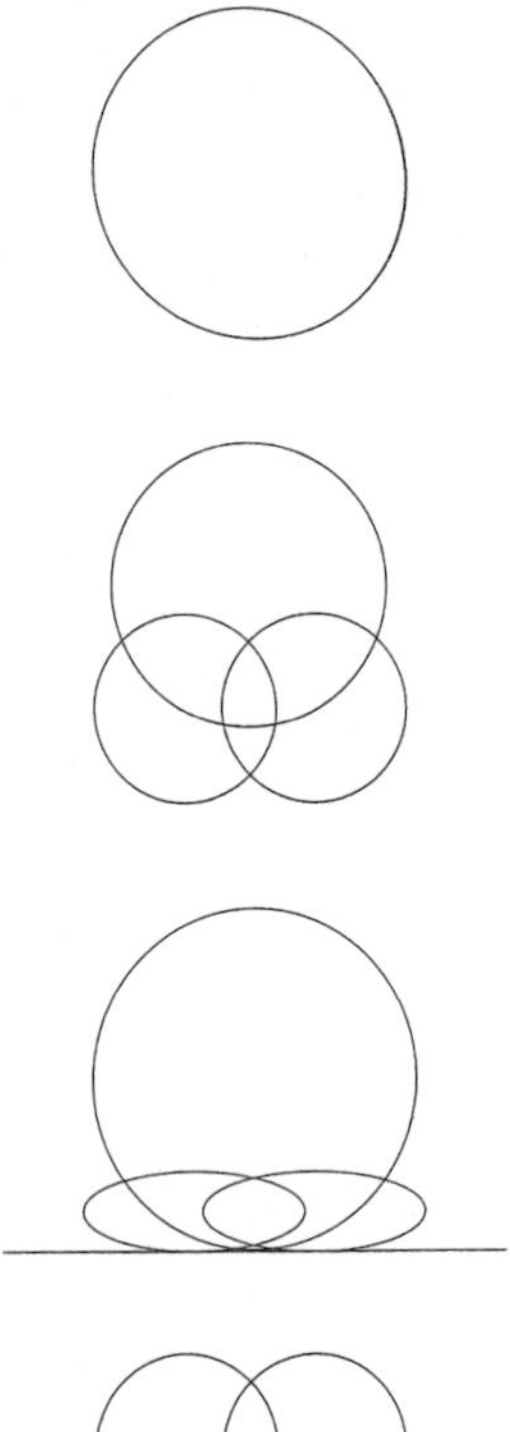

円相　三円相　一体二相　四用
（天香は，円と楕円を組み合わせた一体二相を「三円相」と名付け，天華香洞，一燈園，宜光社の関係を象徴的に示す「曼陀羅」として位置づけた）

広隆寺に参籠していた時期である。尾崎は天香の参籠について、「愈、所謂本格の道に這入られた事を非常に嬉しく思ひます」と記している。尾崎が来園した時期、天香は信州から東京方面にあり、年末に天香が京都に戻った後、ようやく舞鶴や富野村での托鉢で行動を共にしたに過ぎなかった。尾崎と天香が直接接した時間は、それほど多かったわけではない。荻原井泉水は、尾崎は「一燈園に失望」したと記すが（『尾崎放哉全集』序、三頁）、尾崎は作句のために来園したわけではないので、俳句や教育に関する尾崎の批評を、天香ないし一燈園そのものに対する批評とすべきではない。尾崎が一燈園を離れた理由は、上記のような肉体的理由と、何より孤独や少数の知己のみを求める、尾崎の内向的な精神状態にあった。

　天香が尾崎に対し、各地で講演活動を行っていることについて感想を求めたのは、この時期の天香の心境を反映しており、尾崎の返答は実は天香自身が気に懸けていたことでもあった。京大病院で試験を受けている最中の三月一日、天香は裁判所に「自首」し、あるいは弁護士の三幣保にも相談したが、「法律上罪にならぬ」ことは明らかであった。しかしその一方で、『天華香洞録』には、「懺悔の生活を出してから多くの人の問題になつた。自分はいつのまにか下坐をうしなひ上層の人となつた。講演の人、先生々々といわれなどした。……これらの事、小さいようでも気になつてあつた。然るに病院の十五日間の試験台の托鉢により、何の苦もなく戒相があらわれる。人のつらかろうとの事、何ともない」と記されている（⑥一〇八～一〇九頁）。講演依頼が激増する中で生活が変わり、そうした中で強まった原点に戻りたいという思いが、自首や入牢を決意させたのである。

天香筆「三円相」
（「千九百三十七年五月上陸爪哇　三千弐百八十三キロ巡錫紀念　天香（花押）　六十六歳」後述の昭和12年のジャワ訪問時の筆）

天香の入牢の動機が原点回帰にあり、そうした中で天香は、「遺言」という副題を付した『天華香洞録』を記し始めた。天香はその中で、三月八日に一つの円（円相）と重なる三つの円（三円相）を記している。円は無の象徴であり、三つの円は、「光明祈願」によって体系化された、天華香洞、一燈園、宣光社の相関関係を図示したもので、右下の円が一燈園を、左下の円が宣光社を象徴している。さらに天香は退院後、右の三円相の下の円を楕円に修正すると共に、これを「一体二相」とし、さらに重なる四つの円を記し、これを「四用《しゆう》」と称した。

台湾高雄駅にて（大正13年）

つまり天華香洞は、相、すなわち形態としては無所有の一燈園と仮所有の宣光社に分かれ、さらに用、すなわち機能としては、関東大震災に際して記された「ざんげといのり」でいう、無所有と仮所有の一人の生活と、社会で互いに助け合う無所有と仮所有の生活の四種に分かれる。右の図の内、特に一体二相を示す図は、これ以降「三円相」として、一燈園生活を象徴する図柄となる（⑥一〇三、一九五〜一九七頁）。

台湾講演

天香にとって京大病院への入院は、罪に服しながら原点に帰る試みであった。しかしその一方で天香には、三月末に台湾に行く予定が入っていた。日程として試験には一か月を要するため、この時期に入院せざるを得なかったのである。天香が退院したのは三月二十四日。天香は、「台湾から帰つて自牢の謹慎をつゞけたい」（⑥三八、一四六、二〇二頁）と記しつつ、十日余り後の四月五日に京都を発ち、翌五日、神戸で備後丸に乗船し、台湾に向けて出発した。男女二人ずつの同人が同行した。天香は二等室に入った。七日、備後丸は下関に到着し、ここで保太郎が同乗した。

一行は四月十日未明に基隆港に到着した。松本安蔵らが出迎えており、二時間の休憩の後、急行で台北に向かった。そして午前十時頃に北投に到着、硫黄泉の温泉・上ノ湯に向かった。翌四月十一日午後、天香は丸山公園、台湾神社、剣潭寺などを参詣した。十二日午前、台湾総督府に行き、総督内田嘉吉などに面会し、弘法寺で講演会を行った。さらに翌日は、高等商業学校や台湾銀行倶楽部、総督府などで講演を行った。とはいえ、四月下旬から八月三十日まで、日記の記述は中断しており、その間の動静は不明である。帰国後、天香は「台湾に四十五日居て北基隆、南屏東迄重要なる処は悉く往き、七十回の講演を求められて六月五日帰京。九州及山陽道の一部を尋ねてあとさき丁度六十日、四月の五日に発ちて六月の五日に帰る」と記している（⑥三二一〜三二二頁）。

天香の台湾滞在中、天香の世話をした実業家の一人に、平戸喜代治という人物がいた。天香に先立ち、台湾に渡っていた松下勝郎が松本安蔵の許で托鉢をしていたところ、平戸の経営する平戸商店の支店がその近隣にあり、ふとしたことから托鉢を頼まれることになったという。松下には銀行事務の経験があり、松本安蔵が組合長をしていた台中信用組合では帳簿係をしていた。そこで平戸商店での托鉢に際しても、従来の大福帳式の不正確な記帳法に対して複式簿記を持ち込み、収支の整理を行った。それが、たまたま同支店を訪れた平戸喜代治にも注目され、松下は本店での托鉢も依頼されるようになった。平戸喜代治は神戸出身、明治末頃に台湾に渡り、少年時の奉公で経験のあった漬物業から身を起こし、その後食料雑貨商として、基隆、台北、高雄など台湾各地に十か所の本店や支店を持つ平戸商店の経営者となっていた。平戸はその後、簿記だけでなく、一燈園の精神にも惹かれるようになり、平戸商店各店によって平心会を組織し、支店長が一燈園での修養に参加することも行われるようになる（松下吉衛「台湾に学ぶ」51）。

## 4 満州托鉢

太秦と燈影小塾

台湾から帰京した後の八月二十六日、中桐確太郎が東京より天香を訪れ、二人は共に奈良に赴き、アメリカのイェール大学教授で、東京帝国大学などでの講義のために来日中であったアレン・ジョンソンと会見している。ジョンソンは同じ大学で教鞭を執っていた朝河貫一の知友で、その紹介によって一燈園に興味を持ち、この時点で既に天香と二、三度会い、一燈園も訪れていたという（⑥一六八頁）。朝河は中桐の紹介によって天香と知遇を得たようで、『懺悔の生活』刊行の翌大正十一年の二月から三月にかけての間、天香の活動をアメリカで紹介するための著書をまとめることについて、天香に照会していたようである（『朝河貫一書簡集』三〇四〜三〇六頁）。朝河は天香を海外に紹介する先駆的な役割を果たしており、大正十二年五月十九日の天香の日記には、天香がアメリカの朝河に宛てて発信した旨の記述がある。

大正十三年八月三十一日の日記に天香は、「本夜出発東上の予定、今朝未明光りより啓示によりて変更し、八田当番代理として東上」「今朝五時啓示をうく。予定の入牢、接心を明日より為すことに命ぜらる」と記している。翌九月一日は関東大震災から一周年であり、天香は東京に行く予定であった。しかし、早朝に何らかの啓示を受け、それは取り止めとなった。天香が上京の代わりに思いついたのは、路頭に帰り、台湾行きで中断された入牢を再開することであった。

九月一日、午後五時に天香は、勝淳と保太郎に宛てて、「ともせしあかしをけさぬやうに」と書き置きして、杉本方を離れ、広隆寺に向かった（⑥四一〇～四一二頁）。広隆寺を選んだのは、おそらく謹慎の関係で広隆寺が候補に挙がり、一燈園当番や同人が接心の申し込みをしたことがあったからである。天香はその厚意を無にしないために、広隆寺で接心を行うこととし、これよりしばらく、天香は広隆寺で托鉢生活を送ることとなった。天香は、第一次世界大戦当時を思い起こし、広隆寺に機縁を感じてもいた。

九月六日に天香は杉本徳次郎と面会し、大正九年二月以来起居していた京都市上京区衣棚通丸太町上ルの杉本宅の離れを九月末までに引き払うことを伝えた（⑥四五八頁）。しかしその一方で、天香の許には依然として多くの訪問者が訪れたり、手紙が届いたりしていた。そうした訪問者との面会や手紙の処理を行う点では、広隆寺での生活にはどうしても不便があった。折しも、九月十八日に香積会が予定されていた。しかしこの時期、山岡千太郎の妻が危篤状態にあり、まもなく死去してしまう。葬儀は十九日に行われ、そのため香積会は中止になった。天香は、葬儀への参列に際し、芦屋の村上華岳を訪問している。天香は村上と作画に関わる心境について語ったが、その際、村上は観世音菩薩の素描を制作して天香に贈った。天香はその観世音菩薩像を携えて御影の山岡邸を訪れ、故人に対する香典として華岳の仏画を供えた。しかし、山岡は、この仏画に表装を施して二か月後に天香に返却している（香倉院蔵）。

葬儀の日、天香と山岡の間でもう一つ重要な話がもたれた。すなわち、天香が太秦に参籠しているため、来客者に不便をかけていることに話題が及んだところ、山岡が京都市内に家を借りて、それを提供しようと申し出たのである。その結果、京都市内の烏丸通小山下総町の家屋が借りられることとなった。これは燈影小塾（燈影塾）と名付けられることとなった。二階建てのやや大きな家で、一階には座敷、小間、離れ、二階には大小二つの部屋があり、総床面積は約六十畳であった。燈影小塾は、住田蓮車が中心となって運営方針が定められた。女性を対象に、裁縫や家事などの知識を授けながら、一燈園生活を実践するというもので、十月五日の『京都日出新聞』には、「托鉢と授業を兼修　珍しい一燈園の燈影小塾　西田式の大正寺子屋」として紹介されている。同記事によれば、入学資格は十五歳以上の女子とされ、学科には、裁縫、料理、家政、育児、掃除、洗濯、敬老、看護マッサージ、作法、茶の湯、生け花、農事、倫理、数学、歴史、その他社会問題などがあったという。燈影小塾が開設されたのは、大正十三年十一月三日であった。

燈影小塾（大正13年11月3日）

天香は十月から十一月初旬にかけて、多治見、松本、横浜などで講演を行ったが、十月中に京都に戻った折りには、他の同人たちと共に燈影小塾に移っている。天香は大正十三年から十四年の年末年始を再び太秦で過ごしたが、広隆寺での参籠は九月中に一応終えたようである。天香は、燈影小塾の敷地内に粗末な三畳の小屋を設けて勝淳と共に居住し、これを「帖半寮」と称した。名称は、一人の起居に必要なのは一畳半のみであるという思想に由来する。また、帖半寮の隣には、不要になったピアノの収納箱で作った「ピアノの家」があり、立山不退夫妻が起居することになった。燈影小塾の開塾後、常時二十人余がここで生活していたという。

燈影小塾の家賃は一か月八十円で、開設当初は山岡の提供により支出されていたが、これは後に陶芸家の河井寛次郎の支払いに代わった。天香と河井は大正十一年頃に知り合ったらしく、既述のように、山岡は河井の陶芸活動に対する支援者の一人でもあった。河井は大正十三年に柳宗悦と知り合い、民芸運動へと傾斜していく。一燈園生活と、日常雑器の中に美を見出そうとする民芸運動の間に、通底するものを感じていたのであろう。河井は、天香に対する共感と山岡に対する感謝の念から、燈影小塾の運営を支えるようになったようである（松中博「大正後期の一燈園と山岡千太郎」）。

## 満州へ

大正十四年一月十二日、江口定条が東京から燈影小塾を訪れ、天香は江口を太秦に案内すると共に、勝淳と一燈園当番の八田勝三が相次いで熊本の江口宅で托鉢し、後に天香も九州に向かっている。昭和に入ると、九州における天香の活動が活発化するが、この頃にその基礎が作られたようである。天香は二月から八月にかけて、中部、東海、関東、山陽、南紀、九州、四国の各地で講演しており、八月六日に和歌山県新宮町で行われた講演では、六十三歳になった志賀重昂と同席している（ＩＴ生「南紀行脚」46）。天香は八月十三日に帰京して一燈園の夏の集まりに参加、八月下旬は関東、東海の各地で講演を行い、九月二日に帰京、そして九月中旬に満州に向けて出発した。

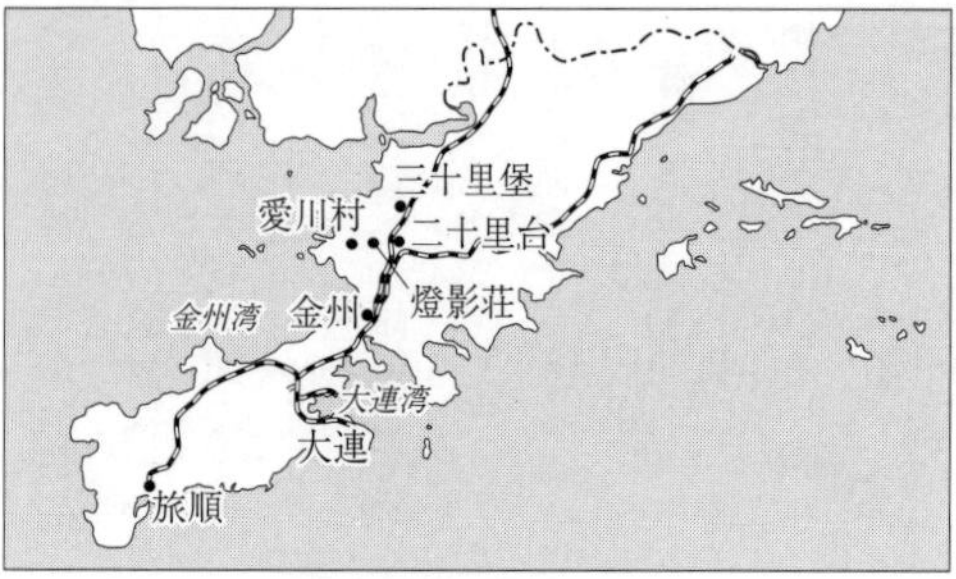


**関東州地図**

（関東州は遼東半島の南端，日露戦争後にロシアから日本に関連権利が譲渡された租借地。日本の司法・行政が施行された。昭和10年版の『南満州鉄道旅行案内』では，愛川村は二十里台駅の「西二里十五町〔約10 km〕，渤海に濱する邦人の純移住村」，燈影荘は「駅の西方約一里半〔約 6 km〕，平山の北側の高地一燈園同人の経営に係る奉仕農場」と紹介されている）

天香を満州に招聘したのは、南満州鉄道株式会社（満鉄）の松園泉という人物であった（天香「大地吾等を呼ぶ」49）。松園は『懺悔の生活』に感銘を受け、何年か越しで天香を満州に招こうとしていたようである。それが大正十四年になって実現し、先発として末広木魚、盛長次郎の二人が満州に渡ったが、松園は末広、盛が大連に到着する直前に満鉄を辞して、父母の孝養のために東京に戻っていた。後に松園は、天香に宛てて、会社への「最後の土産のつもり」であったとの手紙を送ったという。天香が京都を発ったのは九月十二日、翌日神戸で香港丸に乗船した。大連に到着したのは十六日である。天香の最初の満州での活動を支えたのは、松村久兵衛という大連の実業家で、二十年来の知友であったという人物と、満鉄の道正《どうしょう》安次郎、岩部成城、植田貢太郎という人々であった。天香はまず、大連から満鉄沿線を、旅順、営口、大石橋、遼陽、奉天、鉄嶺、四平街へと講演しながら移動している。

九月三十日、天香は勝淳の他、谷野捨三、山崎寿、峰岸伍一、梶浦たねらに満州に来るよう電報を打っている。彼らは十月十日に大連に到着した。この内、山崎、谷野、峰岸らは、そのまま満州にとどまり、金州内の愛川村に入植することとなった。きっかけは、金州民政署長・西山茂から天香に対して、同人の入植が依頼されたことであった。

愛川村とは、明治四十五年四月から大正三年九月まで関東都督を務めた福島安正の発案で創設された、日本人農家の移民村である。第一回移民は山口県玖珂郡で募集を行い、福島退任後の大正四年三月に山口県から十七戸、新潟県から一戸の十八戸四十三人が入植した。愛川村の名称は玖珂郡の愛宕村と川下村に由来する。しかし、その後、愛川村の経営は順調でなく、離村者が相次いでいた。そこで大正十三年の天香の訪満を機に、一燈園への支援が要請されたのである。とはいえ、一燈園同人も、愛川村では十分な成果を出せなかった。山崎らが漢民族や満州民族に対して謙遜な態度を取り、粗食で無私の労働に従事していたことに対し、先行日本人入植者が逆に反発したのである。そのため、最終的に山崎らは、愛川村からの撤退を余儀なくされた。しかし、山崎は昭和二年に至り、新たに大魏家屯東田家屯の百町歩の土地への入植が依頼され、燈影荘を開設するに至る（関東州庁土木課編『愛川村』）。

十月中下旬、天香は、長春、ハルビン、長春、奉天、安東という日程で北満から朝鮮国境へと向かい、鳳凰城、鶏冠山など日清戦争のゆかりの地をめぐり、十一月三日に撫順に到着し、さらに大連に戻った。旅順、大連などを含む関東州および満鉄の沿線は、日露戦争後に日清間で締結された条約によって、日本の司法・行政が施行される地域となっていた。ただし、満鉄は旅順から長春までであり、そこから北は東支鉄道というソ連と中国の合弁経営鉄道となっていた。

**反響と天香の感想**

大連に戻った天香は、当地にしばらく滞在した後、十一月十八日に朝鮮に向かい、安東、平壌、京城、釜山、京城という行程で約一か月を過ごし、十二月二十日に奉天に戻った。そして二十一日に再び大連に戻り、以後、旅順と大連を往復した後、二十七日に京城、翌二十八日に釜山、二十九日に下関に到着し、十二月三十日に京都に帰着した。三か月半に及ぶ行程であった。この間も天香は日記を記しているが、多忙のため、途中、保太郎に代筆させた時期もある。その内より二日分を抜粋する。

九月二十一日　晴

栃木の人中山（学校教師）氏、昨夜傅氏が余之事を中国青年に紹介したる言葉は中国民の心中を正直に披瀝したるものなるよしにて、その言中、従来日本人としいへば（今でも）悉く侮辱（中国民を）せるものなるに、天香氏のみは立派な人だとありしよし。余は、一燈園の生活が国境を越へ、人類相愛の根本より発せる為め、此紹介は妥当なりと思ふ。去るにても、日支両国民が根底より一つになり得る事は此の生活にあることを痛切に思はざるを得ず。夏家河子駅にて講演。

十月十八日　晴　寒し

午後八時長春発、開原に着、雪しきりに降り出す。今日始めて雪を見、満目広原のうち雪北風に飛ぶ光景を見て満州らしくなる。二等室にてくつろぎしに車中一支那人あり、しきりに話しを仕懸く。語ふ通、筆談を試む。単簡に一燈園の事を書く。その人名刺を出す。……余がかきしあとに書す。西田先生之高論、愚甚佩服、惜愚無暇、不能常聴先生講演、殊抱恨也〔西田先生の高論、愚（愚輩）甚だ佩服（敬服）、惜しむらくは、愚、暇無く、常に先生の講演を聴く能わず、殊に抱恨（残念）也〕とあり。青年なれ共、仏教の人なりといへり。

この間の十月一日に天香が営口を訪れ、講演を行った際、庄村伊之助という人物が一晩の宿の提供を天香に申し出た。相談事があったからである。庄村は大豆商を営んでいたが、不況のために損害を出し、多額の負債を負っていた。庄村はまた、『光』誌を購読しており、そこで全ての私財を投げ出して債権者に謝罪したという。したがって、天香を泊めているこの建物も庄村の所有ではなく、友人の親切で居住して居る状態であった。全てを差し出したことで、ほとんどの債権者は猶予を与えてくれた。ところが、その中にそれほど高い金額ではないが、猶予を認めない債権者がいた。そのために、庄村は事業の再出発ができないというのである。重苦しい空気が漂う中、天香は沈黙の末に、自らの身体を捧げるよう伝えた。「それでは妻子はどうなりますか」と驚く庄村に、天香は「至誠をもつてあやまるとき、自分の家族のことなどはあとまわしにします」と突き放した。

その後、天香が営口を去り、奉天に滞在していた折り、庄村から手紙が届いた。そこには、庄村が一燈園同人と共に講堂の床磨きをし、さらに玄関を掃除している時に、「こんな世界のある事を、今迄何で知らなんだか」と感じ、涙がこぼれた、と記されていた。庄村の失敗の原因は、先物取引などの投機にあったようで、そうした中で庄村は、手ずからの底辺の仕事をすることによって、ようやく本当の労働のあり方を実感できたのであろう。庄村は当該の債権者の許へ赴き、托鉢を申し出た。債権者の側も、一燈園について見当が付かないわけでなかったが、さすがに驚いた。そこで妻子のことを尋ねたところ、庄村は「それを天香さんにきいて叱かられた。成程聞いて見れば借りをはたすに妻子の事を思ふては誠が足らぬ」と答えた。さすがに債権者側もこれに心を動かされ、債務返済の猶予を認めたばかりか、必要な場合の融資にも応じることを伝えたという（「天香日記」、天香「南満の一燈」55、「本当の起ち上り方」390）。

帰国直後に天香が『天華香洞録』に記したところでは、天香の満州、朝鮮での活動は、「全旅程七千五百哩に及」び、「講演は朝鮮五十回、満州百回、約五万人の人に接」したという（⑥五三一頁）。とはいえ、天香が訪れた大正十四年から十五年にかけての満州は、奉天軍閥・張作霖の最盛期で、張は万里の長城以南の関内へと出兵し、北京政府を事実上、掌握していた。張作霖の関内への出兵は、満州に多大な戦費負担をもたらし、奉天政府の発行する紙幣・奉天票は大暴落していた。満州経済は混乱し、当時の幣原喜重郎外務大臣を始めとする日本政府は、張に対して内戦の停止、満州への軍の撤退、満州財政の再建などを強く促していた。しかし、張作霖は関内への野心を棄てず、かえって満州における日本人商人や、日本人商人と関係のある中国人商人の活動などを阻害する措置を施した。そのため、満州における日本の経済活動は、極めて厳しい状況に直面していた。

帰国直後の天香は、「支那、殊に満州の人と日本人との経済的交渉及朝鮮の人と日本人との同様交渉等につゐて不少感想がわけども、茲にしるすわけにはゆかぬ。只茲には大正十四年の冬は満鮮旅行にて押つまる頃迄費せし事のみを書いておく事にする」（⑥五三二頁）と記したが、玄界灘で満州、朝鮮の托鉢旅行を総括し、このままでは日本は危ないという感触を得ていた。九月二十一日や十月十八日の日記にあるように、天香は満州を実地に見聞することで、日本人と中国人が相互に敬意を払い合う関係のあり方を目指していた。しかし、在満日本人の中国人に対する姿勢には、疑問を感じる部分が少なくなかった。その上、不況下の在満日本人の行き詰まりに、何らかの解決策を与える必要もあった。そうした思いが、帰朝半年後の満州再訪問へとつながっていく。

## 満州再訪

大正十五年一月二十八日の天香の日記に「勝淳の名を勝月と改む」と記されている。前年七月末に勝淳の命名者であった大井令淳が死去していたが、少なくともこれ以降、一燈園の女性は「月」を付した号を称するのが一般的となる。ただし、昭和四年まで、天香は実際には勝淳の呼称を多く使っていたようである。天香は三月に大聖寺、金沢、直江津、新発田、柏崎、長野・善光寺、沼田、松本、飯田の各地をめぐって東京に移動し、南米移民事業に取り組むため、南米視察に出発することとなった福原八郎を見送っている。そして帰京からほどない四月三日、燈影小塾で、西田保太郎（保香）と宇戸つる枝（漣月）、相武次郎（空華）と中田一女（水月）の結婚式が行われた。保香と漣月は短期間ながら四国遍路に旅立ち、十八日に帰京している。天香は四月末から九州、四国で講演を重ね、そして六月五日には再度大連に到着した。前年の訪満で、天香は何人かの同人を大連に残してきており、その善後措置を兼ねての再渡満であった（天香「南満の一燈」55）。そして八月には、台湾、満州に続く海外托鉢としてハワイに向けて出発する。

今回の訪満はハワイ訪問を控えていたため、七月十五日に釜山から下関に帰着している。一か月半に満たない比較的短期間の滞在であった。しかし、今回の訪満で天香は、ある重要な決断を下している。

前年の大正十三年十一月、満州から朝鮮に移動するに先立ち、天香は三上和志を京都から朝鮮に呼び寄せ、托鉢させていた。そして朝鮮での講演を終えて大連に戻る際、三上を大連に同行した。天香はその後一旦帰国したが、三上はそのまま大連にとどまっていた。大正十四年六月の再渡満に際し、三上は天香の随行者として講演に付き従った。とはいえ、三上によれば、天香は「民族的嵐の真只中の奉天に下車されてから、何か考え事をしていられる」ようであった。そして天香が予定を終え、帰国のため奉天から安東に向かうために駅に到着し、列車の出発を待っている間、三上は突如、天香からこのまま満州に残り、路頭から日中関係のために念じ行ずるよう命じられた。天香と共に帰国するものと思い込んでいた三上は、呆気にとられたまま天香の乗った列車を見送った。三上は、満鉄の佐藤俊久と中学校教師の江部易開という二人の人物を紹介されただけであった。

三上残留のきっかけは、佐藤から天香に、満鉄に理想的な現場を作るべく、一人の托鉢者を貸して欲しいとの依頼がなされたことであった。三上はその後、江部宅に居住しつつ、満鉄の奉天機関区で働くこととなった。三上は当初、最下等の仕事として、機関車の下に潜り込み、機関車の火落としから灰や火を掻き出すという仕事をしようとした。しかし、日本人職員はそれを満州人の仕事とし、日本人の体面に関わるとして認めなかった。三上は結局、機関車の掃除を手伝うこととなった。機関車の掃除は、機手が行い、四人くらいの満州人が付けられていた。そこで三上にも四人の満州人が預けられた。当時、日本人の機手は、満州人をすぐに殴りつけたという。ところが、殴る日本人の側には、監督に隠れて仕事に手を抜くような人々が少なからずいた。ところが三上は、殴るどころか、率先して仕事をする。そこで満州人たちは、次第に三上を「廟《みょう》さん」と呼ぶようになった。「お坊さん」の意が込められていたという。

三上にしても、先に愛川村に入植した山崎寿にしても、一燈園同人として満州人や中国人に何かを説教したり、強要したりすることはなかった。彼らはむしろ、自ら率先して労働を行い、満州人や中国人以上の勤勉さを示すことによって、日本人に自省を促し、満州人や中国人の労働意欲を喚起しようとした。彼らの目指す日満、日中友好への試みは、昭和二年の燈影荘の開設や昭和五年の奉天一燈園の創設へと発展していく。

天香が満州再訪から帰った後、七月十八日から二十三日にかけて、一燈園では同人を対象とする講話会が行われた。例年は八月中旬に行われるが、この年は天香の訪米を控えていたため、この時期の開催となったのであろう。講話会終了後、天香は八月一日に京都を発ち、八月七日に勝淳と共に横浜港で大洋丸に乗船、出航し、ハワイに向かった。帰国は一年後の昭和二年七月末となる。

## 5　ハワイからカリフォルニアへ

### 移民をめぐる日米関係

天香をハワイに招請したのは、ハワイで『実業之布哇』という雑誌を刊行していた当山哲夫であった。当山哲夫は明治十六年、沖縄県に生まれた。明治三十九年にハワイに渡り、砂糖労働に従事し、商店員や活動写真助手などを経て、雑誌記者になり、大正六年に同郷友人の雑誌を引き受け、『実業之布哇』と改題していた。当山は五年前、すなわち『懺悔の生活』の出版された大正十年に京都の杉本方で天香と初めて面会したという（木原隆吉編『布哇日本人史』、当山哲夫「天香師の来布と布哇の日米人」58）。当山はそれまで救世軍や賀川豊彦をハワイに招待したことがあり、天香についても三年越しで招待していた。ハワイ訪問後のカリフォルニア訪問も、当初から予定されていたようである。大正十三（一九二四）年にアメリカでいわゆる排日移民法が成立しており、天香によれば、渡米の目的は「十二万の邦人が、排日のあとをうけて、極度に失望してゐるのを慰めん為」であったという（天香『亜米利加をのぞいてきて』）。

日本とハワイの関係は、一八八〇年代にさかのぼる。一八八一年にハワイ国王が来日し、日本人の労働移民について要請を行い、八四年に移民条約が締結された。これによって、日本人労働者の渡航費補助などが行われ、十年間で二万八千人の日本人がハワイに渡航した。その後、ハワイ側の渡航費補助は廃止されたが、日清戦争後にハワイ渡航はむしろ増加した。一八九八年にハワイはアメリカに併合されたが、その時点でハワイの全人口十五万人の内、日本人が六万人余りを占めるという状況になっていた。ハワイがアメリカ領になったことで、ハワイに渡航した日本人労働者は経済的により豊かなアメリカ西海岸へと流れ始めた。そのため、アメリカ西海岸で日本人に対する排斥気運が高まった。

第一次世界大戦前のアメリカは、ヨーロッパより毎年百万人に及ぶ移民を受け入れていた。それに対し、日本は一九〇八年以降、アメリカへの労働目的渡航を自主規制することで、日米関係の悪化を防ごうとした。しかし、その一方で日本政府は、一時帰国者の再渡航と家族の渡航については、商業目的以外であっても旅券の発給を継続した。アメリカに生活の基盤を置いている日本人の再渡航を禁止することは、当人に及ぼす影響が大きく、それを強要する法的根拠もなかったためである。しかし他方で、十九世紀後半以降のアメリカは、移民を全般的に規制する方向に向かっていた。既に一八八二年には中国人の労働目的入国が全面禁止されていた。第一次世界大戦後、日本を除くアジア全域の労働者の入国が禁止され、ヨーロッパ人についても、特定年におけるアメリカ居住外国人の国別比率を基準として各国に移民許可数を割り当てるという制度が期限付立法として導入され、同時に移民総数が三十五万人余に制限された。そしてそれに並行する形で、在米日本企業に勤務する日本人がアメリカへの再入国を拒否されるという事件も発生するようになった。店員勤務は一般に商業目的とされたが、業務内容によっては単純労働者と認定することも不可能でなく、曖昧な領域が存在したのである。

一九二四年移民法は、時限立法として成立したヨーロッパからの移民規制を永続化すると共に、日本人に対して割当制度を適用することなく、市民権取得資格のない外国人の労働目的渡航を禁止するという形で、日本人労働者のアメリカ入国を禁止した。市民権取得資格が問題となったのは、当時、アメリカ市民権の取得が白人とアフリカ系アメリカ人（黒人）にしか認められていなかったためである。そのため、市民権取得資格の有無を基準にすれば、日本を名指しすることなく、日本人労働者の入国を制限できた。一九二四年移民法が排日移民法と呼ばれたのは、それまで日本人を除くアジア人労働者のアメリカ入国が禁止されていたことを引き継ぎ、アメリカが、市民権取得資格の有無を基準として日本人労働者の全面入国禁止に踏み切ったためである。

とはいえ、そもそもアメリカの国籍に相当するアメリカ市民権は、両親の国籍を基準とする血統主義と、アメリカに生まれたことを基準とする生地主義に基づいて付与されていた。外来アジア人がアメリカ市民権を取得できなかったのは、ヨーロッパからの移民とアフリカからの奴隷貿易によって成立したアメリカ独自の建国の経緯に由来する。とはいえ、たとえ日本人であっても、アメリカに居住し続け、二世を誕生させれば、二世にはアメリカ市民権が付与された。こうした制度が、逆に日本人の多数が居住するカリフォルニア州で排日運動が高揚する背景ともなっていた。第一次世界大戦中、カリフォルニア州には領事館報告で七万人を超える日本人が滞在していたが、カリフォルニア州議会は、日本人労働者の増加による労働市場の逼迫と、アメリカ市民権を有する日系二世の増加を阻止するため、市民権取得資格の有無を基準として日本人の土地関連権利を制限し、間接的に日本人の入国を阻止しようとした。一九二四年移民法は、そうしたカリフォルニア州による日本人の権利制限を正当化する役割をも果たした。このように、アメリカ西海岸ではアジア人労働者に対する排斥気運が強く、それが同時に、下層労働者と見なされることに対する在米日本人の警戒感をも生み出していた。

### ハワイ到着

天香が乗船した大洋丸は排水量二万二千頓、第一次世界大戦後にドイツより譲渡された戦利品であった。天香らは一等客室に乗船した。天香や特に勝淳は三等客室を望んだが、一九二四年移民法により、上陸目的審査が厳重になっていたため、一等客室を受け入れざるを得なかったのである。天香は船長に挨拶を済ませ、乗船三日目から托鉢を開始した。初日は喫煙室の掃除と椅子の整理を行い、翌日からは水夫と共に、甲板の掃除などを手伝った。その内、天香は講演まで頼まれるようになった。

天香がホノルルに到着したのは八月十六日朝で、日付変更線を越えているため、実質十日間の航海であった。当山が出迎え、同夜、当山宅で歓迎会が催されたが、その間に天香は堀貞一牧師との再会を果たしている。堀は天香が幼少の頃、教えを受けたことがあり、再会は四十年ぶりであったという。二日目は、新聞社や日本の総領事館、実業之布哇社、日本人墓地などを訪問し、三日目は日本人病院での托鉢の後、知事を訪問し、堀貞一宅を訪れている。そして十九日より三日間、実業之布哇社の主催による講演会が開催された。三日間の講演の後、当山は天香を「一般の有志に開放」した。天香は主として日本人病院の地下室に放置してあったベッドで寝泊まりをした。天香はハワイ滞在も路頭と考え、このような方法をとったのである。

天香は日本人病院での托鉢と並行し、個人や有志団体の要望に応じて二十二日から三十日まで十七回の講演をこなした。中でも三十日の講演は、汎太平洋同盟主催によるアメリカ人相手の講演となった。ここで天香は「亜米利加にも立派な人はある、けれども又さうでない人もあらう。日本かて同じことである。日本がよいとか悪いとか、亜米利加がよいとか悪いとかは、定められるものでない。……からして平和は縦の対立では生れてこない。横に正しいもの同志が握手し連絡して、矢張横にある正しからぬもの丶前に、懺悔して罪を分つべきであるまいか」と述べている。

八月三十日夜、天香はラナイ島に出発した。マウイ島、カウアイ島を経て再びホノルルに戻り、托鉢と講演を続けた。天香がハワイに到着して最初の一か月間については、『実業之布哇』誌に掲載された記事から、天香の行動の概要が判明する。連日、三百名ないし四百名の聴衆を対象とする講演の日々であった（当山哲夫「地下水行の実行家天香詰師の来布と講演」、湧川勝四郎「天香師の同伴を許されて」）。

そうした中で、一燈園への入園希望者も現れた。

ある日、日本人病院地下の仮一燈園に、本多鶴之助という青年が訪れ、入園を希望した。天香が「余程の決心がないと此生活は出来」ない旨を伝えると、本多は「私はもう死んで来ました。托鉢を生涯したいとおもひます」と応えた。本多は醬油味噌を売っていたが、一日働いては二、三日を博打で過ごすような生活を送っていたという。ところが、天香の話を聞き、まずは家主の庭園の掃除をしてみた。昼まで掃除をすると、金儲けのためではない仕事は心地よく、しかも一燈園のことを知らない家主までもが昼食を提供してくれた。「あの家主さんが部屋賃の滞りを催促しにきた時の小面にくい顔と、今日御飯を食べて呉れとて、無理に私を連れて行かれる時の優しい顔とは、まるでちがつてゐ」たという。話を聞いた天香は、半月働いて半月托鉢をしたらどうかと提案したが、私財を売り払って借金を返済し、通して托鉢をしたいという。熱意に感心した天香は、本多の入園を許した。本多は、天香がカリフォルニアに去った後も托鉢を続け、二年後の昭和四年、もう一人の入園者となった深川作一という元賭博師と共に帰国する。

## カリフォルニアへ

天香は当初、五十日間ハワイに滞在し、カリフォルニアに向かう予定であったが、滞在は四か月に延びた。そこでカリフォルニアへは当山哲夫が先行し、天香は十二月四日にようやく出発した。七日間の航海の後、十二日にロサンゼルスに到着した。天香をアメリカに招いたのは、駒井豊策という『羅府新報』社長であった。

大正十五年十二月二十五日に大正天皇が崩御し、短期間の昭和元年を迎えた。昭和二年元日、天香は日記に「諒闇の新春をLos Angelesで迎へる」「光りの生活に国境なけれど太平洋をわたりて越境の実感しきりに湧く。我は日本に生まれたれども世界に対して懺悔の生活をせねばならぬことのさゝやきをおひかりより聴く」「米国に来つて淋しく思ふことは、物豊かにして霊闇きを感ずる事也。羅府は殊に物あまる都、而かもたましゐを養ふに足る所なし」と記した。天香にとって、物質的に豊かなアメリカは、かえって精神的な貧困さを示していた。こうした印象を背景に、後に天香はアメリカを貧乏国と評することになる。

天香は昭和元年の大晦日、百五十年前にカリフォルニアに入植した牧師セラに敬意を表するための托鉢を計画していた。翌五日、天香はある老人を訪れ、托鉢の希望を伝えたところ、反対されてしまう。その老人によれば、「新聞にも写真入で宗教家として紹介されてゐなさるあなたが、箒持つて庭をはき、マップを以てトイレットのお掃除をなされては、よく〳〵日本人は下級の労働者と思はれませう。我々は労働者階級から脱しようと、教育や人格で劣らぬ程になつてるものでも矢張心で労働者扱をされて居ます。現に排日は人種の劣等を刻印された形となり、加州邦人十三万は、熱湯を呑まされた同様ですから」というのである。翌日、天香は老人に懇願し、予定通りの托鉢をすることとなった。しかし、その老人は、天香を車で送りながらも、予定地ではなく、セラの記念碑のある山上へ連れて行った。天香と勝淳と老人は、そこで掃除をすることとなった。

その日の晩、天香は老人が主催する内々の講話を行ったが、老人は天香を集まった人々に紹介する際、自分が天香の托鉢を止めるという大失策をしたことを告白した。老人が天香を山の上に案内したのは、なるべく人目に付かない場所を選んだからで、その際、「遠い日本から来て、茲を半日位掃いたとて何になる」と思っていたという。しかし、実際に掃除をしていると、ある出来事に遭遇した。すなわち、ある子供連れの夫人が通りかかったところ、子供がゴミを通りに捨ててしまった。するとその母親が、ゴミを拾って老人に近寄り、陳謝したというのである。さらに、あるアメリカ人が天香に話しかけてきたので、その通訳することになった。そのアメリカ人は、天香に掃除夫なのか、何のために掃除しているのかを尋ね、神のために捧げているという答えを聞くと、銀貨を出そうとした。それを断ると、聖書を出して信仰を確認し、握手をして去っていった。老人は、これらについて紹介した後、集まった人々に「私は此歳迄、及ばずながら日米問題の為めには尽して来たつもりである、併し結論が現在の排日である。色々理窟を付けて居るが、己の仕事を後にする事は出来なかつた。然るに、今日の半日は全く托鉢したのであつた。骨の折れた仕事でなかつたが捧げた仕事であつた。すると何の広告もしないのに、それがチヤンと先に感じるからおそろしい。……私は茲で一言神様におわびする」と語った。

老人が案内した場所は、聖者を記念した場所なので、そこを訪れる人々には敬虔なキリスト教徒が多かったのであろう。しかしその一方で、天香がロサンゼルスを去る直前、天香にお礼を述べたある夫人は、天香の話を聞いて以来、門前の通りを早朝に掃除し始めたところ、隣の白人から好意を得られたという話を天香に打ち明けている。「私等は是迄只金儲けをして早く国へ帰らうとのみ思うて居ました。それにはたとへ一時間でも金にならねば働きませなんだ。誰もがさう思ひ、またそれが本当と思うてゐ」たという。それが、金にならない托鉢で清々しさを感じ、さらに隣人との関係もよくなったというのである。

天香は昭和二年三月十七日の日記に、「光十字を礃出する天啓下れり」と記している。これは追記なので若干日がずれる可能性もあるが、既に前年十一月の『天華香洞録』に、紋章に関する書物に啓発されて「十字を赤にてあらわし、卍を蒼又ハ他の色にてあらわせば、是二十余年前に感得したる仏基不二の我生活のしるし」(⑥五七六頁)と記し、十七日の日記には三円相と共に「光十字」と記していた。さらに、後のハワイ滞在中の五月二十一日には、「光十字の一の基礎」ができた「紀念すべき日」として、「本願寺の会堂に於て親鸞上人の降誕祭に日蓮宗開教師、基督教牧師、ドクター、実業家等がヤードの掃除、仏教の荘厳等を托鉢して、一般真宗信徒に日蓮宗、キリスト教の教役者がはなすといふ事は前代未聞の事なるべし」と記している。天香は「光十字」に、諸宗教、諸宗派の融和、融合の願いを込めたのであろう。既述のように、明治四十一年の梁川会「回覧集」には卍と十字を融合させた「卍」の表記が見られる。今回の訪米経験は、それを再確認する契機となり、これが後の「光卍十字《ひかりまんじゅうじ》」の徽章を生み出すこととなる。

天香は二月十五日にサンフランシスコを出発し、二十五日にハワイに到着した。その後判明する約一か月間の天香の行動も、やはり托鉢と講演会の連続であった（なにがし「天香師の往来に就て」）。三月十三日、天香はアメリカ人を対象とする講演を行い、そこで「大量生産の経済組織に対して一燈園は如何に処するか」「托鉢を多くの人が利用するに止まつて困るやうな事にはならないか」といった質問を受けている。天香は日記に応答を記していないが、おそらく天香にとって、大量生産による苦しみは生存競争の渦中にあることによる苦しみであり、たとえ自分が勝利を収めたとしても、それは別の敗者を生み出すだけのことであった。天香とすれば、大量生産に対抗しようとするのではなく、執着を捨て、自らにできる範囲で社会に貢献していくことによって、逆に生活が保障されるようになるという思いを強くしたであろう。

天香のハワイ滞在はまたしても長引いた。その間、日本とロサンゼルスの双方から帰国と訪問日時の照会が届いていた。一年前、ハワイに出発する際には、アメリカ本土からヨーロッパを経由して帰国しようとする案もあり、エディンバラでは岩橋武夫が天香を待っていた。しかし、再度アメリカ本土に渡るとなると、再度半年程度の滞在を経てヨーロッパに向かうような事態も想像された。結局、天香は来年カリフォルニアを再度訪問することを約して、一旦帰国することとした。天香は七月十二日午後、大洋丸に乗船してハワイを後にし、二十五日に神戸に入港した（「編輯後記」68）。

天香は帰国直前、相当額の謝礼を提示されたようである。しかし、天香はそれを受け取らなかった。天香は、「金があつて悪いというのではないが、無くてもこんなに仕合せな生活が恵まれているというあかしをたて」るために訪米したことを理由とした。それでも受け取りを求める人々に天香は、「私はアメリカみたいな貧乏国から金を貰つて帰ろうとは思わん」と答えた。驚く人々に天香は、「まだ足らん！　もつとほしい！　というその根性を貧乏というのです」と説明したという（丹羽孝三「アメリカの旅に想う」492）。

ハワイからの帰国船上で
（洋装の天香と勝淳）

この年の元旦、天香は物質的に豊かなアメリカに精神的な貧しさを感じ取っていた。実際、一九二〇年代に繁栄を誇ったアメリカは、一九二九年十月のニューヨーク株式市場における株価の大暴落をきっかけとして、世界恐慌を引き起こす。一九二〇年代のアメリカは、大企業への減税を中心とした優遇策と、自動車産業や家電産業の成長によって、目覚ましい経済発展を実現していた。そうした大企業優遇策は、労働者の賃金上昇や失業率の低下などをもたらしたが、他方で石炭や鉄道といった伝統産業は苦戦を強いられ、とりわけ農業は、世界的な生産過剰のために穀物価格が低迷し、危機的状況にあった。しかも、大企業優遇の経済政策の中で所得の格差は拡大しており、さらに洗濯機や冷蔵庫といった家電製品を購入するため、国民は分割払いによって負債を増加させていた。広告業の発展が過大な購買意欲を煽った。しかし、こうした状況下では、経済成長の度合いに比べると、一般消費がそれほど拡大したわけでもなかった。金融当局は、消費の拡大を刺激するために低金利政策を採用していたが、膨張した通貨は、資金を要する産業部門には吸収されず、株式投機に流れ込み、株価を急騰させた。金融当局は、投機を抑制するために引き締めを図ったが、それは破局の到来を早めた。

天香は、表面的な繁栄の背後に潜むアメリカ経済の問題について、特別な知識を持っていたわけではなかった。しかし、独自の観点から、アメリカの自由主義がはらむ危険性、すなわち、短期的な視点から生産を拡大させ、消費や投機を煽ることで逆に国民全体の倫理観や基礎的な経済力、堅実な発展志向が損なわれていく危険性を感じ取っていた。それがアメリカを貧乏国と評する根拠となったのである。

帰国後、天香はアメリカでの体験を『光』に連載したが、多忙のために中断された。続編を強く希望した江口定条の督促に応える形で天香は後半を書き下ろし、全体を『亜米利加をのぞいてきて』と題する単行本にまとめ、昭和四年十二月に出版した。帰国から二年余り後のことである。

# 第五章　満州から世界への視線

## 1　財団法人光泉林の発足

### 三度目の満州

昭和二（一九二七）年七月にアメリカから帰国した天香は、九月中旬に伊勢、四日市、名古屋、大垣、豊橋、静岡、横浜、東京、九月下旬に宇都宮、盛岡、花巻、弘前、秋田、十月上旬には岡山、広島で講演を行うなど、再び国内における講演生活に復帰した。そして十一月には三度目となる満州訪問に出発している。十一月十一日に下関を出港し、十一月中は京城、仁川、平壌、新義州などで講演を行い、十二月に満州に移動、三日に本渓湖、撫順、四日に奉天、五日に長春を訪れている。ここで天香は、立山不退と三上和志をハルビンに派遣した。天香は日記に「立山、三上両氏は園でも古参で、幹部たるべき人。ハルビン見学にいつてもらふた。所謂世間並の縦横の機略は一燈園で持合せないが、露、支、日、鮮の民族のうちに立まじわつても、托鉢さへ持ち

ビル・シンプソンと（昭和２年12月，大連にて）
（最前列左より，松村久兵衛，天香，シンプソン，千葉豊次。次列左より２人目より，三上和志，安永乙吉，１人おいて植田貢太郎。３列目左より，山崎寿，立山不退，荻原輝次，谷野捨三，盛長次郎，峰岸伍一，最後列左より，梶浦たね，杉谷静代，金沢久代，安永夫人）

ゆけば、決して愛しあへぬ事はない。托鉢は何れの民族をも通して無碍であり、また、自在である。それを二人は能く見てきられた事とおもう」と記しており、民族協和のための今後の托鉢のあり方について思いを馳せていた。

天香は七日まで長春に滞在し、四平街に向けて出発、乗車した汽車でハルビンより戻った三上、立山と合流した。四平街での講演を終えた後、夜行で奉天に向かった。十四日に鉄嶺、十五日に奉天から遼陽を経て金州に移動し、鞍山、大石橋、営口、瓦房店でそれぞれ講演を行い、二十日に金州に移動した。その間、三上と立山は山崎寿の案内で金州の燈影荘を訪問している。燈影荘とは、愛川村で十分な成果を出せなかった山崎が、この年昭和二年の四月に金州民政署より官有地の貸付を受け、開設したばかりであった。場所は金州近郊の大魏家屯東田家屯。百町歩の土地を有したが、同地は森林伐採と掠奪農法によって荒廃を極め、満州人住民すら離散した地域であった。にもかかわらず、山崎は荒廃地の再生と満州人、中国人との共同経営の実現に着手していた。

天香は二十二日に大連に移動し、二十六日にビル・シンプソンというアメリカ人を迎えた。シンプソンは、一九一二年にラフォレット大学、一九一五年にニューヨークのユニオン神学校を卒業し、牧師を務めていた人物。第一次世界大戦中の一九一八年に絶対平和論の立場から教会を辞して、低賃金労働に身を投じながらアメリカ各地を巡っていた。シンプソンが一燈園と天香のことを知ったきっかけは不明であるが、シンプソンは十二月二十日に一燈園を訪れた。しかし、天香は不在であったため、旅程の都合から大連まで天香を訪ねたのである。天香の日記によれば、シンプソンは皿洗いを願い出るなど「単純生活を徹底」させており、引き続きインドのタゴールやガンディーを訪ねる予定であった。天香は二十七日の帰国予定を一日延期し、翌日もシンプソンと語り合った。その際、シンプソンは「性の問題、結婚、恋愛、性交の問題を涙し来つて問ひつめ」たという。

性の問題が中心となったのは、おそらく労働問題などは既に解決済みで、私利私欲を捨てた奉仕の生活に身を置いてなお捨て切れない性欲について、意見を聞きたかったのであろう。シンプソンは、性欲に何の疑問も感じない多数の人々の意見と、確信的に禁欲主義の立場をとる人々の意見の双方に疑念を感じることを天香に述べた。これに対して天香は、嬰児のような心で正しく生きていくことによって、神が正しい方向に導いてくれると答えた（「シンプソン氏の手紙」73）。シンプソンが問題にした性の問題は、明治四十年代の天香が法然と親鸞の関係を手がかりに考察していた問題であった。その時、天香は、性的放蕩も禁欲主義も本来の姿から乖離しており、正しい生き方の中で性欲も神によって許されると考えていた。嬰児のような心とは、そうしたかつての考えを説明したものであろう。

天香は二十八日に大連を出発し、朝鮮半島を経由して三十一日に京都に帰着した。

昭和三年一月八日の天香の日記に「午前西川庄六氏方にて話しあふ。一燈園敷地の事につゐて」とある。昭和三年十二月十五日以降、燈影小塾や、『光』誌の出版などを担当した回光社、その他の施設は、宇治郡山科町（山科町は昭和六年に京都市東山区に編入）に移転するが、この地を天香に提供したのが、近江八幡出身の実業家である西川であった。天香の日記によると、天香は昭和二年十月頃より西川と頻繁に会合しており、天香の満州訪問前に敷地提供の提案がなされていたのであろう。

## 光泉林の発足

折しも、昭和三年二月二十日、最初の普通選挙となる第十六回総選挙の投票が行われた。この日、天香は保太郎らを投票に行かせたが、自らは投票を棄権し、路頭に帰る決意をしていた。自らへの敷地の提供と普通選挙の実施に関連性はないが、天香はこの二つの出来事を、自身の生き方と世上の動向とを対比させる機会とした。演説会やポスターが乱立し、資金を浪費する選挙活動に国家の危機を感じたからである（天香「厳かなさゝやき」74）。土地を預かり、経営するには、自身の欲求や執着を捨てなければならない、求める気持ちから社会の安定は実現できない、こうした考えが、天香に普通選挙の投票を棄権させ、路頭に立つことを決意させた。二月二十日、天香は雪の中で駅を清掃し、病院で手伝いをした。腰を痛めていた勝淳も、天香が路頭に立つと聞いて付き従った。四日後の二十四日、西川庄六から天香に、提供した敷地での事業を財団法人とすることが提案されている。

三月三十一日、天香は南禅寺に近い蹴上《けあげ》の日向《ひむかい》大神宮の社務所を借り、満州から一時帰国していた同人の谷野捨三と梶浦たねの結婚式を行い、翌四月一日には九州に向かう汽車中で三上和志と丸橋久子を面会させ、翌日に結婚式を挙行している。今回、天香は福岡、久留米、熊本、鹿児島、宮崎、大分の各地で講演を行い、五月一日に大阪に帰着した。同行した多田稔によると、一か月間に六十一回の講演とその他の座談会、個人面談に応じていたという（多田稔「無上正真道」78）。多田は長野県出身、大正十四年十月に一燈園に入園し、翌年夏から福岡で托鉢に従事しており、昭和二年に一燈園を離れその後独自の孤児救済事業を開始する八田勝三の後を受けて、九州一円の天香や一燈園の活動を支える責任者となった。これ以降、多田の尽力で、天香は九州を頻繁に訪れることになる。昭和十年六月に多田が死去した時、天香は「九州での自分は手も足ももがれる程の痛み」と記している（天香「飛行機便で満州より」、相空華「あゝ多田稔兄」164、地行「徳を積む」166）。

九州から戻った後の五月四日、山科町の一燈園の新たな敷地で地鎮祭が執り行われ、建物の建築が始まった。十一月十日に京都で昭和天皇の即位大典が行われる予定で、大典後、京都御所は一般に開放されることになっていた。大典前後の京都は宿舎の不足が予想されたことから、光泉林では、「御大典奉仕」として燈影小塾と光泉林を宿舎として提供することとなった。それに合わせ、光泉林における建物の造成が進められた。

大典の十一月十日、天香は松井浄蓮らと共に蹴上で六万行願を開始した。天香は二月に路頭に帰ることを決意しながらも、しばしば余所に出かけねばならなかったことから、松井が特に天香の意を受け、蹴上での路頭の生活を引き継いでいたのである。また、この少し以前より、蹴上の谷地に麓筵居《ろくえんきょ》と称する小屋の建設が始まっていた。これは、路頭の生活を送る人々を受け入れ、休息を与えるための小屋として建てられたものであった（天香「めでたい事は正しいこと」83）。昭和三年十二月十五日以降、燈影小塾や回光社は順次光泉林へと移動し始め、三十日までに移転は完了した。その直前、天香は財団法人設立を京都府に申請し、翌年八月にこれが認可され、「財団法人懺悔奉仕光泉林」が発足する。その一方で、昭和三年十二月三十一日に天香は光泉林を去り、新年を蹴上の麓筵居で迎えた。天香は光泉林への施設移転と同時に自らを光泉林から切り離し、あくまで不即不離の関係にとどまろうとしたのである。

### 燈影荘訪問

一方、昭和三年は、五月に日中両軍の衝突事件たる済南事件が、六月初めには張作霖爆殺事件が勃発しており、日中関係は緊迫していた。民族主義が高揚する中、個人間で信頼関係を築き、それを貫くことは、日本人にも中国人にも、難しい状況にあった。そうした中で、奉天に残された三上和志にある事件が起こっていた。昭和三年厳冬のある日、三上がある会合の帰りに奉天城内と新市街の境を歩いていたところ、ある中国人とぶつかってしまう。とっさのことで、一礼をして謝罪の意を示そうとしたが、中国人は力任せに三上を殴りつけた。しかし、三上は、ただ「謝々」と述べて、立ち去ろうとした。すると、落ち着きを取り戻した中国人は、中国語の新約聖書の山上の垂訓の一節を示しつつ、不慣れな日本語で三上に話しかけた（三上『地下を流るる水の如く』八二～八七頁）。

「許して下さい。私はクリスチャンです。クリスチャンの私があなたをあのように殴って、クリスチャンでないあなたから感謝されるとは思いませんでした。……私は今日、ある日本人の家へ遊びに行きました。私的にですが、この頃の日支関係のことについて議論しました。しかし議論では私が負けました。負けた私は中国の一人として残念でした。日本人が皆な憎らしくなって、考えて歩いている時、衝突したのがあなたです。これも日本人かと思うと思わず手が出ました。……許して下さい」と感激家らしい彼は涙ぐみながら頭を下げる。

「否、お互いですよ。私も歩く時気をつければよかったのですけれど――」と半ば慰めるようにいった。

彼は涙で濡れた眼を手でこすって震える手で、私の肩を押える。背の高い彼は、上から私を見下ろしている。何かいいたげな口唇。やがて涙を一杯溜めて血を吐くような声でいうのであった。

「もし――もし――もし日本人が皆あなたのようであったら――中国人が皆あなたのようであったら、日支関係はもっと簡単によく行くのでしょうね――」

今度は私が涙なしにはいられなかった。

三上が後にこのことを天香に話した時、天香は多大な関心を示し、さらに詳しい説明を求めた。三上は当時の日記を天香に預けたが、天香がそれを一時紛失したため、かえって終戦時の焼失を免れる結果となる。昭和二十年八月のソ連の対日参戦と続く日本の降伏の後、三上は手元の托鉢に関する記

燈影荘
（左側に写る人物は同人の菊池寿山）

録類を全て焼却したからである。

昭和四年一月一日、天香は日記に、「此年より勝淳を照月とよぶ」と記しており、以後、勝淳は照月と称することとなった。天香は一月中下旬に栃木、愛知、高知を巡り、二月中旬から三月上旬にかけて九州各地で講演を行った後、一旦京都に戻り、三月二十五日に下関から釜山に渡った。そして二十九日に大連に到着し、四月以降、旅順、金州、瓦房店、蓋平、大石橋、営口、鞍山、遼陽の各地を巡り、十三日に奉天に到着、十六日に新義州に移動し、京城、釜山を経由して十九日に下関に帰着している。四月下旬に日本に戻ったのは、光泉林の開林披露の予定があったからである。その後、五月三日に再度釜山に渡り、六日に奉天に到着、その後、旅順から長春に至る各地を巡り、二十七日に金州に到着した（「回光雑記」88、一燈園同人「南満巡錫」89-90）。そして翌二十八日、天香は金州の燈影荘を訪問している。開設から二年を経て、初めての訪問であった。

燈影荘については、山崎寿に次いで入荘した中田晃による名著『燈影荘物語』が存在する。山崎らは山を再生させるため、繁殖力が強く、土地を肥沃にし、薪にもなるニセアカシア五十万本と、砂の流出を防ぎ、籠の材料ともなるイタチ萩二十万本の植樹から着手した。また、畑の改良や養蚕、特産物としての落花生の導入、役畜の導入による作業効率の向上と堆肥の獲得といった計画を立て、大連の同人や光友の支援を受けて、作業に当たった。山崎は中国人と同じ食事を取り、一人で一日に六百本の植樹を行う作業から着手した。その姿に、大連の一燈園などで托鉢していた古参同人の谷野捨三も感激し、近隣の中国人も次第に協力するようになった。山崎はそうした作業の合間に帰国した際、経理をも学び、辛苦の末に、燈影荘の経営を軌道に乗せた。その成功によって、山崎は昭和十一年に蓋平県和尚村への指導員としての赴任を依嘱されることになる。

天香は翌日に大連に移り、六月以降、満州と朝鮮の各地で講演し、七月十日に釜山を出港、翌八日に日本に帰着した。七月末から八月初めにかけては九州の各地で、九月下旬からも広島、福岡、熊本、長崎、佐賀の各地で講演し、十月には『アメリカをのぞいてきて』の原稿をまとめると共に、十七日からは十一月にかけて高知、宇和島、松山の各地で講演した（「一燈園たより」92-93）。なお、この間の十一月十五日に市川新升（井上竹水、かつての市川福之助）が入園し、明治四十一年以来の宿願を果たしている（井上竹水「牡丹刷毛より法刷毛に」104）。

## 2　すわらじ劇園の創設

### トルスターヤの来林

昭和五年一月、鹿ヶ谷の一燈園は、大正二年の建設から十七年の歴史を終えて御陵《みささぎ》に移転し、十月より鈴木賢太郎が当番に就任した。一燈園移転前後の一月から二月にかけての天香は、比較的光泉林に多く滞在したようである。しかし、二月二十日より

御陵一燈園（昭和11年９月）

三月六日まで神戸、長浜、伊勢、紀州の各地をめぐり、三月八日にようやく御陵一燈園を初訪問した。天香はさらに三月十九日以降、九州の各地をまわり、四月一日に光泉林に戻った（「回光雑記」98、満留生「紀州行」、為政禿山「九州行」100）。

四月三日、保太郎に第二子となる長男が誕生した。第一子の和子は、天香がハワイに滞在中の昭和二年六月二日に誕生していた。天香は長男に「武」と命名した。四月三日が神武天皇祭に当たったことと、長女の「和子」に平和の一燈園を象徴させたのに対し、「武」に建設の宣光社を象徴させようとしたのが理由であった（天香「行願事務所開き」341）。そしてこの年の四月二十六日は、一燈園生活満二十五年の記念日とされていた。天香はこの日を反省日と位置づけ、麓筵居に移った。と同時に、光泉林全体での記念行事を、トルストイの娘で来日中のトルスターヤを光泉林に迎える五月五日に行うこととなった。

トルストイの三女・アレクサンドラ・リヴォーヴナ・トルスターヤは、大阪毎日新聞社からの講演依頼に基づき、昭和四年十月に来日していた。ソ連当局から出国許可をなかなか得られず、実際、アメリカへの亡命の意思を秘めての来日であった。トルスターヤは、東京、名古屋、大阪の三か所で講演を行った後、兵庫県の芦屋に滞在していた。そこで京都光の友の会は、一燈園生活二十五年を記念するための行事として、トルスターヤの講演会を企画し、岩橋武夫と同人の鈴木五郎、そして通訳の三人が昭和五年四月十日頃、トルスターヤを訪れて講演を依頼し、了承を得た。まず五月四日、京都市公会堂で、一燈園の主催の下、「トルストイの夕べ」と題する講演会が開催された。聴衆は二千百名余に及んだ。講演会では、岩橋武夫と天香に続き、トルスターヤによる「父の家出とその最後に就て」と題する講演が行われ、講演後、満鉄から貸与された映画「ト翁の日常生活」とトルストイ原作の映画「生ける屍」が放映され、午後十一時二十分に閉会した（鈴木五郎「トルストイの夕とその前後」101、小波誠生『文豪の娘』）。

トルスターヤの光泉林訪問
（中央の椅子に座る天香とその左にトルスターヤ，天香の後ろに岩橋武夫）

翌五日、光泉林はトルスターヤを招き、一燈園生活二十五周年を祝した。トルスターヤは、通訳を介してしか意思疎通できないことにもどかしさを感じながら、父の影響で一燈園が始まったことに驚き、全ての宗教に学んでいるという説明に父に通ずるものを感じた（アレクサンドラ・トルスタヤ『お伽の国―日本』）。終了後、トルスターヤは、本人の希望で琵琶湖疏水を船で下り、光泉林を離れた。一燈園には、トルスターヤが琵琶湖疏水を下っていく模様を撮影した映像が残されている。

天香は五月四日の「トルストイの夕べ」における講演で、学校教育について触れている。それは、天香が大正十三年九月に太秦に参籠していた時に出会った、両親を亡くし、老いた祖父と暮らす十六の孫息子の話であった。この家庭は、両親が死去したため働き手がなく、老祖父が天香に田の稗取りの托鉢を依頼したのであったが、学校から帰宅した子供に尋ねると、その子は学校で先生と卓球をしていたというのである。天香にとって、教師は子供に家事の手伝いなどを行わせる教育をしながら、自らが模範となって、特に苦境にある子供の助けとならねばならない存在であった。それが実際は、教員が各町村や各家庭の経済的苦境に鈍感で、子供を遊戯に誘導しながら、社会に対して高額の給与を要求するというわけである（⑥四五三〜四五四頁）。光泉林では、七月に幼稚部と小学部が開設される予定となっていた（天香「くさぐ〳〵の事ども」104）。天香は幼稚部と小学部での児童教育を通じ、本来あるべき理想の教育を試みようとしたのである。

### コルベと愛善無怨堂

天香は九月七日から十月二日にかけて九州の各地で講演したが、その後の十月四日、光泉林でマキシリアーノ・コルベの訪問を受けた。これに先立つ七月二十日、天香は長崎の大浦天主堂を訪れた際、司教より、ポーランドから来日し、粗略な生活を送っている宣教師がいることを教えられ、ゼノ神父ら二人のポーランド人宣教師と面会していた（天香「フランシスカンと布哇の同人」105）。ただしその際、コルベは管区会議出席のためにポーランドに帰国中であったため、コルベは再来日後、改めて光泉林を訪れたわけである。

コルベは一八九四年に当時ロシア領のジュンスカ・ヴォラに生まれた。家庭は敬虔なカトリック、特にマリア信仰に熱心で、両親共に修道院生活の経験を持っていたが、父は第一次世界大戦に際してポーランド独立のためにロシア軍と戦い、捕虜となって処刑されていた。コルベはルヴォフの神学校などを卒業し、一九三〇年四月に東洋での布教に当たるため、来日した。来日後、大浦天主堂付近に家を借りて居住し、日本語の小冊子を発行した。発行に当たり、翻訳の協力が必要で、それには教区司祭や神学生などが当たったが、後に長崎のプロテスタント系の活水女子専門学校で教育に当たっていた田北耕也もこれに加わった。田北はこの年、一燈園に入園している。

コルベが天香を訪れた時、天香はたまたま不在で、相空華と鈴木五郎が光泉林を案内していたところ、ほどなく天香が帰林した。とはいえ、コルベは天香に対し、マリアへの強い帰依を促した。近く愛善無怨堂の献堂式が行われ、奉納舞台が披露される予定であることも話題になった。それを聞いたコルベは、舞台の前に聖母マリア像を掲げることを提案し、この時か、あるいは直後にマリア像を寄贈する。これに対して天香は「我々も心の中には、マリア様の御姿をかけて居ます」と応えたが、コルべは「何時までも心の中ばかりに仕舞つて置かないで、段々に外へも表はして頂きたい」と述べたという（大庭三郎「聖母マリアの騎士」108）。

コルベは六年間日本に滞在し、一九三六年五月にポーランドに帰国した。しかし、第二次世界大戦中の一九四一年二月にナチスに逮捕され、五月にアウシュビッツ収容所に送られた。コルベの布教活動がナチスに批判的と判断されたためであった。コルベは、七月末に発生したある脱獄事件に対する制裁として無作為に選ばれた十人の処刑者の内の一人の身代わりとなって処刑された。享年四十七歳。一九七一年にコルベは、教皇庁による列聖調査を経て、聖人に列せられている（川下勝『コルベ』）。

**愛善無怨堂献堂式**（昭和５年10月17日）
（光背のない初期の光卍十字の紋章が掲げられている）

コルベが長崎に戻った後、一燈園では十月十七日の神嘗祭に合わせて、愛善無怨堂の献堂式が開催された。愛善無怨堂は、二畳の祭壇と八畳の間を中心に、二畳の座敷、四畳の事務室、控間六畳、受付三畳、客間と当番部屋各三畳、筵《むしろ》居《い》という天香用の一帖半と小さな炊事場のある建物であった。名称は、天香がかつて参籠した長浜の愛染堂に由来しており、それを愛染明王に特定するのではなく「内外又は何宗にも通じやすい『愛善』とした」という（天香「献堂式について」106）。

献堂式の日の朝、天香は保香と相空華、立山不退の三人に、比叡山延暦寺の常灯と太秦聖徳太子殿の灯明と大神宮（蹴上大神宮を代表とする）の灯火をもらい受けてくるよう指示した。延暦寺からは読経、分与の式を経て灯明が寄せられ、広隆寺からは住職の清瀧智龍が富岡鉄斎由来の火打箱より自ら火を起こし、宝前に供え、それを分与した灯明が寄せられ、蹴上の日向大神宮からも灯明が寄せられた。天香は午後零時半より無怨堂の禱室で静坐、瞑想の末に、「世の暗きを照らす巨灯となつて消えないやうに」との祈りを込めて、自ら火打ち石で火を起こした。これを三つの灯明と合わせ、それをまた三つに分灯した。献堂式は午後二時より開催された（茂野藤吉「愛善無怨堂献堂式」107）。

式の後、午後五時より「法楽」と称する同人による奉納舞台が披露された。献堂式に舞台奉納を行うという案は八月末に発案されたという。演目には色々候補が挙がったが、いずれもしっくりせず、天香に脚本を書いてもらうことになった。九月三日、天香は九州への托鉢に向かう直前に、徹夜を含む二日間で脚本を完成させた。題名は「不壊の愛」、西田又蔵と西村夏子の最期の関係を題材とした作品であった（鈴木五郎「法楽前後」107）。

天香は脚本を引き受けるにあたり、「法楽をしても躓《つまず》かぬ自信と覚悟があるかどうか」を同人たちに尋ねたという。同人一同が協議の末、覚悟の程を伝え、公演が決定された。九月五日に俳優の倉橋仙太郎が光泉林を訪れ、天香と打ち合わせを行い、演出は倉橋が担当し、舞台建築、装置、照明、衣裳製作から配役まで全て同人が担当することとなった。天香役（役名は園香）には相武次郎が、西田又蔵役には立山不退が扮した。入園して一年余の井上竹水もかつての花形役者として指導や補助に当たった。この経験が、翌年のすわらじ劇園の創設へとつながっていく。そして献堂式の翌日より、天香を先頭に、光泉林内の同人は交代で路頭に立った。各人にとって一日のみの路頭であったが、それは天香によれば、「今去林しても何の不自由もないと云ふ自信があるかを親しく検討する」ためであり、また、「堂が出来たら既成宗教になる」との懸念に対する、天香なりの回答でもあった（天香「献堂式を終へて」107）。

## 上海から満州、そしてハワイへ

天香は十一月三日に再び九州へ向かい、十八日に長崎から照月と共に上海に向かった。天香を上海に招いたのは、上海日日新聞社長の宮地貫道であった。宮地は昭和三年夏、東京に滞在中に江口定条に所用があり、訪ねたところ、江口は不在で、京都の燈影小塾を訪れているとのことであった。そこで上海への帰途、京都を訪ねたところ、江口とすれ違いになり、代わりに天香と面会した。ところが、宮地と天香は、三十数年前、北海道で既に知り合っており、三十余年ぶりの会合であったという。宮地はその後、『懺悔の生活』を読み、何度か光泉林も訪れ、上海への招待となったわけである（宮地貫道「西田天香師の著書を読みて」108）。

天香は十九日に上海に到着し、上海日日新聞社を訪問、翌日に総領事館を訪問し、重光葵代理公使らと面会、次いで在華紡績連合会の船津辰一郎理事長などを訪れ、翌日より上海の日本人実業界の主催の会合で講演を行った。それから連日、各地で講演を行ったが、二十三日午後六時頃、天香は軽い脳貧血を起こしてしまう。七時から千名の聴衆が待つ講演会に臨む予定となっており、周囲に不安を与えたが、小憩の後に講演を無事にこなした。天香はこの年の八月二十三日の日記に胃腸などの体調不良を記しており、還暦を前にしながらの激務が影響したのであろう。しかしその後、天香の体調は快復し、翌日以降も講演を続けた。

十一月末から十二月初めにかけて、天香は昭和五年中に訪問できなかった満州の訪問を考慮し、三上和志や谷野捨三などの在満同人に手紙を送った。谷野や山崎寿には子供も生まれており、天香にすれば「孫達」の顔を見たいという思いもあった。また、前年の昭和五年三月六日には、三上和志が奉天市稲場町に建物を預けられており、奉天仮一燈園ができていた（三上『地下を流るる水の如く』九五頁）。天香は満鉄から依頼という形で、十二月七日朝に大連丸で上海を離れ、大連に向かった。九日に大連に到着し、その日から大連、大石橋、鞍山、遼陽、奉天、撫順、長春、大連、安東という経路で各地で講演を行い、朝鮮半島を経由して帰国、光泉林に到着したのは十二月二十九日であった（三上和志「南満巡礼」111）。帰林時、天香は風邪気味で再度体調を崩しており、その他、保香や相空華、鈴木五郎も風邪を引き、この時十一名が病気で倒れていた。

体調不良の中で迎えた昭和六年、天香は還暦となる正月を迎えた。一月十三日、天香は倉橋仙太郎と中田正造の訪問を受けた。中田正造は大阪新声劇の大物俳優で、東京梨園の名門・市川猿之助の松竹脱退に呼応して、松竹を脱退していた。そして中田は倉橋に今後について相談し、天香への相談となったわけである。この後、中田は一燈園生活を送りながら、四月十四、十五日に大阪朝日会館で旗揚げ公演を行った。次いで名古屋、刈谷、京都でも公演を行ったが、直後に中田は松竹に復帰してしまう。中田の兄が復帰を強く促し、松竹との間を取り持った結果であった。しかし、倉橋は、中田脱退後も劇団を継続していくことを決意し、五月二十三日に京都公会堂で京都市小学校教員会創立十周年記念総会式典の後、余興としての公演を行い、二十八日にも大垣日吉座で上演した。この劇団は、五月三十一日に「すわらじ劇園」として正式に発足する。

「すわらじ劇園」の名称は、倉橋や井上竹水、鈴木五郎らの合議で決まったという。ヒンドゥー語で自治、自立を意味するswa-rajに「素草鞋」や「座らじ」をかけたもので、さらに天香の発案で「劇団」をより柔らかい印象を与える「劇園」とすることになった。すわらじ劇園は、九月十一日から十二月二十四日にかけて初巡業として近畿、東海の各県を回り、翌昭和七年一月八日から四月十日にかけて広島、福岡から九州全域にかけて巡業、さらに七月の四国巡業、八月の三丹地方巡業、九月からの朝鮮巡業に臨むこととなる（『すわらじ劇園五十年の足跡』）。

昭和六年六月、天香は二度目のハワイ托鉢に向けて出発した。同行者は勝淳、相武次郎、立山不退、龍居豊であった。相、立山は六月二日に神戸を浅間丸で出港、天香は四日に横浜で乗船した。天香らは出航後、甲板洗いなどの托鉢に従事したが、六日には荒天のため、船の揺れが激しく、相や立山らは船酔いで苦しんだ。ホノルルに到着したのは十一日であったが、一行は三等客室に乗船していたため、移民局での入国手続きに時間を要し、一行は順番待ちのまま夕方を迎え、移民局に宿泊した。浅間丸からは二人の密航者が発見され、送還されている。十二日にようやく天香らの入国手続きが開始され、午後四時に終了した。天香は直ちに最初の講演会場に向かった（相空華「布哇托鉢」115）。

今回のハワイ訪問は、マウイ島の光友会の招請によって実現し、費用は医師である東福寺子四郎が負担していた（天香「浅間丸から布哇へ」117）。今回のハワイ訪問も、各島々での講演が中心となったが、帰国直前に天香らは、辛い事件に巻き込まれた。すなわち、立山不退がある家庭の夫婦げんかの仲裁に当たったところ、立山に窃盗か何かの嫌疑がかけられたのである。夫婦関係に詳しい人によれば、「殊に最近離別せんとして種々事を構へたもの」と推測されていた。これに対して立山はある決断を下した。これに関して天香は、日記に次のように記している。

九月一日

立山不退子、松枝家の冤罪に付て深禱、新谷方テント一燈園にて始末を書き、且体罰を行ひ血書せんといふ。自分は「それ程の事せいでも」といひたれども、「人に見せる事にあらで、自分の為め、禱りの為めなり」といふ故、「明日の事にするやうに」といふて約し、勝淳と共に松井方に行き、馬哇《マウイ》の報告をなし、高橋家にゆく。

九月二日

不退、左足第三脂〔指〕を切り取血、白シヤツに血書して光をホノル、の為めに禱る。自分と高橋氏に別れて新谷氏に迎へられ、勝淳をおいて帰る。立山氏右の事を告ぐ。即直ちに又新谷氏に頼み、高橋ドクターのおひす〔オフィス〕にゆく。

高橋氏、第三脂〔指〕一ふし切りてあと始末をしてくれらる。新谷方につれて帰る。実学の布哇社による。当山社長、あけのつる子、相氏と三人にて托鉢事務をとる。相氏にひると夜断食の事をいふ。高橋方にある勝淳にも食事を取らぬ様電話する。

不退に知らさずに、新谷氏も断食のやうす也。

立山不退が切断した左足第三指は、かつて天香が切断したのと同じ指である。立山はかつてのピアノの家と同様、天香と同じ道を歩もうとしたのであろう。立山があくまで自らに対するけじめとして断指を行い、外部には秘密にしたように、天香らは当日の断食を、立山を含めた周囲の人々に秘したまま行った。天香らは九月八日にハワイから出航し、日本に向かった。浅間丸が横浜に到着したのは九月十七日、満州事変勃発の前日であった。

## 3 満州事変と光泉林

大連や奉天などに同人を置いた一燈園にとって、満州事変の勃発は他人事でなく、日満中の友好をどのように進めていくべきかを自らに問う、重大な機会となった。

### 光卍十字旗

事変勃発から二か月後の十一月十六日、奉天より三上和志が光泉林に到着した。天香はこの日、「奉天を中心にして此度の満州事変の事を具さに聞いた。写真も沢山見た。まことに手に取る様に話してくれた。満州事変に対して奉天一燈園及同人の取るべき体度につゐて種々聞かれ、打合をした」と記している。天香にとって特に印象に残ったのは、ある朝鮮の母子が満州の匪賊によって脅迫され、子供の中指が切断されたという事件であった。そこで天香は、一燈園として「満蒙及朝鮮と云はず、不遇な幼き子等の為に、何等か御奉公」をすることを決意し、光泉林では乳幼児以外の子供を含めた全員が夕食を抜き、三上に光泉林の剰余金より百円を託した（天香「決算期」120、「燈影雑記」120－121）。

三上はこの時、天香に満州事変に関する報告を行うと共に、燈影荘に掲げる旗についても相談していた。三上はかねてより、燈影荘が丘陵地の麓に位置し、建物を発見しにくいことから、旗を掲げることを思いつき、光卍十字を旗章とすることを考慮していた。そこで、暫定的に光卍十字旗を作製し、燈影荘に掲げたが、三上は天香に正式に相談しなければならないと考えていた。そこで今回の話とな

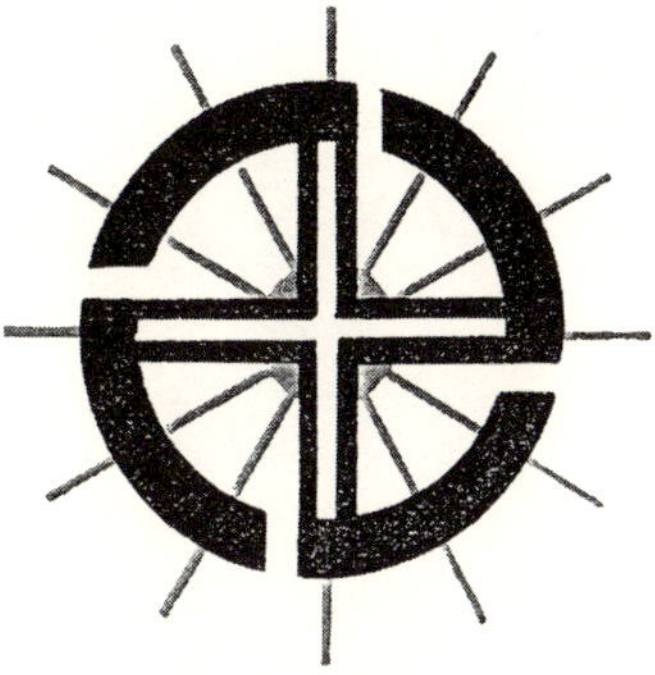

光卍十字旗章

ったという。光卍十字とはおそらく、明治四十一年二月の梁川会「回覧集」に記されている「卍」や、大正十五年から昭和二年にかけ、天香が訪米中に考慮していた「光十字」に由来する。旗章の図案作製の経緯などは不明であるが、キリスト教の十字と仏教の卍を融合させた図像に朱色の光背を組み合わせた図柄となっており、前年十月に行われた愛善無怨堂の献堂式に際し、光泉林の門の幕や法楽の舞台に黒の光卍十字が掲げられていた。三上の相談に対し、天香は小考の後に賛成した。この時点で天香は、光卍十字を旗にすることを考えたことはなかったと述べているが、三上も天香も、諸宗の融合を目指す光卍十字に、民族融和の願いを込めたのであろう（三上和志「光卍十字の旗の中に」127）。

三上が満州に帰った後の昭和六年十二月一日から二十五日まで、天香は福岡、長崎で講演をしていたが、その間の二十一日、天香は福岡駅で、ある光友から捨て子が見つかったことを知らされた。列車出発間際であったため、天香は多田稔・福岡一燈園当番と桑田半八・光友総代に捨て子を拾っておくよう依頼し、講演旅行を続けた。捨て子は生後四、五か月ほどの女の子であった。さらにそれから二十日余り後の一月十日、保香には第三子となる女の子が誕生していた。福岡での捨て子と天香の三番目の孫は、翌年一月十九日に光泉林を訪れ、それぞれ万福子と西田不二《ふじ》と名付けられた。万福子の万の姓は、万国、満州、光卍十字のそれぞれに共通する「まん」

に通じ、福岡の生まれであることから、「福子」と名付けたという。万福子はまた、中国でも通用する名として選ばれており、天香は福子に「将来は満蒙で国際平和民族融和の為に働く使命」を担うことを期待した（「九州托鉢紀行」121、天香「二人の児の名付け」122）。

昭和七年を迎え、天香は年初を六万行願から始めることとした。同人一同による行願は昭和三年十一月の昭和天皇の即位大典以来で、しかも今回の行願は、光友も含めた大がかりなものとなった。場所は天香の出身地である長浜。発端は、昭和恐慌を機に多額の負債を抱えた農村の状況に危機感を覚えた松井浄蓮が、アメリカから帰国した天香に農村問題に取り組みたいと申し出、天香が長浜と近隣の農村で托鉢するよう指示したことであった。そこで松井は、長浜でまず行願を行ったところ、各戸に屎尿がたまり、処理されないばかりか、川に廃棄されている光景を目にした。それまで、農家によって肥料として回収されていたものが、回収されなくなったためであった。その代わりに、農家から町の人に正月用の餅米が提供されることもなくなっていた。松井がそうした状況を天香に話したところ、天香は、思いもかけない郷里の実状に衝撃を受けたのである。

一月四日に照月、松井浄蓮ら十名余の同人が長浜の鍋徳（新生涯に入った直後の天香が托鉢をしていた金物鋳造店）の西川徳左衛門宅に立ち寄り、同家で托鉢していた石居一歩（太楼）と共に八幡神社境内などの清掃に当たった。天香は六日より長浜での行願に参加した。この日、長浜ですわらじ劇園が公演を行うこととなっており、総勢五十名近くによる行願となった。すわらじ劇園の収益は東北飢饉に寄付する予定であった。行願は十日まで行われ、その間の七日、天香は人手に渡っていた生家を二十九年ぶりに訪問し、便所掃除を行った。しかし、その一方で松井は、その後の托鉢中に、ある農民から、農村と町との関係についての思いを聞く機会に接していた。その農民は、町の人々の示す、自分の排泄した屎尿を臭いから早く持って行けというような態度が腹立たしく、子供の頃は、町に肥汲みに行くのが嫌であったという。しかしその後、農業の尊さを父から教えられ、自覚するようになったが、それだけに、米を安い価格で食べながら排泄物を川に流す町の人々の姿勢に憤りを感じていることを述べたのである。松井は、天香の賛同を得て、町の屎尿を農村に運ぶ托鉢に従事することとし、後には自ら畑を耕すことにもなる（天香「六万行願を中心に」、松井浄蓮「天香師六万行願側面記」122、同『終わりより始まる』）。

長浜行願に参加していた石居一歩（太楼）は、明治二十九年に長浜の農家に生まれた、天香と同郷の貿易商人である。大正三年に福井県敦賀商業を卒業した後、南洋貿易会社である潮谷商会に入社し、大正六年にジャワ支店に赴任した。折しも第一次大戦の最中で商売は好調であったが、大戦の終結に伴い、大正八年頃より不況が到来した。潮谷商会も事業を整理することとなり、石居は大正九年十月、四年ぶりに日本に帰国した。そして石居は、天香の『懺悔の生活』に接したのである。もともと石居は、西田保太郎の小学校時代の後輩で、旧知の仲であったという。石居は『懺悔の生活』から、「営利あれど社会に還元し、物心とも預かりものとし、利益を目的とせず、社会を益する仕事のみを良き仕事とし、この良き仕事に奉仕しておれば自然と社会の中で生かされていく」ことを学んだ。石居はこれに基づき「経済人は信用を第一とする。物は大切にするが執着があってはいけない」を信条とするようになった。

石居は、大正十年六月に潮谷商会を潮谷洋行として合資会社の形態で再興したが、自らの理念と会社経営の方針の離反に苦しむようになったため、昭和三年にバタビアに移り、事実上会社経営から離れた。そして一燈園の托鉢者の気持ちで日本人子弟の教育のための在外小学校を設立しようとしたり、日本人会のための生活協同組合事業に携わったりしたが、そうした中で石居は、新たにアフリカ市場の開拓を構想し、ケニア、ウガンダなどを視察した。満州事変の勃発した昭和六年九月十八日には、シンガポールからバタビアに向けて出発したところであった。石居はその後、日本内地で新事業のための準備を進め、精神的な鍛錬を行うために一時帰国し、一燈園を訪れた。結局、石居は、アフリカ進出については延期し、当面はジャワに農機具やポンプなどの新規商品を紹介し、現地人との商売に力を入れることとし、同時に天香にジャワへの訪問を依頼した（石居太楼「半世紀の歩み」）。昭和七年一月二十七日の天香の日記に「午前石居太楼氏と語る。……ジャワ行を約束する。六月十九日神戸出帆、浅間丸とする」と記されている。しかし、この時点で天香のジャワ訪問は実現しなかった。

二月十日、天香は六十一歳の誕生日を迎えた。この日、天香は愛善無怨堂に光卍十字の事務所の札をかけ、さらに「光卍十字の旗を試みに掲揚」した。また、この頃、一燈園の同人や光友の間では、満州で罹災した朝鮮人の子供に対する慰問として、一日に三時間ずつ余分の労働を行い、その成果を寄付することを決定している（「燈影雑記」122）。

天香は二月二十九日から三月一杯を福岡、長崎、熊本、鹿児島、宮崎、大分の九州各地で講演し

（ゆたか「九州托鉢随行記」124、小曽根均治郎「九州托鉢随行記」125）、四月四日に東京で開催された大日本禁酒連合同盟総会に出席するなどした後、四月中旬に満州に向けて出発した。満州事変勃発後、初めての満州訪問であり、この間の三月一日には満州国の建国が宣言されていた。

天香は四月二十日に安東に到着、奉天から大連に移動し、翌二十一日にある光友宅で「燈影荘と光十字及び光卍十字旗」について話している。そして二十五日に燈影荘を訪れ、光卍十字旗の掲揚式を行い、光卍十字についての講話を行った。翌二十六日より托鉢旅行の途に就き、旅順から長春、さらに吉林に至る各地で講演を行い、六月十五日に釜山より下関に帰着した。引き続き、天香は福岡一帯で講演や托鉢を続け、六月二十二日に帰林した（三上和志「満州国を貫く」125-127、多田稔「福岡御托鉢記」127）。

**江口定条満鉄副総裁の燈影荘訪問**
（昭和6年10月4日）
（先頭に杖をつく江口と案内する山崎寿，左後方は燈影荘の建物）

今回の満州托鉢は、光卍十字の理念を実践に移す端緒として位置づけられていた。そのため、天香は満州を離れる直前に、安東の田村忠一という光友に対し、共に食べる食事を高粱《コーリャン》を中心とする粗食とすることを依頼し、それで浮いた費用を匪賊によって苦しめられている満州の人々に寄付することを申し出た。寄付金はその光友の友人で公安局長であった姜全我に託された。寄付金を託された姜は、天香に昼食の饗応を申し出、天香はこれを簡単な食事であるなら、という条件で受けた。姜は「思召に感心した」として、中国の慣習に反した質素な饗応をし、自らも今後、贅沢を慎みたいという心情を伝えた。このように天香は、社会的底辺や苦境にある人々に思いを馳せ、自らの行動を律しようとする気持ちの中に、国境や民族を超えた融和の可能性を見出していた。それが、天香が「光卍十字」に込めた思いであった（天香「光卍十字を提唱するわけ」127、田村忠一「高粱飯」442）。姜は後の昭和十七年、熱河省長として、燈影荘から熱河省に指導員として赴任してきた中田晃を支援することになる。

### 政治の役割・個人の役割

天香の「光卍十字」に込めた思いは、満州に対する個々の日本人の姿勢をただすだけでなく、政府に対する働きかけとしても表れた。帰国直後の六月二十六日夜に天香は上京し、三十日に江口定条の紹介で斎藤実《まこと》首相と会見した。天香は日記に、「約四十分満州問題を中心にして聞いてもら」ったと記している。その後、八月の夏の集まりや九月の富山、長岡、郡山、福島での講演を経て、十月に再度上京し、今度は荒木貞夫陸相と会見した。江口定条と、かつて陸軍の教育総監を務めた大庭次郎の仲介によって会見が実現した。大庭の長男・三郎は昭和五年八月に一燈園に入園し、すわらじ劇園の創設後、その道具方で働いていた（「スクリーンとステージ」『大阪朝日新聞』）。

京都に戻った後、天香はこの年二度目の満州訪問を計画した。そしてその出発直前の十一月八日、天香は日記に、「朝霊感に打たれて、にわかに照月をともなひ、法隆寺に詣づ。事務長佐伯良謙氏にあひ、大連聖徳街太子堂献灯の事を告ぐ。快諾、直ちに太子殿に於て良謙師、役僧一人にて般若心経、普門品偈、三十呪を読誦され、次に入場（自分及照月）、不滅燈をもらひ懐炉に移し、退場し、事務所にて太子伝及摂政の御影をいたゞき辞して帰る」と記している。天香は十一日に門司から船で大連に向かい、翌日に到着、聖徳街太子殿に法隆寺よりの分灯を献灯した。天香は、満州問題の解決には軍部の力が必要であることを認めた上で、自らを捨てて日満友好に尽くす宗教的精神に、軍部には不可能な一燈園の使命を感じていた。十二月九日に天香は、斎藤首相、荒木陸相に続く形で武藤信義関東軍司令官兼駐満大使と面会した。この時、天香は一燈園の経験に基づいた日満融和の実例と、ある匪賊の帰順の例を取り上げながら、武断的態度とは異なる満州に対する接し方について話をしたようである。

天香は十二月二十九日に大連を出発、朝鮮半島を経由して三十日に釜山を出港した。翌朝七時に下関に到着し、午後九時に京都駅に到着、そして午後十一時半から路頭に立ち、蹴上の麓筵居で除夜の鐘を聞き、中村屋で泊まった。慌ただしく光泉林に戻り、そこから路頭に出るというのは、過剰な演出のきらいもあるが、それだけ光泉林を預かり物として改めて継承し直すという行事を大切にしていたのであろう。

昭和七年の大晦日に帰林した天香は、光泉林の付近に畑の小舎（畑の小屋）なるものができているのを知った。これは、国鉄沿線に建てられた小屋で、境重蔵と鈴木八重造の二人の同人が失業者やルンペンの世話に当たるために作った小屋であった。境はこの時三十歳、名古屋で貧しい人々の世話を

畑の小舎内部
（左は境重蔵，右は鈴木八重造）

五年余り行った末、一燈園に入園していた。鈴木八重造は古参同人で三十三歳、大正十四年に朝鮮に渡り、仁川や大邱で托鉢を行っていた。小舎建設のきっかけは、ある朝鮮人入園者による在日朝鮮人失業者の救済活動を紹介した、昭和七年八月六日の天香の講話であった。畑の小舎は、市街のがらくたなどを拾い、売ることで、「どん底からの自力更正を試み」ると共に、余儀なく底辺の生活を送らざるを得なくなった人々と路頭の生活を共有し、一燈園への入園とは違った形で彼らの再生を促すことを目的としていた。

一月三十日に行われた畑の小舎の相談会では、「鉄道自殺の人に対しての禱り」「一宿両餐の客の分担」「ルンペンさんの一夜の友となり得れば」「路頭の体験を試み度いと希望される方々へ」「園及林の願に添はざる方の為に一燈園や光泉林、と言ふ背景なしに相談にのる事」といった方針が定められた。畑の小舎は新聞でも取り上げられ、半年後には三十人近い寄宿人がいたという（「一燈園への道」134「大阪毎日新聞」昭和八年一月三一日より転載、立山不退「光泉林日記」134、天香「光生活の新年言志」145、鈴木八重造・境重蔵『考え詰った時妙な相談場所がある』）。

昭和八年五月三十一日、塘沽《タンクー》停戦協定が締結され、満州事変は終結した。満州事変には児玉良三という同人が出征していた。児玉は、飛行中隊に所属する整備員で、昭和七年はハルビンから斉々哈爾《チチハル》、満州里にまで出征し、昭和八年三月からの熱河作戦にも参加し、除隊した。児玉は出征中や除隊後、軍隊生活の様子について、一燈園としての軍隊との関わりを他の兵士から質問され、「一度死んで一燈園の門をくぐつてきた私には問題でありません」と答えたことや、「戦地に長く居りますと、人々の心は次第にすさ」むようになり、「明日を知らぬ若人は、暇ある毎に酒色に溺れ、戦友を傷け、上官に反抗し、向上の心少くな」るといった実情、そうした中で児玉は、「学術優等、品行方正な人々より」も酒飲みや「家庭に恵まれずに人生を横目で見る人」と多くつき合ったが、「この様な人々は案外正直」で、「一度信じたら背かぬ人々であ」ったこと、さらに、ある九州出身の軍人が爆弾で右手の三本の指を失い、児玉が「勤務の暇を見て一晩泊りがけに」見舞ったところ、「色々話しました後に、一燈園の事もでまして、是非、本も見たいと云ふので、当番様より送られました光誌一冊あげました。真面目な顔で読んで居られましたが、やがて後送され、後に東京第一衛戍《えいじゅ》病院まで送られ、大変皆に親切にされ、只今は阿蘇の山中で百姓さんをなさつてる」という手紙を受け取ったことなどを紹介している（児玉良三「軍事郵便」134、「戦地より帰りまして」148）。児玉は帰林後、燈影学園での子弟教育に携わることとなる。

　昭和八年八月三十一日、京都府より私立燈影尋常小学校設立の認可が下された。これに先立ち、校舎の建設が始まっており、学園長には相空華が就任した。小学校は燈影学園の一部門として位置づけられた。また、天香は学園の理念として「行余学文」を掲げた。これは『論語』学而第一の中の「行有余力、則以学文」（行いて余力あれば、則ち以て文を学ぶ）に由来する。単なる知識の教授でなく、児童が正しい生活を送る中で知識を得ていくことを理想としたのである（田北耕也「学園たより」142）。

## 北満視察、保太郎の死

昭和九年五月四日に天香は満州に向けて出発した。今回は、旧参ないし特別な同人を特に満州に同行している。天香の他、一燈園当番・鈴木賢太郎、回光社・野田黄泉、燈影精舎・松井浄蓮、刈谷宣光社・高橋不倦、ハワイ当番・本多鶴之助に、相水月、井上祥月、黒部綾月、家田かよの四人の女性の計十人の一行となった。天香は同人は神戸から出港したが、天香のみは所用を済ませた後、門司から乗船し、七日に大連に到着した。今回の満州訪問はすわらじ劇園の満州公演とも重なっており、天香に先行して大連に到着していた劇園員も天香を迎えた。

一行は十三日に燈影荘を訪問するなど、満州における一燈園同人の足跡を見学した。その一方で天香は、今回の訪満に際し、満州国および関東軍の要人と面会し、日満融和に向けた一燈園の経験を参考に資しようとしていた。そこで天香は、菱刈隆・関東軍司令官や岡村寧次《おかむらやすじ》・関東軍参謀副長と面会し、さらに六月一日には、満州国首都の新京（旧・長春）で、満州国国務総理の鄭孝胥と会談している。鄭は清朝の元官僚で、一九一一年の辛亥革命で清朝が滅亡した後も溥儀に従っており、満州国の建国に際して国務総理に就任していた。会談で天香は、近代の戦争が多くの一般人を巻き込まざるを得ないことを話したり、それとは対極的な試みとして燈影荘が存在することを紹介したりしている。天香は六月二日に奉天に戻り、近郊を巡った後、六月十六日に新京で再び鄭国務総理と面会した。天香はこの日の日記に「午後三時より六時過迄語り続く。総理は殊に喜びのあふれたるが如く、自分又同様の喜びなり。天香と一燈園は十二分に総理の魂に了解されたり」と記している。

六月二十一日に天香は再び新京を出発し、北上した。ハルビンより北の地は今回が初めてで、斉々哈爾からさらに北安へと移動した。満州事変の終結から一年余り、依然として治安の回復しない状況を含め、天香は二十二日の日記に次のように記している。


朝七時半、斉々哈爾を出発す。青木氏外、城崎氏などに送られて出発、北安につきしは午後二時なり。斉々哈爾以北は次第に土地が肥へてあるやうである。農家もはいり、土地も耕されてゐる。午後七時よりクラブにて講演をする。

此地此行の最北なり。茲より二百七十粁北に大黒河あり、そのむかひが黒竜江を距て丶ブラゴエースチエンスクなり。此区馬賊出没、昨日も一昨日も馬何千頭、荷物何千台ととられたとの話しあり。自動車の車掌運転手の室にとめてもらふ。


天香は翌日、馬占山の旧戦跡や馬の根拠地であった海倫を経由してハルビンに戻り、国際ホテルを経営する寺村詮太郎という人物に迎えられている。寺村は長浜出身、保太郎の小学校時代の友人で、昭和十六年には石原莞爾の光泉林訪問を仲介する。天香はその後、主に奉天周辺で活動し、七月十六日から翌日にかけて釜山から下関に渡航した。

なお、天香が満州に出発した直後の六月二十八日、ドイツの建築家ブルーノ・タウトが光泉林を訪問していた。タウトは、「これでも家屋かと思われるほどみじめな小屋」や「初期基督教徒にでも見るような清純善良な顔」をする子供などに強い印象を受け、一燈園について「トルストイズムやガンディズム或はクエーカー派に似ている」と記したが、同時に、「素人くさい絵」を掛けたり、紛い物の「マリア像」（おそらくコルベより贈られたもの）を飾ったりしながら、そこに「純真な心」を結びつけていることに、不釣り合いな印象を受けていた（篠田英雄訳『日本――タウトの日記』〈一九三四年〉三三二～三三九頁）。表現主義の立場から東洋の美に関心を持ったタウトにとって、制作者の意図や思い、由来から作品を評価することは、感性になじまない部分があったようである。

帰国した天香は、八月の夏の集まりなどに出席した。しかしこの頃、長男の保太郎は、病床にあった。保太郎の病状は九月に悪化し、十月十四日未明二時十五分に死去した。天香は保太郎の最期の様子について、十三日の日記に次のように記している。

朝より保香の処につききりなり。朝から形勢悪し。九時頃自分にも「長々お世話になりました」と別れの言葉を出す。自分も「やりにくい処をやらせておいてすまなんだ」と云ふたことであつて、皆に礼をいふ。次から次へと数十人に別れる。和子、武、不二子にもあふ。

「武、おとうさんサヨナラといひなさらんか」と保香が云へば、武、其通りを真面目な顔をしていふ。

天香は翌十四日の日記に、「午前二時十五分、西館に於て照月、諸君、田中ふき、漣月、自分にまもられて、保香目出度帰光したり。実に立派な死に方にて、満足以上なり。死は既に覚悟でありながら、出来るだけ頑強に養病したる事、けなげなり。又、其為すべき事の全部をなして、帰光したるやうなり」とも記している。この年の後半、天香の日記には金融機関とのやりとりに関する記述が増えている。保太郎が分担していた宣光社の会計部門を整理していたのであろう。

## 4　六万行願大結成

### 台湾訪問

昭和十年四月、天香は十二年ぶりに台湾に向けて出発した。大正十三年に天香を招いた松本安蔵と平戸喜代治が天香を再度招聘したのである。同行者は、照月、刈谷の高橋不倦、横浜の黒部心水の三人であった。天香の渡台に先立つ三月三日から四月三日までの一か月、すわらじ劇園が台湾を巡業しており、劇園はさらに四月十三日から五月二十五日まで満州での巡業に臨んだ。天香らは台湾で震災の発生した翌四月二十二日に神戸港を出航し、二十五日に基隆港に上陸した。二十六日に台北の末広高等小学校で五百ないし六百名の生徒を対象に講演を行い、托鉢旅行が開始された。天香の講演の間、同人や平戸喜代治ら台湾における光友たちが学校の清掃に当たった。

今回の訪台で天香は、十二年前に出会った施乾という社会事業家と再会している。四月二十九日の天長節に、天香は施乾の創設した愛愛寮という慈善施設を訪問した。施乾は一八九九年、淡水鎮の生まれ。一九一二年に台湾総督府工業講習所に入り、一九一九年に台湾総督府殖産局商工課の技師に抜擢された。ところが、一九二一年に台湾総督府が行った台湾全島の貧民調査に施乾も加わり、施乾は下層民の惨状に接した。施乾は翌一九二二年に台湾総督府を退職し、愛愛寮を創設、慈善事業に生涯を捧げることとなった（宮本義信「『台北市市立愛愛院』の思想と実践」、金子保「台湾の社会事業家施乾と愛愛寮の開設」）。一九二四年の天香の最初の台湾訪問の際、天香は施乾と面会していた。その時、施乾は天香に台湾総督府における地位を捨てたのは、『懺悔の生活』を読み込んだ結果であることを話したという。台湾総督府への勤務を捨て、貧民の世界に身を投じていく決断に、施乾が『懺悔の生活』から汲み取ったものが反映していたのであろう。

十二年前、施乾から愛愛寮創設の経緯を聞いた時、天香は「自分の著書から産れただけに責任を感じ、其前途を心配して帰つた」という。しかし、施乾の事業は日本の内地でも高く評価され、皇室から下賜金が付与されるなどの注目を浴びた。天香が愛愛寮を訪れた日、天香は「当時訪門した家は只少さき小屋なりしが、今は立派になつてゐる」と記し、同行した高橋不倦は、「松本さんの御心尽しで台北の愛々寮見学。台北市及其付近の乞食さんの収容所で、創立者施乾さんは本島人。かつて総督府の判任官であつたが七十五円の俸給を抛《なげう》ち、私財を投じて此寮を経営さる。其道心の発端は十二年前天香師渡台の節、『懺悔の生活』を読んだ事に在りと」との感慨を記している。天香の二度目の訪台に先立つ一九三四年、施乾は当時二十四歳の清水照子と結婚していた。清水は京都の素封家の家に生まれながら施乾の事業に感銘を受け、施の許に嫁いでいた。施乾は一九四四年に脳溢血のために死去し、さらに大東亜戦争の敗戦と台湾からの日本人の引き上げという厳しい事態を迎える中で、愛愛寮は照子によって引き継がれていく。

天香らは、四月二十五日の基隆上陸の日から五月十三日まで台北に滞在し、以下、新竹、台中、嘉義、台南、高雄、屏東、高雄、虎尾、台北、宜蘭、基隆、台北という行程で台湾東岸を南北に縦断し、六月三日に基隆から内地に向けて出航した。

天香は六月五日に門司に到着するが、その前日の日記に「台湾は滞台日数四十日、講演は壱百〇四回であったとの事。聴衆三万余人と随行者は記録してある。帰るまぎわに非常に真剣な人達が出来て有功であった。何れも『宣光社とは何ぞや』といふ事に結論される」と記している。連日、三回から四回の講演をこなし、五月十八日には座談も含めて八回の講演を行っていた（天香「台湾再遊」163、高橋不倦「台湾随行記抄」163-164）。

満州夏期大学　新京公会堂前に鄭孝胥満州国国務総理を迎えて（昭和10年7月）
（左端が鄭孝胥，天香は手前中央）

内地に戻った天香は、七月十五日に満州に向かった。今回の渡満は、夏期大学と称する講演会を京城（七月二十一日～二十三日）、奉天（七月二十五日～二十七日）、新京（七月二十九日～三十一日）、大連（八月二日～四日）で開催するためであった。講演者は天香の他、岩橋武夫と大森研造・九州帝国大学教授の三人であった。講演会終了後、八月七日の京城光友会の発足に立ち会い、八月八日に釜山から下関に渡った（松下吉衛「鮮満托鉢随行記」166-167、「京城光友会発会式」165）が、それから一か月余り後の九月十七日、奉天では三上和志の下で新たな奉天一燈園の建物が完成した（三上和志「無怨堂窓外」396）。しかしその一方で、この年六月に福岡一燈園の多田稔が死去した他、年末の十二月二十二日には、光泉林で井上竹水が狭心症のため急逝している。享年五十一歳（「井上竹水さんの帰光」170）。

**六万行願旗**

昭和十一年一月二十七日、天香は六万行願の旗章について啓示を受け、中村屋で具体的図柄を完成させた。卍を囲む円とその円を囲んで接する六つの半円の間に朱色が施されることで、中央の円が燃え上がり、あるいは光を発しているかのような図柄となっている。六つの突起は、六度の行を象徴している。光卍十字が、卍を光の前面に出すことで意思の強さのようなものを感じさせるのに対し、六万行願旗章は、丸みを帯びた卍が円相と赤光に囲まれることで、柔和さや「生かされる」精神、そしてそれが放つ輝きを象徴的に示しているのであろう。天香はこれを、宣光社を象徴する光卍十字に対し、一燈園を象徴する旗章とした（天香「愈々不二の光が本格的に」171）。

天香は、六万行願の旗章について啓示を受けたことを契機として、「講演を半ば断り、それを六万行願の陣頭に用ひ、下坐の懺悔にいそし」むことを決意した。そして天香自身の誕生日の二月十日に「禱告式」を行い、衆議院議員総選挙投票日の二月二十日に各戸への行願を開始することとした。「禱告式」とは、「六万行願を今度本格的にやらせて頂きますと云ふことを、㋪光に禱り告げ」る式であり、これに合わせて六万行願旗を光泉林奥の帖半寮に掲げた。天香は禱告式に際し、六万行願についてあらためて同人一同に説明している。それによれば、一軒の家に長期托鉢していても、個人の修行にはなっても、托鉢先に対する自利利他の効果が上がらない場合がある。そこで「なるべく僅な時間に沢山の家に行つて、一燈園の因縁を結ぶやうにと、この六万行願は生まれた」という（天香「暁天に翻る行願旗」171）。

行願は当初、総選挙の綱紀粛正への祈りも込めて選挙当日の二十日から開始する予定であった。しかし、行願地域での準備が当局にとって選挙活動と紛らわしくなるおそれがあったため、二十日は行願始めとして京都御所の清掃に当て、行願は三月一日に行われることとなった。その間の二月二十三日、天香は日記に、「今朝ふと六願行願発願文のかわりに此歌をよむ。自から感極まつて涙をもやうす」と記している。ここに記された和歌とは次のようなもので、これらは六万行願歌として行願に際して朗唱するものとなり、後に二首が追加された。

六万行願旗章

あめつちの神みそなはせ徳たらぬ
　身にふさはしきわが行願《ねぎごと》を
なべて世のさはりの根をばたづねゆきて
　おのがつみとぞかへりきし行願《わざ》
ねがはくは水月道場《にわ》かしたまへ空華万行《このわざ》は
　わが日の本の地がためなり

京都御所での行願（昭和11年2月）
（皇宮警察にて　天香と岩橋武夫）

行願は三月一日から六日間、京都市中京区の約一万二千戸に対し、同人二百五十五人、光友百三十三人によって行われた。最年長は元・京都帝国大学医科大学教授で、禁酒論者であった松浦《まつうら》有《う》志《し》太郎《たろう》の七十二歳、最年少は天香の孫・武の七歳であった。三月一日未明五時に一同は起床し、朝食後、積雪の中を素足に下駄履きで集合、行願旗の下に整列し、王雲を唱えて精神を統一する王雲三昧の後、隊列をつくって光泉林を出発、本部となる小学校で再度整列し、各班毎に別れて二人一組で戸毎に行願を行った。今回の行願は、〇の円相を中央に「このこころ、この身、このくらし」の文字を染め入れた手ぬぐいを天蓋として頭に被り、衣裳を揃え、行願旗を先頭に整列して移動するなど、組織的に行われた点に特徴があった。天蓋についてはおそらく、昭和七年の長浜行願の頃までに完成され、行願に際して被られるようになっていたようである。これまで天香は、個人単位の修行を重視し、個人的な関係の広がりを全国から世界へと拡大していく活動を主としていた。対して今回の行願は、長浜行願を踏まえ、各地に広がった同人や光友が光泉林に集合し、そこを拠点に短期間ながら大規模な行願を行った点に特徴があった（田北耕也「本格的六万行願の事始め」171、「最初の六万行願大結成」172）。

今回の行願は、小中学の生徒五十一名が参加したという点でも、画期的であった。行願終了後、ある六年生の児童は、「私の六万行願で一番感じた事は、学校のお便所掃除をさして頂きに行くと、わい〳〵さわいで、おしよせて来られます。そして有難うと言はれる人や、『便所掃除、便所掃除』とはやされる人もありました。有難うと言つた人は大変お行儀の良い人ばかりでした。私は、先生の前ばかりでお行儀がわからないで、こんな所からわかるのだと思ひました」という感想文を提出している（田北耕也「小学生の六万行願」172）。

京都における六万行願の決行に触発され、三月二十一日には名古屋においても六万行願が結成された。天香もこれに参加し、さらに四月中旬以降、東京から、日光、桐生、宇都宮、秩父、前橋、次いで新潟県長岡市から、直江津、高田、滑川、富山、金沢、大聖寺、福井、武生、敦賀の各地で講演を行い、五月十六日に京都に戻った。北陸の托鉢旅行では、四十日間で百三十回の講演をこなすと共に「六万行願の小結成」を各地で行っていた（「名古屋六万行願第一次結成記録」172、天香「北陸を巡りて」174）。天香は引き続き六月六日には博多に向かい、前年死去した多田稔と二月十八日に急逝していた大森研造、そして多田稔の後を追うように五月二十七日に死去した妻の多田静代（旧姓杉谷、大正十一年に入園した十一年組と呼ばれる古参同人で、享年四十歳）の三人の慰霊を行い、七日と八日の二日間、六万行願を行った。ところが、その最中の八日、天香は体調を崩し、京都に戻った。腎臓の疾患のためであった（天香「公休暇」、須藤義樹「全九州光友六万行願結成の記」175）。

七月、御陵一燈園が光泉林内に移転することとなった。七月初旬、一燈園当番の鈴木賢太郎が天香を見舞いに訪れたところ、ある手紙を渡された。それは、ある光友が自らの衣類を処分して天香に捧げた供養であった。天香はその資金の使い道を考え、一燈園に渡すことにしたという。その時、天香は鈴木に対し、「うちで一番大事にしなくてならないものは一燈園の同人達である。いつも最前線に立つて祈つてゐて下さるばかりか、捧げること深く恵まれることが最も薄い。それなのに私はお会ひする機会も殆んどなく、形の上では一番冷遇してゐることになつてゐる。その同人達のために費はせて頂く事が、このお金にとつて最もふさはしいことのやうに思へる」と語った（鈴木賢太郎「御陵たより」176）。

元々、天香は一燈園を創設したといっても、一燈園に居住することは稀であった。それは昭和年間においても同様で、天香は、他府県や海外で講演をしているのでなければ、京都では光泉林に泊まることが多かった。しかしこの時期、光泉林の奥には旧鹿ヶ谷の一燈園を再現した新たな建築がほぼ完成しており、まもなく一燈園は光泉林内に移転した。しかし、他方で畑の小舎は、市街地建築物法に基づく京都市からの命令で、八月三十一日に撤去されることとなった（「光泉林たより」177）。

## 台湾・ジャワ托鉢

八月十一日から十五日にかけて開催された昭和十一年度の夏の集まりは、天香の不例のため、予定を縮小して開催された。ところが、天香は八月二十一日には、体調不良を押して台湾に向けて出航する。この年三月、台湾総督府のある局長から、全島の教育者を対象とする講習会の講師として招かれていたためであった。当初、講習会の予定は夏の集まりと重なっていたが、日程をずらしても渡台して欲しい旨が伝えられ、引き受けることとなった。天香の渡台については医師も賛成しなかったが、招聘者の熱意に応えたのである。同行者は照月、相空華、そして大阪西田家の西田保、岡村久雄の四名であった（天香「今年の夏の行事」、「光泉林たより」177）。

　台湾総督府主催の社会教育講習会は、台北より三里半離れた温泉地で、八月二十九日から九月十四日にかけて開催された。台湾全島の小学校長および台湾本島人の小学校たる公学校長が参加しており、天香は十三回の講演を担当した。心配された天香の体調は良好で、講習会終了直前の九月十三日には、台北において六万行願が結成された。この日、早朝六時半に健功神社の境内の清掃をし、九時半から市内の各戸、学校、公設市場、共同便所などの清掃に当たった（相空華「台湾随行」178-179）。

　本来は天香の体調を気遣い、講習会以外の仕事は行わないはずであったが、現実にはその後も、十五日から十月三日まで、日に一回から三回の講演を引き受けた。二十四日から二十九日までの嘉義や台南、高雄といった台湾南部の講演は相武次郎が代講したが、旅程を無事に終えることができた。天香は十月九日に神戸に帰港し、同日光泉林に帰着している。それからしばらく後の十一月二十七日、アメリカよりテレシナ・ローウェルという女性が光泉林を訪れ、一燈園に入園している。ローウェルは、翌年七月に帰国するが、その後もアメリカで一燈園生活を実践し、その様子を『光』誌上で報告している。

ヘレン・ケラーとの会見
（大阪ライトハウス，昭和12年４月19日。
左より岩橋武夫，ポリー・トムソン秘書，
ヘレン・ケラー，右上方に天香）

　昭和十二年一月二十四日、天香は淡路島の洲本町で六万行

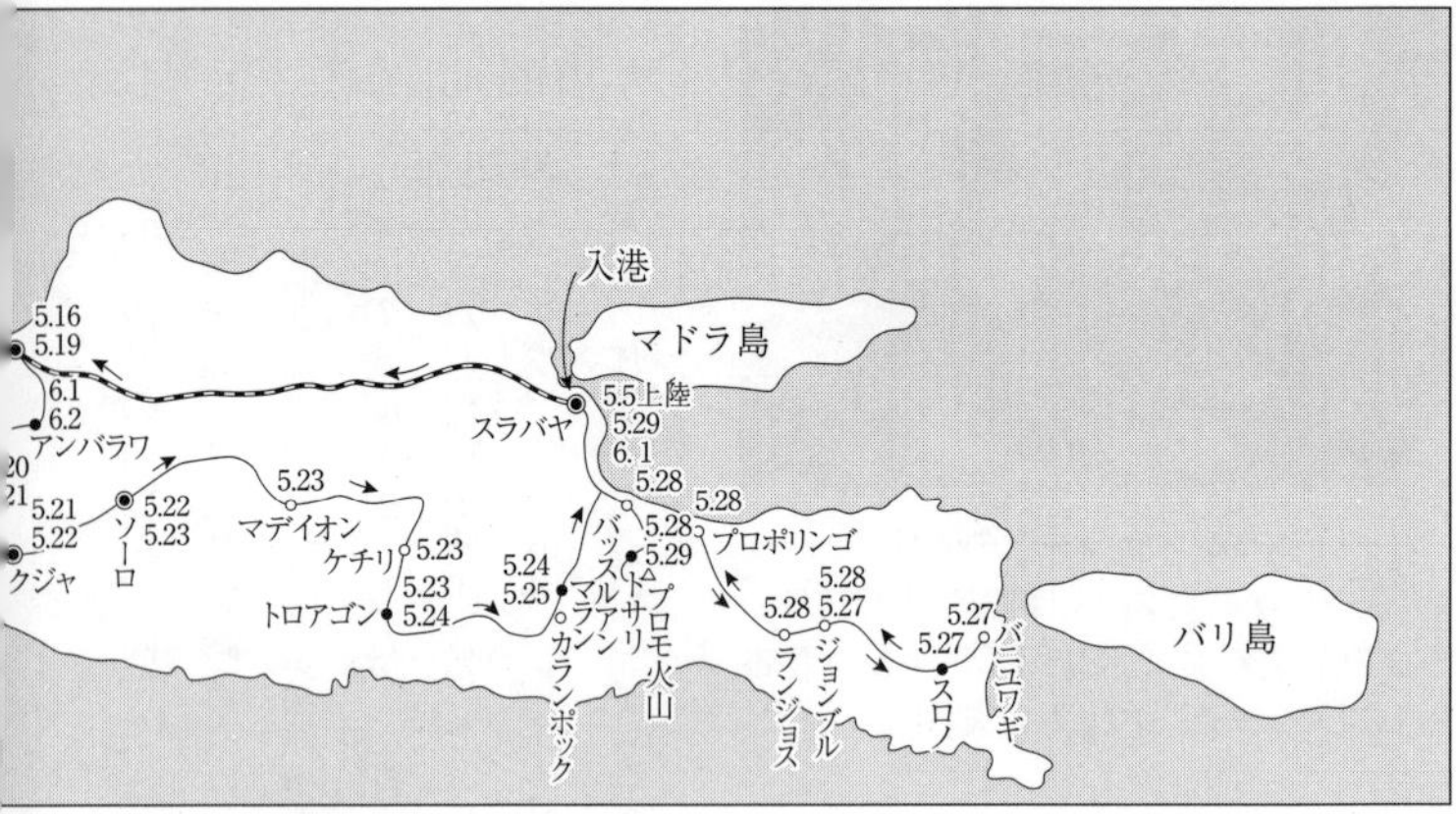

ジャワ行程地図

願に臨んだ。その一方で、二月四日の天香の日記には、石居太楼からの連絡として、「天香氏御夫妻御巡錫は邦人慰問、日蘭親善、文化使節として便宜上ジヤワ日本社の招聘とせり。各地日本人団体及び外人側の托鉢御講演希望あり、四週間の御予定乞ふ」との記述がある。昭和七年以来、延期されてきたジャワ訪問をいよいよ決行することとなった。まもなく、四月十八日に神戸を出港し、以後七月十日頃まで、ジャワ、シンガポール、タイ、香港、マニラ、台湾、上海をめぐる日程が組まれた。帰国が七月十日頃に設定されたのは、来日予定のヘレン・ケラーとの会合を予定していたからである（天香「南洋行脚」184）。

その間の二月五日、天香は昨年に引き続く京都市内における六万行願を発願している。約一か月の準備の末に、三月一日から六日間、第二回六万行願大結成が実施された。参加者は千四百名余、昨年の中京区に隣接する下京区を中心に、一万二千戸余りに便所掃除を通じて契縁を行った。こうした、光泉林を拠点とする大規模な六万行

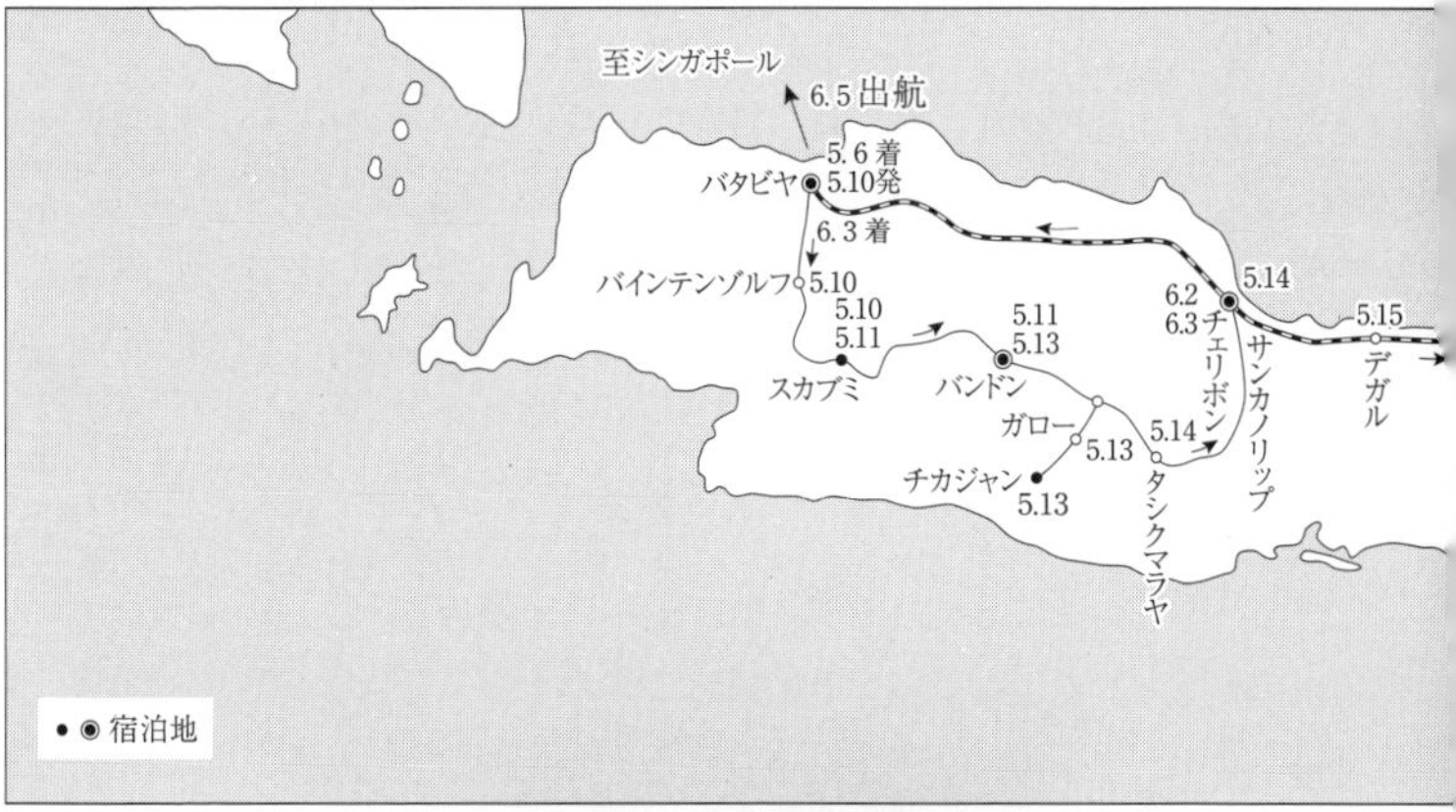

ジャワ，ウィルヘルミナ公園で
（昭和12年5月9日）

ジャワ，ボロブドゥール遺跡前にて
（昭和12年5月21日）

願の成功は、これ以降の六万行願に引き継がれたばかりでなく、より広範囲な一般人の参加を想定する「智徳研修会」創設の基礎ともなった（松井浄蓮「第二回六万行願大結成記」184、185）。

天香は当初、四月十八日にジャワに向けて出発する予定であったが、これを数日遅らせ、四月十九日に大阪のライトハウスで岩橋武夫と共にヘレン・ケラーと面会した。その直後、四月二十二日に神戸港を出発し、ボルネオ北東部のタワオ、セレベス南部のマカッサルを経て、五月五日にスラバヤに上陸し、急行で西方約八百キロのバタビアに向かい、講演と托鉢を開始した（「天香師爪哇御巡錫一覧表」188）。

天香は、セレベスに上陸した五月三日の時点で、今回のジャワ訪問の目的について、「第一爪哇《ジャワ》の島守の神様とも云ふべき大自然にぬかづきたい事。第二に和蘭政府及日本の官憲の方々に御挨拶をしたい事。第三此国で物故された邦人の墓詣で。第四に現在活動して下さる在留邦人の方々に国家の名により御礼を申し上げたい事。それに機会があれば爪哇の郷土の人等にもあひたい事など」（天香「南洋巡錫声明」187）と記していた。ジャワにおいては、日に何回かの講演や座談会を行う合間に、公園の清掃や邦人墓地への参拝をこなした。また、ジャワにおける観光で、天香はインドネシアには多くの仏教遺跡がありながら、今日ではイスラム教が広く行き渡っていることについても感慨を深くした。天香は五月二十一日にボロブドゥール遺跡を訪問したが、そのすばらしさを称える一方で、「仏教が芸術的に備はつたりする頃は、もはや生命が亡びてゐるのであるまいか」「ボロブドウル仏蹟を見て同じ思ひ」がしたことを爪哇日報の斉藤社長に宛てて記している（天香「爪哇随感」188）。

ジャワからの帰途、天香はマニラにも立ち寄る予定であったが、日程が押していたために中止して台湾に渡り、七月一日に高砂丸で台湾から帰途に就いた。神戸到着は七月四日、盧溝橋事件勃発の三日前であった。なお、前年に来林したローウェルが十四日に帰国することとなり、天香は京都駅に見送っている。再会は戦後となる。

## 5 戦時下の光泉林

### 托鉢と兵役

昭和十二年七月七日の盧溝橋事件の勃発後、八月中旬に第二次上海事変が勃発し、全面戦争に拡大した。支那事変には、ジャワに同行していた西田保の他、大橋誠や新村隆二といった同人が出征している。さらに、九月三十日には相武次郎が死去し、十二月八日には細原華子が死去している。この頃、古参の同人や光友の死去が相次いでいた。

相武次郎の告別式は十月二日に行われたが、その翌日、天香は一燈園、光泉林の一同に対し「非常時局に当たつて一燈園も一層の深禱を籠めねばならない」と述べ、一燈園生活の理解の程度と今後の覚悟の度合いについて確認を求めた。相の死去の直前、九月二十四日に入営した大橋誠からは、「平素無心に便所を掃除し、無心に廊下を拭くと同じ心持で、戦場に於きましても無心に敵を突き殺し、或は又自分が敵弾に中りました際には、『ア、さうであつたか』と、莞爾として死に就く事が出来るやうな工夫が出来ますれば、戦場も亦無相の楽園であるべきであると存ぜられますが、聞く処によりますと、いざ戦闘となりますと、平素少しばかりの修養などは全く何の役にも立たぬのが普通であるさうであります」との手紙が届いていた。天香は同人一同に大橋の手紙の一部を紹介しており、おそらく、それに通じる覚悟のほどを確かめようとしたのであろう（「おたより」190、天香「こだはりがなくてよい」、「光泉林たより」191）。

国家間の戦争には長期的要因や短期的要因など様々な原因が介在しており、特定国の一方的な意思のみによって勃発するということは稀である。それは、今次の支那事変についても、後の大東亜戦争についても同様であった。しかも、戦場に臨んだ個々の兵士はあくまで国家的義務に従って戦闘に従事したのであって、私怨によって敵兵を殺傷したわけではない。戦友の戦死や戦傷を機に敵に恨みを持つことはあるが、他方で最善を尽くす戦場の経験が、敵味方を超えた戦後の交友につながった事例も存在する。一燈園の精神は、平時において戦争の原因にならない生活をしながら、戦時に際しては国家的義務を回避することなく、むしろ最も辛い仕事を引き受けようとするものであった。その上で、戦争によって引き起こされる怨恨の連鎖をどこで断ち切れるかという問題があった。右の書簡における無心の殺傷や戦死という理解は、そうした限られた個々人の状況の中で、国家的義務と国家を越えた和解の可能性とを両立させようとする一つの試みであった。

### 行願に込めた願い

十二月、天香はこれまでの京都や名古屋、滋賀における三万戸以上に及ぶ六万行願を踏まえ、来年春までに七万戸の行願を行い、一万戸の大結成を十回、総計十万戸の契縁を行うとする六万行願十大結成を掲げた。十二月十五日より、京都洛南の久世郡九ヶ町村、宇治郡宇治村から着手し、本格的には昭和十三年一月十日から奉行することとなった。行願は奈良市、滋賀県栗太郡、鐘紡兵庫工場、京都市東山区、伊勢神宮周辺、名古屋他の近畿の各地で行われた（天香「六万行願十大結成に就いて」192、他192－196各記事）。

昭和十三年、天香は四月から七月までと十月から十二月の二度に渡り、満州から華北および上海を訪問している。最初の満州訪問は、四月二十六日に大連に到着し、即日奉天に移動、北京に向かうという行程であった。この間の行動について、詳細な記録は存在しないが、天香は概略について次のように記している（天香「爆弾のあとへよい種を」200）。

四月廿三日に京都を出発して、七月廿二日に帰つたから、丁度予定の三ケ月であつた。大連、奉天を経て京奉線で天津につき、茲で昨年事変前後の模様を聞き、……前の国務総理であつた靳雲鵬氏を訪ひ、先づ入京前の心構へを作り、五月一日北京に着き、大玄関の大尾駅長の世話になり、旧友清水安三君の肝いりで、万福麟の邸宅に行李を解いたが、待受けてゐてくれられた柯政和君夫妻の手を握り、王克敏の代りに狙撃され、目下入院中の山本栄次氏を即日見舞うたが、此日が丁度臨時政府の主席としての王克敏が東京に着かれた日であつたのは奇縁であつた。

隣邦支那の首都に始めて足をつけたのであるが、是から自分や一燈園が、永い未来にどのやうな密接なことになるか、またどんな奉公が出来るものか、神ならぬ身の知るよしもないが、兎に角五月一日は記録に価する日であらうほどにあらゆることを頭のうちに往来させたものであつた。準備を終へて天津より同人一行を翌日呼び迎へ、訪問、托鉢、講演、見学、それ〴〵の打合せをもすませて、五日一先満州へいつた。鉄道総局の依頼で、沿線主要の処を一通り托鉢講演、此間約五十日再び北支に帰りしは六月二十一日であつた。

引用中の清水安三は、同志社大学、アメリカのオベリン大学に学び、満州や中国でキリスト教の布教や、貧民の救済、教育に当たった人物。戦後、桜美林学園を創設する。柯政和は台湾出身の音楽家、日本留学を経て、一九二三年より北京師範学院で音楽の教授に当たっていた。天香は、同行した太田虎雄、阿部とみ子、戸辺健次、朝岡正雄、遠藤よね子の同人を北京に残した。ほどなく太田と遠藤は中山荘という雑居ビルで托鉢、戸辺は清水安三の仲介で北京製氷会社に「日本人として始めての社員となつて寝食を共に懸命に宣光社托鉢」をするようになった。朝岡は電電公司の倉庫係で托鉢し、阿部は、「市政府警察局の女巡査さんへ日語先生として寝食を共に大変好かれ可愛がられ」るようになった（香倉院蔵・昭和十三年十月五日・昭和十四年九月二十日付、西田天香宛太田虎雄書簡）。天香は七月に大連に戻り、奉天、新京を訪れ、北満の渾春から羅津、清津経由で朝鮮半島に戻り、帰国した。「行程一万五千キロ、講演一百三十回、聴衆三万二千余人」であったという。

天香は十月十三日、照月や石居太楼を含めた総勢九人で満州へ再度出発した。十七日に奉天、十八日に新京に到着した。ここから天香ら一部の同人は日本人の満州移民地へ、他の同人はハルビンへ向かうことになった。対して石居は、十月二十三日と二十四日に蓋平県和尚村と燈影荘を訪問している。

今回の天香の訪満は、満州拓殖公社の坪上貞二《つぼがみていじ》総裁から、日本人入植地の視察を求められたためであった。天香および同行した笹原仁太郎は、二十一日にまず、烏林屯の新潟移民団と四家房の長野県大日向村《おおひなたむら》分村移民を訪れた。烏林屯の移民団は、この年二月に入植したばかりの自由移民村で、天香

**満州開拓団入植図**

（『満州開拓年鑑』〔康徳７（昭和15年）版〕より作成。
▲第１～５次開拓団（昭和７～10年），△第６～９次開拓団（昭和13～15年），●集合開拓団（自由移民）
満州開拓団は，大きく集団開拓団と集合開拓団（自由移民）に区分される。その内，昭和７年から10年までの第１次から第４次集団開拓団は特に「試験移民」と称された）

の記すところでは、満州人七十戸、朝鮮人六十戸、新潟移民団二十戸の計百五十戸の部落であった。

四家房の移民村は、大日向村四百戸中の二百戸が移住した大規模かつ先駆的な「分村移民」と称される移民村であった。大日向村は、昭和恐慌期に村全体で多額の負債を抱えたことから、入植の補助を受け、村の半分を満州に移民させ、移住村民の土地、資産を処分することで、債務の返済と移住資金の捻出、そして残留村民の経済基盤の強化を図ったのである。天香が訪れた二十一日は、大日向村より先行入植民の家族二百人が到着する日と重なっていた。長野の南佐久郡から新潟に出て乗船、朝鮮半島北部の清津から鉄道で四家屯に移動し、駅から三キロ離れた入植地にトラックで向かう予定であった。入植民の中には天香を知っている者もいた。南佐久での講演を通じてであったようである。

天香らは十月二十二日に四家房を出発し、ハルビンに向かった。二十三日に照月は新京へ向かい、天香は牡丹江を経由して千振村に移動した。二十六日夕刻に千振を出発、佳木斯《チャムス》の満州拓殖公社出張所に宿泊し、翌朝、松花江を汽船で渡り、湯原県の鶴立崗に到着した。ここは第六次移民団の集落で、天香はまず東海村を訪れた。東海村からソ満国境まではわずか十四五里であった。二十八日は同じ湯原県の静岡村を訪問し、二十九日に佳木斯から弥栄《いやさか》村に移動した。弥栄村は、昭和七年から八年にかけて入植された最初の開拓地である。次いで三十日に城子河に移動した。当地は国境地帯ということで、旅行証明書が必要な地域となっていた。十一月二日にハルビンに帰着、三日に北安に向かった。その間、笹原仁太郎は天理村（天理教による自由移民村）を訪れている。天香らは六日夕刻に新京に到着、九日には奉天に移動した。そして十日、天香は奉天で六万行願の小結成を試み、十一日に蓋平の和尚村を訪問している（天香「北満の移民地を視る」203、笹原仁太郎「北満移民地視察の記」205、同「火を点した和尚村」206、三上和志「小さき行願」205、石居一歩「蓋平県和尚村並に燈影荘の見学」205）。

先の四月から七月にかけての訪満時、天香は各地で六万行願について話しており、三上和志はそれに、満州でも六万行願を行いたいという天香の意図を感じていた。しかし、三上は、満州では托鉢因縁の広がりが十分でない上、満州における家屋の構造が日本に比べて閉鎖的で、行願のための戸別訪問に不向きであることを懸念していた。しかし、三上はとにかく実行することが重要と考えた。対して天香は、満州への出発に先立ち、滋賀県下における十五万戸の行願を、長浜で托鉢中の松井浄蓮と打ち合わせていた。折しも、皇紀二千六百年に合わせ、近江神宮が創建されることとなっており、天香と松井は、神宮に天智天皇の御神霊を迎えるため、行願によって滋賀県全域を清めることとしたのである。近江行願は十一月一日から開始されたが、その後十日に一日だけではあるが、奉天でも天香を含めた二十六名により、六万行願が決行された。天香は満州と近江で行願を同時に行うことに、「真の捨身は必ず他民族をも感動せしめるものであるといふ自信」と、「たとへ少しにても真の平和の捨石にならう」という思いを込めていた。天香は、戦時下にある日中間の和解を実現するため、行願を通じて日本国内における下座の精神の回復し、それを満州や中国との関係に広げていこうとしていた（天香「北満の移民地を視る」203－204」、三上和志「小さき行願」502、松井浄蓮『終わりより始まる』）。

十二月初めに天香は北京に移動したが、北京に入って後の天香の足取りは詳細には伝わっていない。天香自身は、六月の訪問時に北京に残してきた五人の托鉢の成果を確認すると共に、北京、張家口、石家荘、済南の四つの鉄路局に求められ、それぞれ三日がけで巡行した。そして十七日に青島から上海へ向かい、翌十八日に到着した。天香は主として内山完造の内山書房に宿泊している。内山は大正五年に書店を開業し、魯迅など中国知識人と親交を深めていた。天香は、上海視察の結果について「支那に今必要なものは、利権屋でなく、戦勝気分の視察者でない。つまり腹うちあけて支那の民衆と語り合ひ、捨て身になつて、共に東亜の新秩序を建設しようとする人々である」との感慨を記している（天香「安危の岐る、己卯之歳」205-206）。

天香は十二月二十六日に上海を出港し、二十八日に帰国した。そして三十一日には路頭に帰り、蹴上で除夜の鐘を聞いている。昭和十四年一月一日朝、蹴上で光泉林からの迎えを受けて光泉林に戻り、八日に行願始めとして、昨年から継続中の近江一円の六万行願に初めて参加した（天香「忙しい年頭」206、同「神がかりの行願終る」208、同「新らしく産れんとする祈願」209）。今回の滋賀県での行願には、鈴木清市が参加していた。鈴木は明治四十四年、愛知県生まれ。昭和十三年十一月十九日に一燈園を訪れ、半日の路頭と二日間の托鉢、そして九日間の滋賀県での行願に参加し、三十日に帰宅していた。鈴木はその後、光友会に入会して毎月の行事に参加、昭和十八年の天香の中国訪問にも随行し、昭和二十年九月に靴クリーム製造会社のケントク、昭和三十八年にダスキンを創設している（鈴木清市「一燈園同人さんへの感謝」209、『祈りの経営　ダスキンの30年』第一巻）。

この年、天香は七月末からの四国講演、八月の夏の集まりの後の信州から近畿各地での講演の他、十一月には四年ぶりとなる九州巡行で一か月を過ごすなど、久し振りに国内中心の活動を行った。天香によれば、本来は四月に上海を訪問する予定で、さらに南京からも訪問希望が来ていたが、実行できなかったという（天香「忙即是閑」218、同「大悟するにはよい時である」220、「九州御巡講随行記」222、224）。天香が満州、中国を訪問するのは昭和十五年九月になってからのことである。

天香は、昭和十五年九月八日に京都を出発し、十日に安東に到着。以下、奉天、金州、大連、遼陽、奉天、新京、吉林、ハルビン、牡丹江、北安、斉々哈爾などを巡り、十月十日に奉天に帰還、燈影荘を十四日に訪れ、十七日に北京に到着した。そして、唐山、天津、北京、済南を巡り、十一月三日に青島で乗船し、四日に上海に到着した。十七日に上海を出航し、帰国後さらに九州を巡行して光泉林に戻った（三上和志「新体制の呼吸」242、西田保「天香様満州講話随行記」244、岩淵藤一郎「北支の天香様」246）。

### 知徳研修会の開始

十二月二十二日、光泉林の愛善無怨堂において、金州燈影荘、奉天一燈園、北京一燈園に対する不滅燈の分燈式が行われた。これは、支那事変で犠牲になった日中双方の人々の冥福を祈るために行われたもので、この日、光泉林では全員が断食した（天香「日満華を結ぶ不滅燈」、新村隆二「愛善無怨堂不滅燈御分燈式」246）。そしてこれと前後して、天香は新たに智徳研修会という企画を構想し始めた。

智徳研修会とは、青年が「生活に即して『死ぬこと』を学び、無心の態度を練成し、かねて知見を博めて、いさゝか祖国の要望に応へんとする」ことを目的としていた（「智徳研修会第一回結成趣意書」247）。これまでの六万行願結成が、同人や各地の光友が一同に会し、特定地域での短期集中的な行願を通じて契縁を広めようとしていたのに対し、智徳研修会は、托鉢や行願の経験を持たない人々に、研修会としてそれらを体験する機会を与えようとするものであった。第一回智徳研修会は昭和十六年二月二十五日から三月三日までの七日間を予定し、定員は百名であった。

研修会の初日、天香が「死んだつもりで今夕路頭に立」つことを宣言して受付が始まった。申込者は百四十余名、さらに途中参加を加えると、参加者は総勢百六十九名となり、その内百七名が三十歳未満の青年であった。夕刻の受付終了を受けて、礼堂で静坐の実習と班の編制、朝課の練習を行い、食作法に則って夕食、翌日の説明が行われた。二日目は、午前五時に起床し、五時半より行願式を挙行、八時に近江神宮に到着し、一時間、周辺の清掃などを行った。そして近江神宮内で、先行して路頭にあった天香より講話がなされ、午前十一時半より近隣の村落八百余戸で六万行願を行い、午後三時に光泉林に帰着した。三日目は早朝より山科周辺や光泉林内で作業に従事し、合間に天香による講話が行われた。四日目は路頭の予定であったが、悪天候のため延期され、光泉林内での作務《さむ》と天香に対する参加者の質問会が行われた（染川勇吉「第一回智徳研修会記」252）。

五日目の三月一日、京都第十六師団長の任にあった石原莞爾による講演が行われた。仲介に当たったのは、寺村銓太郎で、前年十一月二十六日付で天香に宛てられた寺村の書簡には「去る十一月九日、御上京中之石原将軍に御高人様の御話仕りたるところ、僕如き俗人に御会見御希望下さるは勿体なきこと、既に雑誌御恵送に預り、厚く御礼申居候事御伝言致すやうとの旨に御座候」と記されており、天香から石原に面会希望が伝えられたらしい（香倉院蔵）。

六日目は平安神宮周辺で六万行願が行われ、七日目には路頭が行われた。参加者には、「やすくと御縁先が恵まれ、手厚い御供養に与《あず》かり、心、法悦に満たさるゝもの。歩き廻り、頼み廻つて、やつとお仕事に巡り合ひ、お仕事の有難さ、尊さを初めて知つたもの。額に汗した単なる生産の御飯にあらずして、生れて初めて身を捧げた清浄な世界に生れた福田の供飯に有難涙を絞るもの。一日中働き通して一物も恵まれず、而も胸中言うなき清涼味溢るゝもの」など様々な体験があった。その後、天香による最後の講話や感話会が行われ、翌朝散会した（染川勇吉「第一回智徳研修会記」252、254）。第一回智徳研修会の成功を受け、三月十九日から二十五日にかけて第二回研修会、六月八日からは第三回研修会、十一月十五日より第四回研修会、十二月二十四日から第五回研修会が開催された。以後、智徳研修会は定期的に開催されるようになり、一燈園、光泉林にとって重要な行事になった。

天香は五月二十三日に京都を発し、佐賀、福岡、伊予、松山、今治、高知、徳島など、九州から四国を巡って六月六日に帰林、次いで二十三日から東京、宇都宮、福島、仙台、盛岡、秋田を巡り、七月六日に帰林した（「光泉林たより」256、258、260）。天香はその後も近畿圏で連日ないし二、三日おきには講演を行う生活を送っていた。

## 日米開戦へ

しかし、この年の七月末から八月初めにかけて、日本陸軍の南部仏印進駐に伴い、アメリカによって対日石油全面禁輸や在米日本資産の凍結などの経済制裁が発動され、十二月八日、日本はアメリカ、イギリスに対して宣戦布告する。アメリカを始めとする対日経済制裁によって、ジャワにおける石居太楼の事業も、ほとんど不可能の状態になった。ジャワに派遣されていた同人の松原博道は、八月二十六日付で天香に宛てて、「資金凍結の招来した輸入途絶による商社維持困難は明らかな事実となつて来た」こと、そのため「蘭印在住の女子供は之を最後として殆ど帰国されることになり」、「定員の約五倍一千名」の乗船する北野丸で、自身の妻子と石居の妻子と共に帰国することを伝えている（香倉院蔵）。石居本人も、日米開戦を一か月前に控えた十一月五日付で、天香に次のように報告している（「おひかりのひらめくたより」270）。

有にあつて無を忘れず、有無を超越致す一燈園の精神は、たうとう爪哇の楽園にも必要となつてきました。何分爪哇に数百軒の堂々たる小売商店、数十の輸入卸商、この貿易依存の卸商は、今度の凍結令の為に、愈々貿易は途絶、手も足も出なくなりました。幾十年辛苦の店も、遂に閉店、引揚げの已むなきに至り、この十二月頃迄には、農園関係、他貿易関係なき技術者を除き、商売関係の方は九分通り引揚げる事となります。

師が御巡回の頃は、正に卸商の黄金時代だつたと思はれます。今日となれば財ある方も無き方も同じく、凍結下にあつては同様であります。……

爪哇の様な財的に恵れた国に居住致した吾々が、今度の如き未曾有の激変にあつては、殊に動揺は失れませんが、幸ひ平生より師の御指導を受けし甲斐あつて、聊《いささ》かとも落着いてこの危機を過させて頂き、何が来たるとも動じまいとする心持を持たせて頂く事を今更有難く存じてをります。

特に日本人として、殊に海外にあるものは、例へ大なる激動にもビクともせず大国民の襟度《きんど》を保持致したいものです。幾多の外人の中に生活致して居ります故、一挙一動が衆目の的となります。

捨身奉公の念が固く〳〵蔵されてをれば、そんなにあわてず、恥をさらす事もないと存じます。

石居は妻子を帰国させ、一人でジャワに残留したまま、大東亜戦争の開戦を迎えた。松原は十二月十三日に光泉林に帰着したが、石居は開戦後、連合国側に拘束され、オーストラリアのメルボルンで九か月間の抑留生活を経た後、昭和十七年九月にアフリカのロレンソマルケスで行われた抑留民の交換によって、シンガポールに帰着した（石居太楼「鎌倉丸より」290）。

開戦前の昭和十五年頃より、物資統制のために『光』誌の紙質は劣化し、頁数も削減を余儀なくされていた。開戦後、光泉林でも緊張感を共有する臨時体制をとったが、天香は引き続き講演を引き受け、また、智徳研修会も継続されていた。とはいえ、全体としての動静は伝わっていない。大東亜戦争中、天香は二度、満州や中国を訪問している。一回目は昭和十七年五月から六月にかけての時期である。天香は四月下旬から五月中旬にかけて九州各地を巡行しており、十三日に帰林した後、十六日に京都を出発、朝鮮半島を経由して満州に向かった。満州では前年七月に、奉天一燈園を会場として第一回の夏の集まりを開催していた。これは、光泉林で智徳研修会が挙行されたことに触発されたものであった。そこで昭和十七年の天香の満州訪問も、満鉄の招聘ではなく、満州の光友が、「ゆっくり、落着いてお話を伺ひ且語り合ふ機会」を求めて天香を招待することとなったのである。

天香は十七日に京城で講演を行い一泊、十九日に奉天に到着し、即日大連に移動した。大連に八日間滞在し、この間の五月二十二日から二十五日まで、三泊四日の日程で全満研修会が開催された。研修会の後、二十七日に天香は燈影荘を訪れ、さらに蓋平の和尚村を訪問している。六月には奉天、撫順、新京を巡り、六日には満州国外交部大臣の韋煥章との晩餐に招待されている。九日にハルビンに出発、十一日に奉天に帰着し、六月下旬に朝鮮へ移動、二十五日から二十八日にかけて京城で研修会を開催し、三十日に下関に帰着した（天香「満州紀行」280-282、284、孔田順水「死ぬことを学ぶ」282、「京城に於ける天香師の御動静と智徳研修会」284）。

大戦中の天香の二度目の満州訪問は、翌昭和十八年八月から十二月にかけてであった。天香は八月二十三日に光泉林を出発し、二十四日に連絡船で下関から釜山に渡った。そして京城、仁川を経て九月一日に奉天に到着、以後、金州・燈影荘や蓋平・和尚村を含む奉天から新京、ハルビンまでの各地を巡り、十月一日に北京に到着、そして張家口、大同、石門、開封、徐州、済南を経て北京に戻り、天津や熱河省承徳との間を往復している。承徳に移動したのは熱河省長であった姜全我の招請によるものである。その後、十一月一日に南京に到着、上海を訪れ、十二月二日に北京、七日に奉天に帰着し、京城、釜山を経て十二月二十日に下関に到着、翌日光泉林に到着した。昭和十八年の満州訪問は、全行程を鉄道で移動し、華北からさらに南京・上海間の往復を含む四か月の旅行となった。

戦時中、天香は兵庫県加古川の日本毛織加古川向上で一燈園中等部二十名の生徒などと托鉢を行った他、日本各地での講演を続けていたようである。とはいえ、『光』誌は用紙配給の制限によって記事は簡略化されており、詳しい動向は不明である。それどころか、戦況の悪化のため、『光』誌は昭和十九年五月の三百十四号で一時休刊することになった。

# 第六章　世界の平和と共存のために

## 1　満州国の崩壊

### 三上和志の終戦

昭和二十（一九四五）年八月九日、ソ連は日ソ中立条約を侵犯し、満州、樺太、千島諸島に侵攻した。八月十四日、日本政府はポツダム宣言を受諾したが、北海道の占領を目指すソ連は、八月中、戦闘を継続した。満州では開戦当初、前線で絶望的な戦闘がなされた以外、関東軍はさしたる抵抗もできないまま終戦を迎え、満州国も崩壊した。ソ連の参戦目的は、領土および日本人の資産、労働力などを奪取することにあり、ソ連の対日参戦後、百五十五万、軍人、軍属を含めれば二百万人以上に及んだ在満邦人は、ソ連軍兵士や中国軍兵士、あるいは中国人の暴民や匪賊による掠奪、殺害の危険にさらされた。

三上和志は終戦の一か月前に召集され、二等兵として入隊していた。そして連日、「戦車の下に、爆弾を抱いて飛び込んで死ぬ稽古ばかりしていた」という。隊は終戦時に大隊長が解散、全員を解放していたが、九月十八日に至り、ソ連当局から兵役経験者の出頭を求める通知があった。三上は悩んだ末、出頭した。帰還は絶望的という前提で身辺を整理し、妻の久子に後事を託し、ソ連兵や中国共産党、国民党軍の兵士の侵入、暴行に備え、死に急がないことと青酸カリによる万が一の覚悟とを諭して、翌日出頭した。参集した日本人は千人ほどであったが、全て捕虜収容所に収監された。収容所内では、シベリア送りか、そうでなくても何らかの強制労働に従事させられることは確実と観測されていた。

収容所生活が長引く中、ある日、三上は日本軍の将校から慰安のための「浪曲」の出し物について依頼を受けた。浪曲と聞いて三上は意を計りかねた。しかし実際は、ソ連兵が日本語を理解できないことに着目し、祖国再建に関する講演を行って欲しいという依頼であった。三上は当日、他の浪曲披露者の合間に三十分ほどの講演を行った。「戦に依るのでなく、平和な方法に依って、平和な世界を作り上げる方向へ進む国を作ることこそ、これからの日本の道でなくてはならぬ」「平和の真理を歩むとは争いの原因にならぬ生活をすることである」などと述べた。講演終了後、「シンとして暫く拍手もなく、人も動かない。思い出したように将校が一人拍手してくれたら、それにつられたように嵐のような拍手が起こり、それが終ると何となく人々は嘆ずる声を交えていた」。三上は、「聴衆の顔の粛然たる感じ、日本は立ち上れると云う力を感じた」という。しかしその一方で三上は、脱走を図って射殺された邦人を埋葬し、供養するという辛い現場にも立ち会っている。

その後、三上はソ連将校による調査を受けた。三上が警察学校で講話したことがあったためである。三上は独房に収容され、調査を受けた。他に調査を強要された女性などは、何度も引き出された末、自殺を図り、精神に異常をきたしていた。三上は自分の調査の際、一燈園の共同生活などを共産主義になぞらえつつ話すと、ソ連将校は「それは小さい共産国家だ」といって喜んだという。共産党員がいるかと質問され、宗教的なのでいないと答え、何度かの調査の末、釈放されることとなった。ただし、出獄の際に「ある契約」に同意を求められ、それにしたがって「ある行動」をしなければならなかったという。三上はこれを拒否したが、兵工廠の機械をソ連に持ち出すための分解作業に五日間従事させられ、釈放された。他に釈放者が五人いたが、いずれも病気のためであった。

三上が奉天一燈園に帰ると、留守の人々は感泣に崩れた。皆、三上について絶望していたためである。三上の帰宅は十月二十八日で、出頭から三十八日ぶりのことであった。しかし、まもなく三上は、中国国民党軍の司令部から呼び出しを受けた。そこで三上は、在満邦人を半年以内に送還するようにという命令を受けた。三上は、日本人が満州全域に広がっており、とりわけ国境地帯からは瀋陽（旧奉天）まで、千二百キロから千六百キロを掠奪や暴行、生命の危険にさらされながら徒歩で移動しなければならないことを述べて、命令が実行不可能であることを伝えたが、拳銃で脅されて引き受けざるを得なかった。

一か月後、日本人引揚事務所として、瀋陽市日僑善後連絡総処が、坪川与吉を責任者として設立された。この総処は、総務、救済、衛生、輸送、資金、経理の各部科を持ち、三上は救済科長に任命された。三上はその後、総処の主任に就任した高碕達之助の下で在満邦人の帰国支援に当たった。三上自身は、昭和二十一年十一月に高碕と共に日本に引き揚げ、十三日に光泉林に帰着した（三上『地下を流るる水の如く』、同「下坐の権威に護られて」319）。

### 山崎寿の終戦

山崎寿は昭和二十年六月、兵役に召集された。応召に際し、山崎は和尚村の村人に「一寸大連に行って来ると言い残し、誰の見送りも受けず、こっそりと北満に行っ」たという。山崎は東部ソ満国境の虎林でソ連軍の捕虜となり、シベリアに抑留され、強制労働に従事させられた。帰国したのは昭和二十二年、「半死半生の体で内地に送還」されたという。その後、山崎は郷里の愛知県安城で療養していたが、昭和二十三年十二月二十五日に帰光した。享年四十七歳。死の直前、山崎は娘に遺稿を残した。そこで山崎は、和尚村で山崎を補佐した陳という人物について記している。山崎の妻・久代らが内地への引き揚げに際し、家具類や書籍などを村人に配布した時、陳は金目のものは受け取らず、山崎寿の愛用していた古帽子と木魚を希望したという。帰国後、山崎はそのことに感銘を受けており、遺稿の中で次のように記している。

……この木魚こそは、私が十数年前、この和尚村に熱烈な人道主義の理想を抱いてやって来た時、わざわざ本場の京都から友人に託して取り寄せた記念の木魚です。……朝夕、平和を現前せん為に叩いて来た木魚です。然しこうした私の行き方はあなた達、若い世代の人々には時代錯誤の如く感ずるかも知れませんが、この東洋伝来の木魚の音律は、又西洋のピアノなどとは異った意味で、不思議と精神を落付ける無韻の韻を持っています。

（中略）

……その思い出深い木魚を陳さんが私達家族と最後の訣別の記念として貰ってくれたということは何と謂う意味の深いことでしょう！　そして陳さんがお別れに臨んで、あなた達の母さんに言い残して行った言葉は、

「こん度の日本の敗戦は、日本人と提携して仕事をした私に対して一部の私の反対者は売国奴だと言って、八路軍や中共軍に告げるかも知れませんが、それは決して心配して戴く程のことではありません。私は信念をもってやっていたことです。よく逢って話せば諒解される事です。真に和平と建設を望み、良心に聞き、心と心が結ばれてゆくところには民族の偏見も思想の対立も克服される筈であると思います……」……私はこの事を憶い出す毎に、いつも胸が一杯になります。……私達はこの敗戦で地位も名誉も財産も皆失ったのですが、それにも増して絶大な収穫を克ち得ました。それは私達、一燈園同人が満州生活二十余年生活のモットーとして来た、

「真実一路の求愛の方向は民族の我執や資本や経済の闘争を超越して一つに連なっているものだと言う実証を如実に体験し得たことです」

山崎は娘に、日満融和の現実と可能性を伝え、将来を託そうとしたのであろう。しかし、陳は山崎より早く、肺病のために夭折しており、さらに和尚村建設に尽力した村長も、共産党によって殺害さ

れたという（中田晃『燈影荘物語』、「故山崎寿子追憶の記」340）。

終戦時、百五十五万人に達した在満邦人の内、死者は約十八万人に及んだ。これに軍人、軍属の死亡者を合わせると、約二十五万人に達する。満州における戦闘は短期間で終結したが、戦中から戦後にかけて、ソ連兵ないし中国人によって多数の邦人が殺害された。匪賊、暴民の襲撃による殺戮から、将兵による恣意的嫌疑による殺害、収容所内の劣悪な環境下での傷病死、さらにはシベリア抑留による過酷な強制労働など、原因は様々であった。昭和十三年に天香が訪れた北満の開拓団に至っては、二十七万人の入植者の内、死亡者は八万人、三十％に達している（佐久間真澄『記録満州国の消滅と在留邦人』）。

## 2　参議院議員へ

### 活動再開

戦時中に休刊していた『光』誌は、昭和二十一年六月の三百十五号から復刊した。

この年、七月十三日から十五日まで、第三十四回となる智徳研修会が開催され、天香による全国講演も再開された（「第三十四回智徳研修会報告」「雑記」316）。まず八月初めに天香は秋田を訪問し、九月上旬は丹波方面、九月十五日からは刈谷、多治見、土岐津、中津川、野尻、木曽福島、松代、長野、松本、岡谷、諏訪、飯田の各地を巡り、十月二日に甲府市で講演している。巡行には照月も同行しており、二人による信州巡行は二十何年かぶりのことであったという。その後、埼玉、東京を経て帰林したが、十日には四国の徳島へ出発した。その直後の十月十二日、福井で立山不退が死去したが、天香は弔問に訪れることができず、照月が福井に向かっている。天香は十七日の開林記念日に合わせて帰林したが、二十八日以降、飛騨高山、金沢、長岡、鶴岡、大館の各地で講演を行い、十一月二十六日には山陰地方に出発し、出雲今市、大田、萩を経由し、十二月一日に山口県王喜村から下関市へ移動し、十二月上旬をかけて九州を巡行した（「山陰巡錫」320）。

昭和二十二年二月十日、満州より谷野捨三一家が帰林した。谷野は大連の一燈園に伝えられた灯火を懐炉火に移して守り通し、帰林した。一燈園では祝会が催されたが、この日の昼、照月が愛善無怨堂の玄関前の飛び石につまづいて転倒、左大腿部を骨折するという事故が発生した（「光泉林日記抄」321）。これ以降、照月は、歩行などに支障をきたすこととなった。

昭和二十二年四月二十日に執行された戦後憲法下における最初の参議院議員選挙に、天香は立候補した。立候補の経緯やその意図について、天香は次のように記している（西田天香「この生活を参議院へ」322）。

一体政治といふものは、家事の大きなものであるはず。一家を治むる事の出来ないものが、一国を治められる筈はない。己れがやつても出来ないことを、さも出来るかの様に大言壮語を吐きあつて、党利本位・栄達本位であることが政治であるなら、我等は全く縁が遠い。併しさうした政治が行きつまり、茲に新らしい憲法を新らしい民主主義で、新しく打建てると云ふ其第一歩の国会議員の選挙のうち、或る意味に於て其ブレーキとなるべき性質の参議院で、しかも一地方でなく全国の代表である場合、既に一燈園は新たな構想で、一心を修め、一身に行じ、一家を整へ、一団体を治めて来て、而かもそれが今洋の東西の大問題である「世界平和」の参考になる筈のものと見極めた光友会が、其生活の中心を代表するものとして自分を推し出したいのは当然である。

（中略）

従つて自分は、一燈園生活が「諸宗の真髄を礼拝」しながら、形式の宗教と一つにならず、而かも真の宗教らしいと云はれてゐるやうに、諸政党のよい処だけを礼拝しながらどの党派とも一つにならず、而かも真の政治らしいと云はれるかも知れぬこのおひかりの生活（一燈園と宣光社を含めた）を、其通り名の「一燈園」で持ち出るわけである。

天香は光友に推される形で立候補したが、具体的政策については、専門家の議論をふまえて「比較善」を取ることとし、その「実行」を「祈る」役割が必要であるとも述べている。三月二十二日の公示に合わせ、天香は戸籍名を市太郎から天香に改め、一燈園を政治結社として届け出た。そのため、天香は無所属からの出馬ではなかった。選挙対策を担当した末広木魚によれば、「政府及議会の規定されたまゝを、素直に托鉢」することを方針とし、一万枚のポスターを全国の光友に送付し、三万枚の無料葉書によって天香の立候補について通知し、自発的な祈添や判断に委ねること、朝日、毎日新聞に許された範囲で立候補の徹底を図り、「当落ともに拒まず、願はず、淡々として静かに日々の托鉢に懈怠なく、一同精進さして貰」ったという（末広木魚「選挙に当番して」322）。

投票の結果は、比例において二十五万四千八百票余りを獲得し、第十六位で当選した。七十六歳の天香は、二番目の高齢議員となった。五月三日の憲法施行後、二十日に第一回議会の開会を迎えた。この日に先立ち、天香は「四十五年前の全く無一物の路頭から出発」することを決意し、十五日に京都を出発、鈴木清市が創設した愛知県新川のケントク株式会社や、刈谷の和泉屋呉服店などで托鉢をし、十九日に東京に到着、民主党本部前の土建会社の小使部屋に泊まった。翌二十日早朝、付近民家の便所掃除を行い、登院した（天香「参議院に登院して」323、丹羽孝三「L・P・C講座②」346）。

天香は司法委員会に属したが、議会においても委員会においても、発言することはなかった。と同時に天香は、国家財政が赤字であることを理由に、歳費を国庫に返納しようとした。しかし、歳費の返納や寄付行為は公職選挙法に抵触するため、給与を貯蓄した上で、議員退任後に後述の国際連合協会などに寄付することとなった（丹羽孝三「金のいらない世界『一燈園』」566、三浦隆夫『一燈園西田天香の生涯』二四八頁）。

終戦から二年足らず、日本は経済的混乱の渦中にあり、空襲を免れた京都でも、駅周辺では闇市が乱立し、汽車の切符を購入するための長蛇の行列が絶えず、時には行き倒れの死体まで発見されたという。こうした状況を目にして天香は、この年の秋頃、鈴木八重造と境重蔵に対し、畑の小舎の再建を提案し、十一月二十二日に光泉林前の琵琶湖疏水を渡ったところに、畑の小舎が再建された。そしてこの年の年末、天香と照月は帰路頭として小舎に泊まり、新年を迎えている。戦後の小舎は、養豚を主として失業者などに仕事を提供し、昭和二十七年からは乳牛も飼い始めた。同年末の時点で、豚九十六頭、乳牛一頭、子牛二頭、和牛牝一頭、和牛子牛一頭を飼育するまでに畜産事業を拡大していた。ただし、事業の拡大は、他方で日本の経済復興に伴う宅地造成によって周辺住民との軋轢を生じ、昭和三十五年に畜産事業は移転されることとなる（鈴木、境『考え詰ったときに妙な相談場所がある』）。

昭和二十三年一月二十一日、第二回国会が召集された。翌日の片山哲首相による施政方針演説の後、天香は司法委員会に出席した。そこでは近年、囚人が増加し、刑務所が不足していることから、北海道に新たな施設を設け、道路、開墾、建築などの作業をさせて教誨してはどうか、ということが話題になった。休憩時間となったところで、天香は委員長に司法委員の辞任を申し出た。理由を尋ねられて、天香は自分の考えと司法の考えに距離があることを述べ、その一例として一燈園で最近発生したある事件のことを紹介した。その事件とは、奉天一燈園から引き揚げてきた富田という青年のことであった。光泉林では彼を特に支援し、医科大学に通学させていたが、それに対して富田は、光泉林内で窃盗を繰り返し、さらに証拠隠滅のために放火未遂事件まで引き起こしたのである。

**一燈園内の窃盗事件**

一燈園では昭和二十二年を通じ、物が紛失するという事件があいついでいた。そこで天香は十二月二十日頃に青年同人を集めて、自らの国会議員としての「沈黙」は国会の議論が実行から乖離しがちであることに対して反省を促す祈りであることを述べ、一燈園における紛失事件についても皆の自省を促した（天香「審かざる審き」、同「懺悔と贖罪」330）。その上で天香は、青年同人に、一燈園の修行の上からどうすればよいか、を考えさせた。天香はその後も、毎朝の講話でこの問題に触れると共に、盗みとは物に限られず、畑の芋をとっても、働くべき時間に仕事を怠っても盗みと同じことであって、自らがまず反省しなければならない、という話をした。すると、筆談で自らの怠惰を懺悔する聾唖の青年が現れたり、三十日には、預務室の幹部十数名が断食することを申し出たりした。そしてこの日の午後、左手の一本の指を切断した富田が天香を訪れ、謝罪したのである。

富田の告白を受け、天香は左手については怪我をしたことにして、窃盗について他言しないよう言い含めて帰した。翌朝、天香は富田も含めた一同に対し、犯人が現れたことを明らかにし、その上で、犯人は自分であったと述べた。そして一同に対し、「すべて安心して」正月の準備を進めるよう伝えた。天香が一同に、犯人が現れたと述べた時、富田は呼吸が止まったという。と同時に、その後の自分が犯人であったという天香の発言を聞いて、富田は最後の未練が断ち切れたともいう。年末恒例の帰路頭で、天香は畑の小舎に一泊し、新年を迎えた（由紀子「『畑の小舎』と年頭の仕事始め」329）。

新しく迎えた昭和二十三年は、天香が七十七歳、照月が七十一歳を迎える年であったが、天香の最初の仕事は、富田事件に決着を付けることであった。一月四日、天香は旧参同人と相談し、五日に富田を自首させた。富田との最後のやりとりについて、天香は次のように記している（天香「懺悔と贖罪」330）。

奉天の三上当番に意見を聞いたら「自首させてあげて下さいませ」であつて、丁度我が意と一つ

であつた。末広・原川・三上の三子の前で、自分が言葉柔かに、

「最後に何か云いたいことがあるならば」と聞くと、

「では、只一つお願いが――」

「何なりと遠慮なく云いなさい」

「許されるだけの懺悔の実を挙げましたら、もう一度庭詰（入園希望）を許されましようか」とあつたので、

「自分の路頭はいつでも、誰にでも門が開いてある筈、庭詰は差支ない。併し、其場所は刑務所だろう。懺悔の実を挙げるには、刑務所で改心の友を造つてくる事である。それには願を立てなさい。〝百人の改心者を〟と祈つてきなさい」と云う意味のことを云うた。

「はい――」

何と受取つたかはつきり知れないが、大方相当の覚悟で聞いた事であろう。一座は祈りを添えて厳粛を極めた。

「軽かれとて自首するは功利的である。なるだけ重い刑をと願う気持がよろしいね――」とつけ加えた。


ところが、富田の自首について、一燈園が富田を警察に突き出し、重罪に問おうとしているといった報道がなされ、世間の同情がかえって富田に集まるまでになった。天香が司法委員会の委員に対し

て紹介したのは、以上のような事件の概要であった。司法の専門家が衆議を尽くして犯罪の抑制に成果を挙げられない中、更生の一事例に各委員は多大な興味を示したという。大正十一年以降、天香は刑務所で数多くの講演を行い、自らも囚人も同じ罪を背負った存在であると述べていた。それは直接には囚人に人間としての尊厳を回復させるものであったが、天香は同様の更生の気持ちを国会や政治の世界に求めていた。富田事件の解決を受け、二月十日とその翌日、天香の喜寿と照月の古稀を祝う祝賀会が催された（原川義雄「喜寿と古稀」330）。

参議院議員としての天香は、国会で発言を慎んだだけでなく、汽車に乗車する時も一等席は利用しなかった。また、国会内を含めて服装も相変わらずで、そのため、昭和二十四年、天香が山陰地方のある駅の改札口を通過した際、参議院議員の一等パスを出すと、「おつさん、それ誰のや」と言われたという。また、翌昭和二十五年には東北地方を巡行中、汽車の二等席に乗車していると、車掌から「おつさん、三等車はあっちだよ」と注意されたりしたという（「雑記」359）。

参議院議員任期中、天香が親しく交流した議員に、佐藤尚武や高良とみ、長井源があった。佐藤は元外相・駐ソ大使で、天香と同じく第一回参議院議員選挙に立候補して当選、緑風会に属していた。佐藤は昭和二十二年より国際連合協会の会長を務めていたが、翌二十三年六月二十日に協会の京都支部が設けられ、天香が支部長に就任し、光泉林に事務所が置かれた。発会式には佐藤も出席している（天香「平和の曙光」334）。

## 3　全国六万行願の発願

昭和二十四年三月八日、天香は光泉林の同人に対し、日本国内の争いを集結させ、日本が一致して世界平和に貢献していくための祈りの表明として、「全日本六万行願一千大結成」を発願することを伝えた。六種の願いを込めた一万戸への行を一千回、日本全国に結願するという趣旨である。光泉林における事務所開きは、約一か月後の旧神武天皇祭で西田武の誕生日でもある四月三日が選ばれた。四月三日当日、同人二百人が午前四時に光泉林内校庭に行願装束で集結し、林内の各部署を清掃した後、礼堂に事務所の看板を掲げた。当日はまた、燈影学園の入学式も挙行されている。午後は、光泉林内の各部署より、行願結成の方法についての報告がなされた。天香はまた、一千大結成の発願に際し、参議院の院内会派である緑風会への入会を決めた。天香はかねてより入会を勧誘されていたが、「たとえ十人さんでも光泉林を見てもらうた上で」と断っていた。それが、元文相の田中耕太郎や下条康麿の光泉林訪問があり、さらに佐藤尚武や河井弥八など親しい議員もいたことから、機縁が熟したと判断し、今回の入会になったという（天香「全日本六万行願一千大結成発願」340、同「行願事務所開き」341、同「行願千大結成のもつ祈りの内容」342、笹原仁太郎「全日本六万行願千大結成事務所開きの記」341）。

これ以降、大阪、名古屋、東京、岐阜、高知、三重、愛知などの光友による六万行願や天香の講演会が企画されることとなった。そして八月十日から十五日にかけて開催された夏の集まりを機に、京都市内で行願を行うこととし、十二日から二日間、京都市紫野大徳寺を中心とする一万三十五戸の六万行願を実施した。当日、佐藤尚武も夏の集まりに参加し、同夜紫野小学校で佐藤および湯浅八郎による国際連合協会の講演も行われた（天香「動き出した千大結成」、「昭和廿四年度夏の集まり」345）。十四日にはＬ・Ｐ・Ｃ運動協議会が開催され、参集した光友に行願の経過報告がなされた。ここでいうＬ・Ｐ・Ｃ運動とは、Life of Peace Creative Movement の略語で、特に今回の全日本六万行願千大結成に付された名称である。運動に際し、百戸の「小結成」毎に一枚の報告用紙が用意され、また『光』誌には、「Ｌ・Ｐ・Ｃ講座」と題し、六回の六万行願に関する連載が掲載された（「Ｌ・Ｐ・Ｃ運動について」346）。

行願は各地で行われたが、その中に特に天香の気を引いたものがあった。それは小豆島での行願であった。大正十二年頃鹿ヶ谷一燈園に在園した山崎繁蔵という小豆島出身の旧同人がおり、山崎は一燈園を離れた後、南海電車に勤務していた。在園時に三上和志と親しくしており、戦後、三上が満州より帰国したことで、昭和二十四年三月以来、山崎は三上を講話のために招待していた。三上が三度目に島を訪問した時、滞在していた極楽寺という寺で、三上や山崎、その他の会話の結果から、八月二十六日と翌日に草壁町で行願の「小結成」をした。そして光友・高橋完三を中心に行願を継続し、一人か二人の同人に来島を求め、その協力を得て広義の小豆島を構成する小豆島、前島、豊島三島の三町十三村、一万三千戸にまで徐々に広げていくことを打ち合わせた。また、高橋は東京に出張した際、参議院宿舎に天香を訪れ、天香の来島も実現することとなった。

小豆島全体の行願は、翌年五月十日に完了した。百五日を要し、その間の二月二十日から二十三日に天香が来島し、安田村で行願と講話が行われた。新設された公民館の開館式を兼ねた天香と三上の講演には、千六百人が聴講に訪れた。天香は四月二十八日より青森、弘前、大館、盛岡を経て、金沢、福井を巡行したが、五月十二日には小豆島を再度訪れ、翌十三日に参議院議長の職にあった佐藤尚武を迎えて日本国際連合協会小豆島支部と小豆島光友会を発足させた。この時の講演にも千八百人が聴講に訪れたという（天香「L・P・Cの動き」352、三上和志「平和に光る島」355-356）。小豆島での講演を終えた天香は、二十日に鹿児島に向けて出発し、福岡、山口を経て帰林した。二十六日に佐藤を光泉林に迎え、二十七日に奈良で共に講演を行い、引き続き同日夜に京都新聞会館で開催された京都光友会三十周年の記念講演会に臨んだ。講演では一燈園、光泉林、すわらじ劇園の来歴について紹介された後、河井寛次郎、佐藤、天香の順で講演が行われた（「日記抄」355）。

昭和二十五年六月二十二日、天香は谷野、三上、鈴木、笹原ら同人に、昨春発案した全日本六万行願十大結成を今後二年間で完遂するよう提案した。これは、前年の小豆島における行願の経験を踏まえ、かつ、六月四日に行われた参議院議員の半数選挙、すなわち天香の任期が半分過ぎたことがきっかけであった。行願の期間を二年間にすることについて天香は、「数の計算は兎に角として自分が二年間にと云うのは、第一に二年たてば一燈園生活の創立五十周年が来る。第二に自分が満八十才になる。第三に、第三次大戦の起きない前に、戦争放棄の根本的な禱りを実証して置きたい。これらを綜合して自分の参議院在任中の御奉公の一つとしたいと思い二年間と云うたのである」と説明している。同人の反応は、「自分は奈良県を、自分は三重県をと既に希望を述べるもある。一同は躊躇なく行願旗のもとに馳せ参ずると云うもののみ」であったという。しかし、この直後の六月二十五日、北朝鮮が韓国に侵攻し、朝鮮戦争が勃発した（天香「三十八度線の出来事と行願」、「新しい日本の夜明け」356）。

天香はこの日、長年の腰痛と三年前の骨折により松葉杖で歩行するようになった照月を伴って上京していた。列車では三等席に乗車した。照月を気遣い、二等寝台を進める光友もいたが、天香は怪我を負った状態で下座を貫くことを優先した（西田天香「光の道の厳格さ」356）。今回の上京の目的は、天香が自分の家族に参議院全部の行願をさせ、また、すわらじ劇園の東京公演に合わせて照月を多くの旧友に会わせ、国会議事堂と宿舎を見せたいと思ったからであった。すわらじ劇園の公演は二十九日から三日間、神田共立講堂で行われた。佐藤尚武なども観覧した。七月二日の日曜日に、佐藤の便宜で参議院の建物見学と便所掃除が行われた。照月を含め、総勢四十名ほどであったという。

十日後の十二日、参議院選挙の後を受けた国会が開会した。参議院の会派としては自由党が最大多数を占めたが、佐藤が引き続き議長に選出され、天香は最年長議員として祝辞を述べた。天香はその間も、光泉林の行事や近畿圏各地の講演、そして国会出席の合間を縫う形で、八月二十二日から九月初めにかけ、四国から長崎、佐賀、福岡の九州北部、そして九月十日には名古屋、東京を経て、東北各地を巡行し、九月二十五日から広島県、佐賀県での講演を行い、十月二十四日からはすわらじ劇園の公演に合わせてこの年三度目となる東北巡行を行った（「光泉林日記抄」358、361）。

昭和二十六年九月八日、サンフランシスコ講和条約が調印された。八月十八日、天香は全権の一人となった徳川宗敬の後任として国立国会図書館運営委員会委員長に就任することとなった。十一月七日には旧赤坂離宮に設置された国会図書館に維新資料の陳列が完成し、昭和天皇の御来臨を迎えている。さらにこの月、昭和天皇の地方巡幸が京都、滋賀、奈良、三重に及んでおり、天香は京都府内を他の京都選出議員と共に二日間随行している。（天香「閑中忙記」370、同「天皇月」、同「〝杖をつけ、夜行に乗るな〟と」373）。

**淡路行願**

昭和二十六年はまた、天香が数え年で八十歳を迎える年でもあった。同人は全日本六万行願によってこれを祝することになった。そこで同人が東北六県、北陸三県、長野、岐阜、愛知、奈良、和歌山、大阪、兵庫、岡山、広島、鳥取、島根、九州七県の各地で行願を行った。二月十日の天香の誕生日には祝賀式が行われ、全国六万行願の結成報告書が天香から㊗光前に供えられた（「天香さんの八十歳の御誕生日を迎えて」364）。とはいえ、この年の八月に行われた夏の集まりで、天香は「今年は整理のつかない問題が二三あるので、いつものように自分が先頭に立つて総路頭に立つことは見合せる」ことを明らかにした。ここでいう問題とは、同人の児玉良三に関してのことであった。

児玉は四年前に腎臓結核を患い、腎臓を摘出した後、光泉林で長期に渡る療養生活を送っていた。しかしその後、病状は快方に向かい、この頃には林内の散歩などもできるようになっていた。そこで何年かぶりに朝の勤行に出たところ、児玉は「長い病気の間大勢の同人の托鉢に養われて来たことにに対する申訳けなさを忘れたかのよう」な行動をとったという。これに、居合わせた同人は驚き、天香にも児玉の態度について思うところがあったらしい。夏の集まりの後、畑の小舎で同人と児玉の間で話し合いがもたれ、さらに児玉と天香の何回かの話し合いの結果、児玉は八月二十九日に林を離れ、妻と娘五人の一家七人が路頭に立つことになった。

二十六日に開催された送別会において、天香は、懐に金のある内は救いの道の開かれぬこと、一銭も持たないで行くと到るところでめぐまれること、子供はそれぞれ豊かな福田を持っていることから心配はいらないこと、これから徳を積む生活をしていくのであるからこれほどめでたいことはないことなどを話した。さらに天香は児玉に対し、餞別として「一燈園がおちぶれたと世に見せるほど徳をほろぼすことはあらじ」「いよ〳〵となれば誰にもあけておく畑の小屋をわすれぬがよい」などの言葉を、天香喜寿と照月古稀を記念して撮影された写真の裏などに記して与えた（「児玉家の路頭をめぐつて」371）。

その後、長女と次女は神戸西宮で托鉢し、児玉夫婦と三人の娘は淡路島岩屋町の観音堂に落ち着いた。しかし、十一月中旬に児玉は脳脊髄膜炎で、岩屋の国立病院に入院してしまう。二十四日に三上和志が見舞いに訪れたところ、児玉は、「三上さん、私は病気がひどくなつてから一段と思うようになつたことは、人がどんなに云おうが、私自身は路頭に立たせてもらつたことを、いつわりなく心から感謝しているということです。恐らく私のようなものは路頭に出なかつたら、今のような素直な心で凡てのものを心から感謝することは出来なかつたでしよう」と語ったという。報告を聞いた天香は、児玉に宛てて、次のような手紙を送った。

……三上子より病状とあなたの態度とまた真実の感想をつぶさに聞き、非常に喜び安心した。児玉一家の路頭は一燈園生活の一つの標本ともなろうかと祈つていたのが全く予期以上であつたことをあなたに告げる。あなたの手紙、子供達のはがきみな残してあり、時々人にも話す位。たゞ不幸にして重病のことを聞いたが、しかし本来われらは一度既に死んだもの、㋣の世界に於ては生死はなくて悟後の修行の一事である。三上子に云われた一語一句はたしかに修行の甲斐あつたことを証明されて互いに喜ばしい。この感じは三上子を通して聞くとき一段とはつきりする。それは三上子も一度通つたことであるから。

生命はいつどこでどうなろうとも問題でなく、夭寿もまたなし。かく云う天香明日の旅行ではてるやら、またこの手紙を読まずにあなたが㋣に帰るやらわかるものではない。

たゞ嬉しきは此度の路頭の完成であつた。あとの事何の心配もせぬように。よい修行を子供達にもさせたことになる。とりあえず喜びの打電をさせたが、此手紙を書いて見舞のかわりにする。

年末に児玉の容態は悪化した。十二月二十八日、光泉林で餅つきが行われた際、天香は自らついたつき初めの餅を小餅にして七人分届けるように言い残して部屋に戻った。天香は三上和志と江谷林蔵と相談の上、淡路全島四万五千七百余戸の行願を行うこととし、小林繁を児玉の許に見舞いに送った。

二年前に発願した全日本六万行願は、この時点で目標の約一割の百五十万戸弱ぐらいに達していたという。昭和二十七年一月四日朝、天香は淡路行願の開始を発表した。そしてこの日の夜、児玉は帰光した。享年四十四歳。行願は五日から十五日まで十日間行われ、燈影中学校の生徒も含めた五十余名の同人がこれに当たった（江谷林蔵「路頭に徹した人」、天香「正月の遊戯三昧」374、三上和志「淡路行願抄」375）。

長年光泉林で児童の教育に携わってきた児玉の逝去と入れ替わる形で、昭和二十七年四月、光泉林内の燈影学園に高等学校が創設され、入学式が挙行された。同時に、燈影学園はそれぞれ一燈園小学校、一燈園中学校、一燈園高等学校を正式名称とすることとなった。燈影学園の全校生徒は約三十名、この内高等学校に入学したのは四名であった。教員は十六名であったが、半数は同人による専任教諭、残りの半数は京都市内の大学、高校で教鞭を執る教員が手伝うこととなった（天香「門前の桜と高等学校」、学園理事会「『一燈園高等学校』の設立」376）。

淡路行願　中学生班
（昭和27年１月）

また、四月二十八日には、前年に調印されたサンフランシスコ講和条約が発効し、日本は独立を回復した。これを機に、すわらじ劇園は七月五日、巣鴨の戦犯拘置所で慰問公演を行っている。これより先の昭和二十五年、インパール作戦で悪名高い牟田口廉也が一時一燈園に滞在したことがあり、天香自身、参議院議員として東京裁判の傍聴をしたこともあった（天香「詫び方の徹底について」353、来馬琢道「光泉林の印象」354）。巣鴨公演における演目は、森鷗外原作、四宮純二脚本の「山椒大夫」であり、十二時四十分と三時四十分の二回公演で行われた。一回目は八割程度であった観客入りが二度目は場外に溢れる状況となった。閉幕後、代表者から謝辞が述べられ、劇園員が収容所に帰る戦犯を合掌して見送ると、戦犯の方々も合掌して応えたという。講演後、一燈園には百十七通の礼状が届いた。特に安寿と厨子王の父母を慕う情愛に感動した人々が多く「安寿、厨子王の受けた焼ゴテに南方の刑務所での虐待を思い出し」たといった内容も含まれていた。この年、すわらじ劇園は二百八十四日の公演日、五百五十回の上演を行っている（「すわらじ劇園の巣鴨拘置所慰問と感激の礼状」379）。

## 4　冷戦下の〝理想郷〟

### 一燈園の継承と光泉林村

昭和二十八年は天香の参議院議員の改選に当たる年であった。天香は再び光友会から推され、立候補した。他方、年初に当たり、一燈園では昨年に引き続き、年頭行願が計画され、行願地は橿原神宮を中心とする奈良県一帯とされた（三上和志「すっきりとした建国の為に」385）。しかし、時期が選挙と重なり、行願が選挙活動と混同されることも懸念されたことから、七日と八日の二日間のみの行願となった。参議院議員選挙の公示は三月二十四日で、衆議院解散総選挙と重なった。投票は四月二十四日に行われたが、天香は落選した。とはいえ、八十二歳を迎えた天香にとって、落選により気が楽になったともいう。落選が確定した二十六日朝、天香は朝風呂を立て、その後、六年間の「国会托鉢」の無事終了を祝し、さらに夜には「選挙へ傾倒した熱意と能力を国内に結集していくことを同人に求めた（天香「新緑と一燈園」、「光泉林日記抄」388）。

昭和二十九年一月一日、天香は本年も五日から十日間、年頭の六万行願を行いたいと同人に発表した。本年は三重県桑名市、桑名郡、三重郡、員弁《いなべ》郡の計約五万戸を対象とすることとなった。西田武が当番を務め、三上他が準備を担当した（三上和志「行願は焔のように」397）。

行願中、西田武が天香に送った報告に、天香は安心したという。というのは、先年夏頃から、三、四人の旧参同人からなるべく早く武を相続者としてもらいたいという希望が伝えられていたからである。とはいえ、天香は、武がその器でなければ、一燈園のためにならず、武本人の苦痛になるとも考えた。しかし他方で、アメリカが三月一日にビキニ環礁で水爆実験を実施して日本の漁船・第五福竜丸が被爆、また、日本国内では不況や政界の汚職、自殺や他殺騒ぎが発生するなど、内外情勢は憂慮に堪えない状況にあった。本来、「一燈園の棄恩入無為は血族を重んじすぎる弊害を整理するため」であったが、他方で「宣光社の建設面では血族を軽んじてはなら」なかった。そこで、「光の相続が執らわれざる血族を、何となく必要と感じる旧参の同人の希望も無理ないこと」と天香は感じた。天香は四月三日、武が二十四歳となる誕生日に、武に対して、この道の後継者としての修行をさせるよう、〇光の許しを受けることに決めたことを伝えた。そして一封の書き物を渡し、それを開いた時からその中に書いてある通りに修行するよう求めた。西田武は四月十四日、それを谷野捨三、三上和志、笹原仁太郎、江谷林蔵、高橋不倦、小寺正治、そして母の漣月の前で開いた。そこには次のように記されていた（天香「混乱を解く不二門の妙諦」399）。

同志社休学と同時に、従来の奉仕ぶりを本軌道にのせたる機会に、先ず「無怨堂奉仕」をさすことにした。一燈園としては以後「多戈止《たかし》」と呼ぶがよし。宣光社としては従前通「武」なるべし。昭和五年四月三日の神武天皇祭に生れた因縁で「武」と名づけたが、「武」は本来「戈を止める」の意なり、不二の生活は両面を持つ。意義甚だ深し可味笑。

昭和廿九年四月三日、天香（花押）

亜米利加がビキニに於て、水素爆弾の試験をなしたる意味は深い。本月ジュネーヴに於て開かるべき会議（中共其他の諸国を加えて）に対しての間接準備でもある。侵略を防ぐため、平和のために戦具の威厳を示すことに於てのみ道から許さる。今日本は重大な危機でもあり、また容易ならざる使命をも持つ。「武」は宣光社、「多戈止」は一燈園、まことに此使命大なり。今より二十五年前に、既にこの使命をもつて生れたるものと心得ても、過誤の思いであるまい。為心得この一文を添えておく。

天香八十三歳（花押）　昭和二十九年四月三日誕生日（廿四回目）

これを受け、武は同志社大学神学部を退学し、「相続の下準備」としての天香直属の修行に入ることとなった。武は四月二十三日より早速、半月間にわたる東北および信州方面への天香の講演に随行した。二十四日に東京を出発し、日光、宇都宮、米沢、福島、盛岡、釜石、仙台、土浦を巡り、五月三日に東京に帰着、次いで岡谷、飯田での講演を経て、七日に光泉林に帰林した。十四日間に講演回数二十七回をこなしたという（西田武「東北・信州随行記」400）。天香はこのように各地を巡る一方で、武への相続と共に光泉林についての新たな構想を立て始めた。五月から六月初めにかけて、天香は次のような文章を記している。

我等はたとえ小さくとも、横に住みよい村（理想郷）を造つてゆきたい。それは必ずしも縦に一団一村を造るのではない、何処にもあつて横に連絡し、互いに心、身、生活を調べあい、行いあいして理想郷を造つてみたいと思うている（天香「火中の栗を拾うには」400）。

……自分は本来懺悔の生活。ことにこの頃は、已むない事のほか、他の事に目をふさぎ、自分の懺悔を中心にして、この光泉林村の完成をいそいでいる。それは何と云うても「見本を作らねば」の願をおいつめると、自己の懺悔となるからである。何と云うても一村、その中には政治も経済も教育も宗教も揃わねばならぬ（天香「いよいよ、総懺悔であろう」401）。

これまで一燈園は、個人の路頭から始まり、一燈園同人と光友による六万行願から、知徳研修会の開催、そして全国行願へと発展してきた。それが、嫡孫・西田武の相続修行の開始を機に、一つの村としての光泉林の完成を目指すというのである。つまり、宣光社としての光泉林は、より一般的な社会形態に即した地域共同体としての理想像を追求することになったわけである。

こうした天香における心境の変化の中、この年の秋から初冬にかけて、天香にとって二つの心に留まる出来事があった。その一つは、十一月十二日から十四日まで、ハンガリーの宗教哲学者フェリック・ヴァーイーが国会図書館の徳沢龍潭と共に、光泉林を訪れたことであった。ヴァーイーは来日するまでの何年間かインドに滞在し、ガンディーやネルーと親しく交流していた。そうして光泉林を訪れたヴァーイーは、そこに「偉大なる発見」をしたという。それは、ガンディーが行ったサルヴォダヤ運動が日本において実現している姿であり、また、仏教とキリスト教の両方の感情が結び合わされ、教理を別にして全ての宗教に通ずる真理を信じている姿であった。そこでヴァーイーは、光泉林を案内した徳沢に、なぜもっと早くここに連れてこなかったのか、と質し、あるいは天香に対し、もっと世界に自らの存在を知らせるよう求めたという（江谷林蔵「世界が求めているもの」406、天香「年末の新しい行事」、フェリック・ヴァーイー「日本のガンディー」407）。

天香の心に留まったもう一つの出来事とは、燈影学園で講師を務めていた浜村保次・京都工芸繊維大学教授が、燈影学園における教育の姿勢について、ある葛藤を記したことであった。それは、疑う心によって発展を目指す科学の姿勢が、一燈園の教育と矛盾するのではないかという疑問であった。そこで浜村は、「一燈園が知識を預ったときどうするか。これがこの学園の課題でなくてはなら」ず、「学問を尊び、学問の前に身を砕いて而もなお学問に執われ」ない態度が重要という結論に達した。天香は浜村の文章に、科学における謙虚な態度、一燈園生活と両立する科学の姿勢を感じ取った（浜村保次「燈影学園に托鉢して」407）。

以上の二件をきっかけに、十一月二十三日、天香は何人かの同人と昼食を共にした際、「一燈園生活の根本について、何か疑念はないか」「本当にこれで死にきれると思っているかどうか」を尋ねた。天香はそのような質問を発した理由について、次のように説明した。すなわち、天香も八十三を迎え、いつ死去するともわからないこと、そうした折りにヴァーイーから督励されたことから、「対外的に積極的に出」ることを考慮し始めた。しかし、そうであれば、同人一同の心が一つになっている必要があり、同人一同への質問になったというのである。そして天香は、光泉林の鐘がしっくりしないので、この機に朝はキリスト教の教会の鐘、夕刻には東洋風の寺院の梵鐘を山科盆地に響かせることも提案した。

天香の質問は、翌日から二十六日にかけて、光泉林の全ての同人に照会された。一燈園の同人は二十九日までに、天香に対してこの生活の使命達成に全林一丸となって精進することを誓い、天香もこれを受け入れた。光泉林のほとんどの同人にとって天香の質問は唐突であり、ヴァーイーと浜村の観察も、それ自体、全く関係のない出来事であった。しかし、光泉林の理想郷化を意識し始めた天香にとって、一方のヴァーイーの観察は、光泉林の将来に対する第三者ないし世界的な立場からなされた激励であり、他方の浜村の文章は、地域共同体を形成しながらそれに囚われない一燈園生活の根本理念を再確認させるものであった。天香は同人に改めて決意を確認することで、理想的地域共同体としての光泉林の形成に向けた同人の自覚を促したわけである。そして同人もまた、後の申し合わせで毎年この時期を霜月接心と称し、反省修行に励むこととなった（「光泉林日記抄」407、天香「歳末所感」419）。

同人の決意を受けて天香は、自由と民主のはきちがいの多い世界的趨勢の中で理想郷を造るため、「ひと（人間）は、わびあい、おがみあい」「こと（事業）は、わびあい、はげみあい」「くに（列国）は、わびあい、たすけあい」の「三わび」の標語を作成した。この三標語は、翌年初めの兵庫県三田地方における年頭行願の標語となり、さらに「三わびあい」の歌が作曲された。作詞は西田天香、作曲は近藤義次で、曲の披露は昭和三十年二月一日となった（天香「始めて作った三標語」408、同「初春雑記」409）。

## 照月の帰光

十一月二十三日に天香が提案した鐘の内、キリスト教の教会形式の朝の鐘については、光友から照月への見舞いとして供えられたテレビの購入代金の残余で買い求められることとなった。照月は昭和二十二年に転倒して骨折して以来、体調不良が続き、昭和二十九年秋頃までに健康はかなり悪化していた。昭和二十九年になると、照月はしばしば激痛に襲われており、痛みを訴える声が屋外に聞こえることもあったという。そこで十一月十日夜、天香は同人に対し、照月の状態について次のように説明していた（原川義雄「照月さんの御病気」406）。

痛いのは痛いのであるから、〝痛い！〟と云うのは差支えないので、痛い時には大いに痛いと云いなさいと云つてある。……本人も〝痛い！〟と云う丈のことで、「死を恐れる」というような気配は少しもない。この点は安心なので、先年も〝「度い」を一切云わぬこの生活ではあるが、もうこの年までやつて来たのだから、何か一つや二つ、「度い」云うて見たら〟と話した所、〝別に何もないが、強いて云えなら、「あなたより一日先に死に度い」〟と冗談まじりに云つた程で、この一線は、はつきりしているらしい。

光泉林の桜と天香，照月
（照月を介護するのは新村なつ，昭和29年4月）

照月は死を覚悟しながら、天香への最後の思慕の念を伝えた。対して天香は、その気持ちを汲み取りつつ、同人に対して自分も「痛い」という声を聞くと心が痛んだとしながら、「本当の見舞は、無心になつて各々托鉢にいそしむことである」と述べている。

朝の鐘は、照月の名に因んで「てるひのかね」（照日の鐘）と名づけられた。照日の鐘は、照月の誕生日である一月二十八日に打ち初めを行い、翌日より朝課六時と作務始めの八時につくこととなった。対して夕方の梵鐘は、長浜の鍋徳から提供された。この鐘は、「三わびあい」と夕刻に伴う寂滅の心象に因んで、「わびあいのかね」（寂相の鐘）と命名された（天香「わびあい（寂相）の鐘」409）。とはいえ、照月の衰弱は激しく、昭和三十年六月十九日未明、照月は帰光した。享年七十八歳。二十一日に密葬が行われ、本葬は、夏の集まりの初日に当たる八月七日に行うこととなった（「一燈園勝淳照月大姉追悼特集」414、「一燈園勝淳照月大姉本葬号」415）。

照月帰光の二日前の十七日より、すわらじ劇園の都市公演の始めとして京都公演が開演していた。天香も幕間に講話を行っていた。そのため、照月の死去が観客に沈痛な気持ちを引き起こさないよう、林外への通知を控え、密葬を行うこととしたのである。十八日夜七時半頃、公演会場にいた天香に、照月の危篤と至急の帰林を求める電話連絡が入った。しかし、天香は講話を終えて会場を後にし、八時四十五分に帰林した。照月が帰光したのは未明二時四十四分であった。照月は、昭和十三年、十七年、二十二年一月下旬の日付で、三通の遺書を残していた。棺は立ち棺で十分であり、寝棺ではもったいないということ、送りは霊柩車とあと一台で十分なこと、死後の法事は十七日で止めること、ただし全ては皆の思し召しに従うことなどが記されていたという。

照月は、西村屋の女中として長く働き、「あんたはん、何にもおへんけど、どうぞご飯をお上りやして」「そうどすなあ……私ら一人々々が神様仏様につながつて、お許しをいたゞいてこうやつておりますのやさかいに、とりたてゝ変つた心いうては持ちまへなんだんどすえ」といった京言葉の印象的な、賄いや身の回りの世話に気の利く女性であった（平林たい子「京都山科の一燈園に西田天香氏夫妻を訪う」）。天香は照月の思い出について、次のように記している（天香「照月の帰光について」、原川義雄「死」414）。

女学校教育を受けたこともなく、京の木屋町席貸しやの養女となつていたのですが、その家の娘と弟と共に自分を信じて光縁につながり、万難を排し先ず飛び込んで来た人で、研究もせず理解もなく、また神とか仏とかを信じたと云うのでもなく、只自分の生活へ「信」一つで来た人である。路頭にいた自分の生活への最初の信者であつたのであります。自分が何を云うても只「ハイ」の一語、ですから法喜は、自分にしては五十年にわたり力にこそなれ、何の足手まといにもなりませなんだ。

……布哇で日本人病院へ托鉢した時などは、病院の地下室が臨時一燈園となり、在布日本人の紳士達の夫人連が、この地下室の一燈園へ見学に来て、患者のシートのしきのしや、医療用のガーゼの洗濯まで手伝いながら、自分の維摩経の講義を聴いてもろうたりしたこともありましたが、法喜はこうした場合には病院の料理場から、供養の弁当をはこんだりするのですから、なごやかでしかも宗教的な珍しい空気がわいてくるのであります。

爪哇では西のバタビアから、東のスラバヤに至る都市毎の、墓地や公園の托鉢をしたり、朝鮮、満州、北支などでも、いつも法喜が家庭に入つて托鉢をさせてもらうので、それが自分の講演の裏付けとなつて、中々の力となつたものです。

照月はまた、退屈した時に番茶の葉に念仏を書いており、天香が目的を尋ねると、干した茶葉は湿気除けになるので、自分が死んだらそれを棺の底に敷いてくれるように頼んでいたという。納棺に際しては照月の茶葉の他、生前に愛用していた枕や人形、花などが入れられ、さらに天香が香語として詠んだ次の句を記した短冊三枚も入れられた。香語とは、導師が香を拈じつつ唱える言葉の意味で、天香はこれを引導の偈文の意味で使用していた。

御苦労と手向けた言葉きこえたか
皆に言うお礼はわしから伝えおく
これからは何処へゆくにも二人づれ

この内、最後の句について、天香には内心で期するものがあったようである。毎年正月、天香は朝の雑煮を食するための箸を入れる箸紙に在林者の名前を書くことにしていた。翌年の正月以降も、天香は箸紙に照月の名を記した箸紙を自らの隣に置いていた。また後年、天香は福岡市を訪れ、光友六人と「こたべ」といううどん屋でうどんを食することがあった。その時、天香はうどんを二人分用意させ、光友に対し、「これは女房の分です。私共は何処に行くにも一緒なんでして」と語っている

（河利致「帰光された西田天香師」）。照月の密葬は光泉林礼堂で行われた。読経、天香による焼香と香語、同人や光友会代表の挨拶、読経、献花の後、同人によって棺が担がれ、徒歩によって火葬場まで運ばれ、荼毘に付された。本葬は八月七日に行われ、光泉林外から五百人、同人三百五十人が参列した。

**維摩堂・路頭像・おひかり堂**

とはいえ、天香はこの年の三分の一は関東から九州にかけての林外托鉢で費やしたという。天香は依然として多忙な状況にあった。また、理想郷としての光泉林を目指す試みも着手したばかりであった。天香は、「いつ自分が帰光してもよいように」、建物の修繕、敷地の整理、新たな建物の造営を行うこととした。中心となったのは、維摩堂を建築し、そこに維摩居士を祭ることであった。維摩像は柴山清風によって作成された。さらに九月十九日、北村西望が光友の丹羽孝三と共に来林している。北村は長崎の原爆投下地に建てられた平和祈念像の作者であり、光泉林では、平和祈念像の制作にまつわる苦心談などを披瀝した。平和祈念像の原作となった小型像も、後に一燈園に寄贈されている。北村が来林したのは、丹羽が天香と照月の銅像の制作について天香に了解を得、次いで北村に制作の依頼がなされたことによる。翌二十日、北村は建設の予定地を検分し、来年十一月三日の開林記念日まで完成させることを引き受けた（「光泉林日記抄」417）。

十一月二十四日から三十日まで、昨年より開始された霜月接心が行われた。接心に先立ち、天香は一燈園生活の根本として、大正八年の『天華香洞録』に記され、『光』創刊号に掲載された「一事実」を改めて同人に提示した（「光泉林日記抄」419）。接心の期間中、「一事実」を中心とした天香の講話や同人による行願、農作業、その他の労働が行われた。これ以降、「一事実」は様々な行事に際して読

路頭像（北村西望作）

誦されることとなった。

昭和三十一年八月に開催された夏の集まりの最中の九日、ゼノ神父が来林した（江谷林蔵「聖母の騎士ゼノ修士の来林」428）。ゼノ神父とは、昭和五年に天香が長崎を訪れて以来の二十六年ぶりの再会で、来林の目的は、アウシュビッツで死去したコルベの消息を伝え、伝記を渡すためであった。しかしその一方で、開林記念日に合わせた北村西望による天香と照月の銅像制作は難航していた。北村が「一燈園生活の真諦を生かすよう、心行くまで丹精し度い」との希望を伝えたためで、そのため完成は翌年に持ち越されることとなった。そこで昭和三十二年は、毎年二月十日の天香の誕生日に合わせて行っていた全国光友会を四月七日に行い、その日に合わせて寿像除幕祝賀会を行うこととなった（丹羽孝三「寿像竣工式予定変更について」429）。

昭和三十二年四月一日、まず維摩堂が落成し、維摩像が安置された。次いで七日、天香と照月の像の除幕式が行われた。天香は、自らの像の建立を受諾した理由について二点挙げている。すなわち、「一つは、寿像は二人とも路頭に立っている姿であること。即ち正面向きにせず、維摩堂前に一礼して動き出している姿……にすること」、「次の一つは、同人一同がそれぞれ出発当時（「死ねますか」とおひかりから問われたに対して「ハイ死ねます」と答えた当時）の決心を思い出し、自分等二人と同じ心で協力し、いつでもこの姿で路頭に立てる覚悟を新たにしてはげみあい、以てこの生活の通願と別願成就の為に精進する決心を新たにする事」であった（天香「維摩居士と我等の像について」435）。つまり、維摩を先達とする帰路頭の姿を、自らと同人の戒めにしようとしたのである。

維摩堂と路頭像の建造に続き、照月に供えられた資金を基とする照心寮や、路頭時代を忘れぬため、「勿忘」の変額を掲げた野宿用の古月亭、研修のための智徳寮、さらには図書館の建築や庭園の造成も行われた。また、昭和三十二年四月は、前年十二月十八日に日本が国際連合に加盟したことを受け、十五日に京都ホテルで佐藤尚武による講演会などの記念行事も行われている。佐藤は、重光葵と共に十二月十八日の国連総会に日本代表として出席していた。四月十五日の夜、佐藤は引き続き、光泉林の学園図書館で講演を行った。佐藤は、昭和八年の日本の国際連盟脱退時、松岡洋右、長岡春一の二人と共に日本代表として連盟総会に出席していた。既に松岡と長岡は亡く、佐藤は当時と今日とを比べた感慨を述べている（佐藤尚武「世界の一員となつた日本」436）。これらをきっかけに、翌年の昭和三十三年より、天香の誕生祝賀会を四月の第二日曜日に行うことになった（原川義雄「三つのよろこび」448）。この行事は「春の集い」と呼ばれるようになる。

日本の国際連合参加を記念して、日本国際連合協会では、国連精神を主題とする脚本を全国から公募し、当選作品をすわらじ劇園によって全国に公演するという企画を立てていた。公募から審査まで短期間で行われ、応募数は三十四篇、五月八日に最終審査が行われ、優秀作として野沢英一「胡弓」

が選出された。この年のすわらじ劇園は、六月下旬から七月初めにかけて大阪、京都、神戸、名古屋、東京の各地で都市公演を上演した。

昭和三十三年一月一日、天香は畑の小舎で路頭を行い、例年と同様に同人に迎えられて光泉林に帰った。七日に始まったこの年の年頭行願は広島県の因島が選ばれ、天香も参加した。この月、天香は福井、長浜、名古屋、大阪、和歌山、東京の各地を回っている。二月に体調を崩し、一か月ほど休養をとったが、天香は八十代半ばにもかかわらず、毎月二、三度は名古屋の他、東京や大阪、神戸の光友会などに出席し、講演の依頼を受け、国連協会支部の総会に出席し、訪問客との面会をこなしていた。この間の四月一日、谷野捨三の長男・一之に嫁いだ不二が女児を出産しており、これは天香の初曾孫となった。また、四月十二日に、西田武と小寺富子（町子）の結婚式が行われた。さらに五月十九日、かつて天香がハワイを訪れた際、通訳に当たっていた黒川直也が夫婦で入園し、英語能力を生かした托鉢に当たることとなった。黒川は以後、光泉林を訪問する外国人との通訳に当たると共に、『懺悔の生活』の英訳を進めることとなる（「光泉林日記抄」445―448）。

九月十五日、天香は朝課において、文部省と日教組が勤労評定の問題をめぐり対立していることを懸念し、心、身、生活の持ち方についてまとまりをつけたいと述べ、翌日には光泉林近隣の藤尾小学校で行願を行った。これを機に天香は、全国の学校行願について願を立て、光泉林の婦人部により学校行願が行われた。天香は、光泉林内の青年を中心に朝の坐禅を促し、また小学生にも朝食後の静坐を行わせた。天香はそれらを通じ、青少年と光泉林全体の「大いなる和」としての「大和」の実現を求めた。

天香が光泉林の同人に「大和」を求めたのは、教育の荒廃と共に、武の結婚と来年に迫った自らの米寿を機に、「おひかり堂」の献堂式を年内に行いたいという希望があったからでもあった。おひかり堂とは、礼堂の裏側に位置した建物。昭和二十四年に着工し、二十七年に竣工しておひかり堂と命名されたが、天香は献堂式を行うには慎重であった。それは「この建物が着工当時の構想から……変更され、林内では飛抜けて豪華な建物になつてしまつたので、僅か三十坪の建物ではあるが、万一これの使用運用を誤まると、光泉林の生活の崩壊のもとになる虞れ」があったからである。しかしその後、世界平和への祈願や、外国人来訪者の増加、労使紛争の激化といった情勢の変化を踏まえ、室内の天井に「光卍十字」の旗章を描き、周囲の壁に世界の九十二か国の国旗を張りめぐらし、さらに建物の中心に多宝塔を安置し、部屋の一角に内からも外からも礼拝できる曼陀羅廟という祭壇が設けられた。中央の多宝塔は、四年ほど前に京都のある家にあったものに啓発され、買い求めたものという。しかし、神体についてはは決断がついていなかった。天香は、米寿を前に一燈園生活のまとまりをつけたいと考え、その一つの区切りとしておひかり堂の献堂式を考えた。天香は学校行願をおひかり堂への供え物として、献堂式を行おうと考えた。

そうした中、昭和三十三年九月二十七日、インドのプラサド大統領が来日した。天香は、新聞を通じ、プラサドの「長い間の反英独立運動を非暴力と平和主義によつて貫いて来たが、非暴力闘争は、相手を苦しめることでなく、みずからが苦しみ、その苦しみを愛の力で相手の共感を呼び起すものである」という言葉に感銘を受けた。天香は二十七日のプラサドの日本到着時間に合わせ、旧参同人をおひかり堂に集め、歓迎の祈りを捧げた。天香は三十日、京都の大宮御所において、原田健式部官長の紹介でプラサド大統領と会見した。さらにインド大使館から贈られたプラサド大統領の写真をおひかり堂の国旗の中に掲げ、その向かいに鳩をいたわる昭和天皇の写真を掲げた。十月十七日に光泉林は開林三十周年を迎え、十一月三日におひかり堂の献堂式と開林記念の祝会が行われた（天香「おひかり堂を献堂することに就いて」453、同「献堂の由来」、同「おひかり堂の献堂」、原川義雄「光堂の献堂式と開林祝賀会」454）。

## 5　見果てぬアメリカ

### アメリカよりの来客

昭和三十四年、天香は数え年で米寿を迎えた。この年の年頭、路頭に帰った天香を迎え、天香の箸紙を受けた同人は三百二十人で、七日に始まった年頭行願は広島県福山市で行われた。次いで一月三十日、一九四八（昭和二十三）年のこの日に暗殺されたインドのガンディーを記念する講演会が礼堂で行われた。ガンジー平和連盟では、毎年この日にガンディーを偲ぶ記念会を開催していたが、この年は一燈園と共同で行うこととなった。これに先立ち、平和連盟の副会長である高良とみがインドで贈与を受けたガンディーの胸像を一燈園に寄贈したいと申し出ており、その贈呈を記念日に一燈園で行うこととなったのである。講演会においては、インド大使館のポウチョバ・ダス、ガンジー平和連盟より高良とみ、今井行順らが講演を行い、これに合わせて、一燈園へのガンディー胸像の贈呈式が行われた（江谷林蔵「ガンジー翁胸像贈呈式」457）。

天香の米寿記念祝賀会は五月五日に行われることになったが、誕生日を控えた天香は、二月七日に祝賀式までの八十八日間、路頭に帰る決意で畑の小舎に泊まることとなった。そうした折りの八日、アメリカのアイオワ州立大学の宗教学教授のマーカス・バッハが夫妻で来林した。バッハはこの時、牧野虎次を会長とする京都国際宗教同志会の斡旋で、同志社大学、亀岡の愛善苑、大阪の金光教泉尾教会などを訪れる予定となっていた。バッハの講演に際し、牧野より一燈園の黒川直也に通訳の依頼がなされ、また、今岡信一良からバッハに一燈園が紹介されたことから、バッハは能楽鑑賞の予定を取り止めて光泉林を訪問したのである。バッハは天香との会談で、テレシナが一燈園に七か月滞在したことなどを知った。テレシナとバッハは旧知の関係にあり、バッハも天香も奇縁を感じたという。しかもバッハは、「諸宗の真髄を礼拝し帰一の大願に参ぜん」という光明祈願の一節や同人の生活形態に感動した。そこでバッハは、帰国後、一燈園内で関西国際宗教同志会の事務局を担当する黒川に対し、天香の訪米を提案した。と同時に、同志会側でも、アメリカより日本宗教の研究者を招聘し、一年間の滞在費を提供しようとする準備を行っていることをバッハに伝えていた。黒川はこの二件についてバッハと打ち合わせるため、九月八日にアメリカに向けて出発した（黒川直也「バッハ博士に随行して」458）。

黒川は、現地八日の夕刻にハワイに到着した。黒川はハワイの様子について、「天香さんが照月さんを伴つてハワイに托鉢され㊟の良き種を蒔かれた」のは「丁度卅二年前の事で……昨今では二三の古参光友を除いては一燈園も天香さんの事さえ無知同然な時代となり」、「常夏の天候と物質と弗万能に恵まれたホノルヽの人達はその天井抜きの高き生活水準に鰻上りし、古巣に戻つた筆者にさえ、享楽三昧の生活を辿つて居る様に見え」るが、他方で一燈園の脈も続いており、来着の日からほとんど毎日のように一燈園の話で「引張り凧の状態の中に托鉢」することになったと書き記している。黒川は九月二十七日にハワイを出発し、ロサンゼルスを経由してアイオワ大学のバッハを訪問した。

黒川とバッハの協議の結果、日米双方より、天香を含めた宗教訪問団を派遣し合うこととなった。さらに協議の後、バッハは黒川に天香への贈り物として数珠を託した。黒川は十一月十九日に帰林し、天香に訪米報告を行い、バッハより預かった数珠を天香に渡したが、数珠に添えられた十月十六日付のバッハの書簡は、次のように記していた（黒川直也「アメリカの旅より」467）。

この念珠（ロザリー）は、昨年私がアラビアのメッカ寺院に参拝した時、一僧侶から贈られたものです。一見普通の小石をつなぎ合わせた数珠のように見えますが、この石は周囲が暗くなると光を放ちます。

私はこれを見る度に、暗い世界に光を放つておられるあなたの御生活を偲ばずにおられません。いわばこのロザリーは、あなたの尊い生活の表徴とも思われます。

天香はこの数珠を、まず別室の照月の霊前に供え、次いでそれをおひかり堂の中心の多宝塔の中に安置した。

その間の五月五日に行われた天香の米寿祝賀式には、千二百人が出席した。そして天香の米寿記念に際し、光友会では、天香に自動車を贈呈することとなった。天香はその際、光友に対する新たな下座と奉仕の精神の確認を求めた上で、これを受け取った。贈呈された自動車は、懺悔福田車と名づけられた。とはいえ、天香は懺悔福田車を直ちに利用することもなかった。天香は、それを乗り回すと「あれから一燈園がかたむき出した」といわれることを懸念し、また、自分が呼ばれれば先方が送迎をしてくれるからでもあった（西田天香「米寿の祝いの自動車について」459）。

祝賀式の翌月六月十二日より、恒例のすわらじ都市公演が始まった。天香は幕間の講演を担当し、十二日の京都公演に始まり、神戸、大阪、名古屋、大垣、東京、福島、山形県板谷、米沢の各地をめぐり、七月一日に帰林した。三回目となるこの年の国連劇は、公募とせず、委嘱作品として「聖徳太子」が上演された。同作品は、この年に皇太子殿下と美智子妃殿下の御成婚が行われたことから、歌舞伎でも上映された。また、すわらじ劇園では、都市公演と並行して行われる地方巡業で、関山慧玄の六百年大遠諱に合わせた「伊深の慧玄さん」を上演した。これは、前年末に花園大学学長・山田無文から劇園に相談がなされ、実現したものであり、「伊深の慧玄さん」は十月五日に日本テレビで放映された。この頃の放送は全て生放送であったため、放送に際し、テレビカメラに向かって生演技を披露していた。しかし、こうした華やかな活動の一方で、九月二十六日には伊勢湾台風によって三重県に甚大な被害が発生していた。一燈園でも断食を挙行し、支援活動に当たった（『すわらじ劇園五十年の足跡』、村田正喜「水災地托鉢の記」467）

昭和三十五年、一燈園にはアメリカより二組の重要な訪問者があった。まず四月二十四日、テレシナ夫妻が来林し、八月二十一日の帰国まで光泉林に滞在した。昭和十一年から翌年にかけてのテレシナの一燈園訪問以来、二十三年ぶりであった。テレシナの夫はジョゼフ・ヘイヴンスという人物で、クウェーカー教の雑誌に紹介した一燈園に関する記事をきっかけに二人は知り合い、昭和二十二年一月に結婚していた（「ローウエルさん――結婚」322）。次いで十月二十二日、バッハ博士一行が来日し、曹洞宗本山総持寺、立正佼正会、国際キリスト教大学、築地本願寺、明治神宮、伊勢神宮の他、京都では妙心寺、相国寺、伏見稲荷、一燈園などを訪問し、さらに広島の原爆ドームにも訪れている。バッハは前年の黒川の訪米によって決定された視察団を引率して来日しており、これに対する日本側の訪米視察団が翌年に行われることとなった。この年、天香は九十歳を迎えており、バッハに対する答礼の宗教巡礼団は、十月下旬に出発することに決定した。一燈園からは天香と丹羽孝三、黒川直也が参加することとなった（黒川直也「愛の行者」478、同「懺悔の霊場－広島」479、同「渡米宗教視察団」489）。

### 托鉢への決意

昭和三十六年度の夏の集まりを前にした八月四日、天香は同人に対し、三日間を総参にして話を聞いてもらい、一燈園での生活に飽き足らぬ点のある人がいるならば、一日も早く進退を決めるように求めている。そして翌五日より三日間、朝課に在林の同人のほとんどが出席し、天香より話がなされた。その上で八月十五日、天香は朝より四、五人の旧参同人を必謹寮に集め、訪米に際しての重大な決意を語った。会合に参加した三上和志は、その時の模様について次のように記している。

天香さんは少し蒼い顔していられるが、真剣な面持であり、涙を浮べていられるかと思われるような何かに充ちた眼ざしであつた。そう見たのは私丈けではなかつたと思う。

従つて皆は無言勝ちになり、応接室は緊張と沈黙の空気となつた。じつと天香さんを見た。お口の辺りを――。

「色々渡米の準備をしてくれて有難う。此度アメリカが私を呼んでくれるのは、一燈園生活の不二の姿を呼んでくれるのであろうと思う。どの宗教も生活に於いて不二であると云う姿の天香を呼ぶのであろうと思う。それである以上、それを思つて行かねばならぬと思う。それは只俯向いて托鉢している時にのみその生活に表われているものと思うし、一燈園の始めから終り迄の使命はそれだと思う。私はそれを持つて行くのが招かれた本当の使命と思うから、その姿で行きたく思うから、私丈けは船で行くことにしたい。船の中で甲板を洗い、皿洗いしつつ行きたい。それが本当の呼ばれた答えだと思う。二度の訪米の時船で行つたのでそのことはもう試験ずみだから船にしたいのだが――他は飛行機で行かれてもよいが――」と静かに天香さんは云われるのであつた。

私達はアッと驚いた。

一同は取りあえず、相談してから返事をすると答えて散会した。同人に天香の意図はよく理解されたが、九十歳を迎えようとする天香に皿洗いや甲板洗いの船旅をさせるわけにもいかなかった。また、飛行機での出発日も決まっていた上、他の代表団との兼ね合いもあった。そのため、丹羽孝三より天香に変更が不可能であることが告げられ、天香も了承した。しかし、天香は「大変淋しそうであった」という。

その日の夕刻、天香は再び同じ同人を必謹寮に集めた。天香は明るい顔をし、甲板洗い、皿洗いをしながら船で行くつもりで飛行機にいくことにしたことを述べ、一同は安堵した。天香が一同を集めたのは、訪米に際しての相談事がないか確認するためで、これを機に様々な打ち合わせがなされた。ところがそうした折りに、ある同人が、東京に向かうため京都を出発する日程について天香に尋ねたところ、天香は暫く黙した後、十月末の予定を今決めなければならないのか、と答えた。日程についての質問がなされたのは、天香の見送りを希望する光友がいたためであった。そうした事情が説明されたが、これに対して天香は、再び沈黙した後、「見送つて貰わなくてもよい」と語気強く答えた。会合は気まずいまま散会となった（三上和志「悠久なる路頭」491、492）。

ところが、その日の夜、八月十六日の深夜一時半頃、天香は軽度の脳出血を引き起こし、一時意識不明の重態に陥ってしまう。天香は無怨堂で寝ており、他の一室に一、二の婦人が詰めており、その部屋には天香から合図を伝える呼び鈴が引かれていた。未明一時半頃、その呼び鈴が鳴り、詰めていた女性が天香を訪れたところ、天香は既に意識を失っていた。翌朝の医師の診断で、軽度の脳出血と診断され、絶対安静、面会謝絶となった。その後、三日間は水も摂れない状態が続いたため、このまま自然死を迎えるか、栄養注射で保たせるかとなったところ、四日目に水分を受けつけ始め、ほどなく意識も回復した。

天香が倒れたのは盛夏の最中のことであったが、八月下旬のある日、天香は部屋の窓が閉め切られていることに気づいた。これは、光友から冷房機が提供されたからであった。天香は窓が閉め切られている理由を尋ね、室温を下げる機械が備えられたことを理解すると、それを止めてもらいたいと指示した。理由は、それが誰の病室にでも備えられるものでないと考えたからであった。天香は「暑い時には、その暑さを、皆でそのまゝ受取ろう」と述べ、世話している人々もそれに従った（山田隆也「林声泉語」500）。

九月七日の診断で、手足を使った軽い運動を行うよう指示されたが、複雑な思考で頭を悩ませることは控えるようにとのことで、面会謝絶は継続された。とはいえ、倒れてから一か月後には起き上がるまでになり、九月十九日には約五百メートルを徒歩し、万難を排して渡米する決意を表明している。十月二日には福田車で山科まで外出し、三日には熱田神宮に視察団の篠田康雄宮司を訪問している。この時点でも、天香は渡米の意思を強く持っていた。

とはいえ、十月六日の精密検査の結果、医師より渡米中止が勧告され、八日に丹羽より天香に対する説得がなされた。丹羽は、今回の訪米では天香の希望は十分に実現できないことから、来年、満九十歳を迎え、健康を完全に回復した後、同人と光友が随行する天香中心の訪米団を企図したいと述べ、天香もこれを受け入れた。その結果、武が代理として渡米することとなった。十五日に武と丹羽の送別会が開林記念祝会に合わせて行われ、武は二十五日に京都を出発、二十七日に羽田を出発した。天香も羽田空港まで見送った（「光泉林日記抄」489、490）。

## 訪米使節団

訪米団は、団長に金光教泉尾教会の三宅歳雄が就任し、他に曹洞宗の大村仁道、浄土真宗の高辻恵雄、鶴ヶ丘八幡宮宮司の岡田実、熱田神宮権宮司の篠田康雄、大本教の桜井重雄、立正佼正会の鴨宮成介、新宗教連盟の楠正俊、そして一燈園の西田武、光友会当番の丹羽孝三が参加し、黒川直也が通訳として同行した。一行はハワイ時間の二十六日午後十一時にホノルル空港に到着した。

二十七日、一行は真珠湾、市庁、州庁、日本人養老院、太平洋戦争戦没者の国立記念墓地を訪れた。その後の自由行動の時間に、西田武、丹羽らは、松井登太郎、当山哲夫、東福寺子四郎ら、三十年前に天香がハワイを訪れた時の知己と会い、光友会を開催した。当日夜十一時、一行はロサンゼルスに向けて出発した。二十八日朝に空港に到着し、バッハらの出迎えを受けた。三十日に南カリフォルニア大学を訪れ、宗教学者との懇談会や学生集会に参加した。十一月一日に飛行機でデンバーに移動、仏教教会でバッハの講演と討論会が行われ、日本側では三宅と高辻が講演を行った。

十一月二日にデンバーよりアイオワに飛行機で移動し、武一人はバッハ宅に宿泊した。翌日の日程を終えた夜、武はバッハに天香からの贈り物を渡した。それはバッハから贈られた数珠への答礼であり、天香が病後に記した円相の色紙、一燈園小中学校生徒が記した名簿、岡橋三山篆刻の象牙の鈴、そして舞扇であった。翌日、武と丹羽はバッハ宅の芝生の掃除をし、一行は鉄道でシカゴに向かった。以後、六日にカンザス、九日にダラスへと移動し、十日に南メソディスト大学でバッハの講演と三宅、楠による論評、そして丹羽による講演が行われた。ここで丹羽は、天香の新生涯開始の経緯から話を始め、天香が自ら先頭に立って人のために働くことによって真の平和が実現できると考えていること、そして天香を中心に様々な宗教の人々が平和に共存していること、バッハが天香の訪米を求めたのはそうした事実に共鳴されたからと信じていることなどを述べた。

しかしその一方で、学生集会などで最大の問題となったのは、ソ連による水爆実験に対し、アメリカがどのような対応を行うかであった。アメリカの宗教家、学生たちは、アメリカによる水爆実験再開を自由主義陣営の平和を守るためのやむを得ない措置とし、特にアメリカの核実験が地下で行われ、放射能汚染を引き起こさないことを高く評価するものであった。アメリカ側はそれを前提に、ソ連による水爆実験再開についての意見を日本側に求めたという。一行はその後、フォートスミス、リトルロック、デトロイトを経て十五日にミネアポリスに移動した。ミネアポリスのマラカスター大学で行われた講演会には、カールトンからテレシナが学生二十名ばかりを連れて訪れていた。そこで翌十六日、午前の日程を終えてから武と丹羽はカールトン大学とテレシナの自宅を訪問した。夫のヘイヴンスは心理学を教えていた。テレシナは十九日から三日間、十五人の学生と共にワシントンに赴き、ホワイトハウスの前で断食を行い、ケネディ大統領に水爆実験反対の抗議を行う予定であった。武と丹羽にとって、これがアメリカにおける初めての原水爆反対の意見を有する人々との出会いとなった。

一行はニューヨークを経て二十日、二十一日にワシントンに滞在し、行程を終えた。一行は団を解散することとし、二十一日に空港でバッハと別れることとなった。日本側を代表して三宅より、四週間、九千マイルの強行日程の中で、有力者との懇談会を二十回、大学での講演会を十二回、一般人との会合を十六回行ったことによる成果について感謝すると共に、相互の理解不足から若干の誤解が生じたことについて陳謝した。これを受けてバッハも、今回のことは初めての実験的なものであり、今後の努力が重要であると応えた。一行の大部分は、サンフランシスコに向かった。

二十三日、武ら六人はサンフランシスコを出発し、二十四日にホノルル空港に到着した。武と丹羽は往路と同様、松井らの歓迎を受け、同日夜には「喰うか喰われるかの現代生活と一燈園」と題する講演会が行われた。そこで武よる天香の病後の様子や黒川による訪米視察の成果について報告され、丹羽による一時間半の講演が行われた。翌日、武らはマウイ島を訪れ、東福寺らを訪問すると共に、島の案内を受けた。二十七日に武、丹羽、黒川はホノルルを発ち、二十八日夜に羽田空港に到着、夜行で京都に向かい、十一月三十日朝に帰林した（西田武「アメリカの旅から」491、同「アメリカ巡礼日記」492、494、495）。

## 6 帰　光

**阿雲洞と霜月行願**

昭和三十七年は天香が満九十歳を迎える年であった。この年の誕生日を控え、天香は、お光堂内の多宝塔の周囲に堀を設けさせ、これを阿雲洞と名づけた。誕生日の一か月前から天香は肉類を断った精進料理を取り、最後の十日間は毎朝の食事を小学生と取った。さらに、天香は、誕生日までにある同人から藁草履の編み方を教わり、自ら一足の草履を編み上げた。天香は完成した翌日、同人に対し「文明に同化し、文化に従う生活は出来易い。文明に逆らい、文化に抗する生活は容易でない」と述べると共に、自分の誕生日にそれを履き、さらに今後も藁草履を作って他の人にも履いてもらうつもりであることを述べた。

**阿雲洞開扉**
（中央が天香，左奥は西田武，正面は多宝塔）

誕生日の二月十日、天香は白装束と藁草履を身に着け、小学生と共に阿雲洞に坐り、阿雲洞開扉式典として自らの誕生日の行事とした。お光堂の内部は、天井に光卍十字、周囲の壁に万国の国旗が掲げられ、中心の多宝塔には世界の統一、共存への願いが込められている。阿雲は「阿吽」に通じ、一切の始まりと終わり、あるいは万有の本体とそれが帰結する智徳を意味する。天香は子供たちと阿雲洞に籠もることで、誕生から九十年までの人生を通じた、下座の精神による世界の平和と共存を祈念し、さらにその願いを子供たちに託そうとしたのであろう。式典は雅楽の演奏の中を天香がお光堂に入堂し、般若心経の読経、一事実・行願歌の提唱、王雲三唱を行い、さらに妙心寺管長の古川大航、花園大学学長の山田無文、明治神宮宮司の甘露寺《かんろじ》受長《おさなが》、元同志社総長の牧野虎次、京都大学名誉教授の久松真一らによる来賓挨拶などが行われた。午後からは改めて祝会が行われ、佐藤尚武他の挨拶や、小学校による演劇、演奏が行われた。(笹原仁太郎「阿雲洞開扉」494)。さらに一般光友による祝賀会が四月一日に行われている。

前年に脳出血を患いながら、天香の回復は相当のものであった。天香が軽く出歩く時でも、同人は心配して誰かを随行させたが、天香はそれが気に入らず、「付き従う者を叱つて去ら」せたり、「随行する者に他の用事を云いつけて、一人にな」ったりしていた。強いて誰かが随行者について懇願すると、「人それぐ〜なすべきことがあ」ると答えていたという(山田隆也「林声泉語」500)。さらに十月二十二日からは四年ぶりとなる九州巡行を行った。博多から宇佐、高田、別府をめぐり、海路で神戸に到着し、次いで十一月十六日から福井に向かい、一日に四回の話をするほどであったという。十八日に金沢を訪問、二十二日には広島へ向かい、呉、宮島を訪れて二十五日に帰林したが、二十八日にはまた東京に出発し、十二月一日に東京から名古屋に向かい、光友会に出席している(原川義雄「天香さんの九州巡錫」502、江谷林蔵「北陸路の天香さん」503)。天香は翌三十八年および三十九年を通じても、すわらじ劇園における幕間講演や、各地の光友会など、九十歳を越えた高齢にして毎月のように各地を巡っていた。ただし、病後の天香は、これまで欠かさなかった『光』紙への執筆を行わなくなった。天香の負担を考慮し、『光』誌は、天香に関しては過去の文章を再録するのみとなった。

昭和三十九年九月五日、天香は大阪の四天王寺に参詣した。出口常順管長によって迎えられ、落慶復興の完成した大伽藍を拝観し、太子殿に詣でた。参詣の後、天香は出口管長にまた改めて挨拶に伺うことを述べて別れた。その時、同行した西田武は、「いずれご挨拶を」という天香の言葉が心に残ったという。そこで武は、これを自分に下された公案として捉え、「和を以て貴しとなす」という聖徳太子の精神に因んで四天王寺を中心とする六万行願を発願することとし、園の主な同人と相談の上、天香の了承を得た。こうして十一月二十九日、これまで毎年行われてきた霜月接心の一環として、霜月行願が行われることとなった。行願には、学園の小学生を含めた三百六十人余が参加した(西田武「四天王寺行願発願について」、中田晃「塔に舞う平和のハト」528)。四天王寺とその周辺を中心に行われる霜月行願も、この年以降、光泉林における重要な年中行事となった。

昭和四十年十一月二十八日より行われた第二回霜月行願に、天香は車椅子で参加している。この頃には歩行に支障を来すようになっていた。霜月行願には同人百六十名、光友五百名が参加している(西田武「霜月行願発願・禱了について」540)。その直前の十月二十一日、文部省から光泉林に天香への叙勲に関する照会が電話でなされていた。天香はこれに対し、維摩経にある「無起」の言葉を引いて辞退する旨を答えた。無起とは、「果を生ずべき因のなさ」を意味している（「光泉林日記抄」538）。その一方で、昭和四十二年、天香の郷里・長浜は市制施行二十五数年を迎えており、三月二十七日に市会は満場一致で天香を長浜市名誉市民第一号に推挙した。天香はこれを受け入れ、四月一日に市民章の贈呈式が開催されることとなった。しかし、この間に天香の老衰は進んでいた。この年、天香は一月四日に長浜に出かけていたが、それ以来外出しておらず、贈呈式にも出席できなかった。式には笹原仁太郎が代理出席した。四月七日、林内の桜が満開の頃、久し振りに戸外に出、車椅子で桜を観察している。十六日に天香の満九十五歳の祝会が催されたが、天香は来賓の挨拶の間、腰掛に坐りながら合掌し続けていた。その後、六月一日に手押車で林内を散歩することもあったが、八月二十七日、天香は遂に重態に陥ってしまう（「光泉林日記抄」555、556、558、西田武「合掌の中に生きつづけられる天香さん」566）。

### 最後の托鉢

この日、西田武は東京の光友会の夏会に参加していた。連絡を受けた武は、翌日の夏会の終了後に丹羽と共に帰林した。天香は危篤状態で、葬儀をどのように行うか相談が行われた。しかしその後、天香の容態は回復した。これ以降、天香は病床生活となり、流動食を主とし、水分を取れない時は、ブドウ糖やリンゲル液を注射して小康状態を保った。十月頃、京都新聞社より四月十六日の祝会における天香の写真が届けられた。天香はその写真を毎日眺めていたが、ある時「たいていいやないな、この顔は」と語ったという。そして十月終わり頃、西田武が天香の枕元を訪れた時、天香は「死ぬぞ、死ぬぞ、死ぬぞ」と三回繰り返した。写真の表情に、自らの死期を感じ取っていたのであろう。

西田武によると、天香が「死ぬぞ」と話した後、武に対する天香の態度に変化が生じたという。それまでは、武の長男・宗敬が天香を訪れると素直に喜んでいたのに対し、武が訪れても「心なしか硬い表情」をしていた。それが、「死ぬぞ」の後には武の訪問に対しても宗敬と同様に微笑んで迎えるようになったというのである。武は「死ぬぞ」の言葉とその後の変化に天香における「病人としての托鉢」の思いと「遺してゆくものへの最後の警告」を感じ取ったという。それから四か月間、天香は、玄米粥一椀を付き添いが二時間かけて食させるという生活が続いた。その間、九月からは全五巻となる『西田天香選集』の刊行が春秋社から始まった。

さらに九月に急遽、光泉林内に研修道場を建設する計画がまとまった。そこで、全国光友会当番の丹羽孝三によって、『光』誌十月号に「一燈園生活研修道場禱立費勧進」(561)が掲載された。ここで丹羽は、天香が国際連盟の発足に応じて六万行願を発願し、昭和期の戦争を控える中の昭和十六年二月に第一回智徳研修会が開かれたこと、その後、戦争が勃発し、日本に原爆が投下されながら、米ソによる核兵器の開発が進められていることに言及した上で、一燈園生活の研修が「焦眉の急を要する」ことを訴えた。おそらく天香の生前中の完成を目指したのであろう。しかしそれはかなわなかった。

年を越えた昭和四十三年二月二十九日午前十一時半頃、天香は前日に光友から供えられたメロンを二切れ食したが、その後、容態が急変した。武や医師の見守る中、十二時六分に乱れた呼吸が止まり、体中の空気を吐き出すかのように「はあー」と息を吐き、天香は帰光した。十二時十分のことであった。天香の帰光を受けて、全林に弔鐘が鳴らされ、同人が参集した。夕刻から天気が崩れる中、電話や弔問の来客が相次いだ。二十九日夜、林内同人によって通夜がなされた。

三月一日朝、光友会当番である丹羽孝三より西田武に、一燈園の当番として天香を受け継ぐに際し、路頭から招きたいので夫婦で路頭に立ってもらえるよう伝えられた。西田武もこれに同意し、武は一旦路頭に帰った上で、丹羽や病気療養中の三上和志などによって改めて受け入れられる形で当番に就任した。この日、天香の遺体は礼堂に安置され、来林した光友と同人で通夜が行われた。講演先から駆けつけた山田無文がこの日の読経を担当した。三月二日、同人三百名の他、会葬者二百五十名による密葬が行われ、遺体は火葬に付された（西田武「路頭から当番をお受けして」567）。

天香の本葬は、三月十七日に挙行された。葬儀に際し、葬儀委員長を務め、挨拶に立った丹羽孝三は次のように述べた（丹羽孝三「ご挨拶」「式次第」）。

天香さんの葬儀に費用をかけて、世間的な盛大さで営もうとすればどんなにでも盛大にできると思います。……然し「それ見たことか！　天香さんもやっぱり死んだら葬儀に金がかかったではないか？」と、この生活に誤解を招き、天香さんの言葉を借りて言えば、「真生活への精進をはばもうとする悪魔に凱歌」をあげさせては申し訳けないと思います。そこで葬式も冠婚式と同じく、一燈園生活でなら少しも費用をかけずとも、こんなに厳粛に営むことができるということを、天香さんとのお別れの式で実証して、この生活に向けられた最後の不安? を一掃するのが後に残された私共への公案かと存じます。

明治五年の誕生から、明治三十七年の新生涯の開始、明治三十九年の最初の一燈園の成立、大正二年の鹿ヶ谷一燈園の建堂、昭和三年の光泉林の設立を経て昭和四十三年の帰光に至った天香の人生は、九十六年の長きに及んだ。その間、天香や一燈園、光泉林は、多くの人々の死によって支えられてきた。そして天香もまた、自らの生涯と死によって、一燈園同人から光友、そして世界へと、命を超えた精神と生活のあり方について、訴えかけている。

# 参考文献

本文で言及した資料を主として掲げたが、一燈園資料館香倉院には、一燈園に寄贈された回想や社史、私家本、さらに調査のために収集された研究資料が保存されており、一覧の作成に当たっては、参考に資するためにそれらからも多くを採用した。一燈園に関する批評や研究には、天香の著作や、短期間の一燈園訪問、滞在に基づいて、生活の様子や行事、儀式などを紹介し、その感想や印象を記すもの、特定の理論や分析枠組みで新宗教としての特徴を捉えようとするもの、階級闘争を進歩的とする立場から一燈園の活動を批判するものなどがある。完全を期すことはできないが、思想的立場や言及の多寡にとらわれず、幅広く紹介するよう努めた。


**【香倉院所蔵文書】**

「西田天香日記」(二十八冊)
明治三十五、四十年、大正三、七〜十五年、昭和二〜十二、十四、十五、十八、三十二年(昭和二年は和装と洋装の二冊)
「落脂記」明治三十年五月二十一日
明治三十四年八月十二日付、西田天香筆巻紙
「天華香洞日録」

「回覧集」（複写資料）

## 書　簡

明治四十三年十二月、奥田勝宛、西田天香書簡（控）
大正三年三月十一日付、西田天香宛、西田又蔵葉書
大正三年三月十三日付、西田天香宛、西田又蔵葉書
大正五年九月三日付、本多りゑ宛、西田又蔵書簡
大正六年二月二日付、西田宣光（又蔵）宛、西田天香葉書
大正十二年十一月十四日付、西田天香宛、尾崎放哉書簡
大正十二年十二月二十七日付、西田天香宛、松本安蔵書簡（書簡一一一六）
大正十三年九月十三日付、西田天香宛、山岡千太郎書簡（書簡一七六四）
昭和十五年十一月二十六日付、西田天香宛、寺村銓太郎書簡（書簡二七八八）
昭和十六年八月二十六日付西田天香宛松原博道書簡（書簡四一一一）
昭和十三年十月五日・昭和十四年九月二十日、西田天香宛太田虎雄書簡

## 田乃沢鉱山関係資料

「売買契約証書正式謄本」（田ノ沢鉱山資料八三）
秋田地方裁判所大館支部「大正九年四月二十日判決」（田ノ沢鉱山資料一五五）
大館区裁判所「強制競売開始決定」大正十一年七月二十日（田ノ沢鉱山資料一五六）
杉本徳次郎宛吉田東馬書簡、大正十一年十二月十四日（田ノ沢鉱山資料一六一）
「和解ニ関スル契約」明治四十年一月十五日（田ノ沢鉱山資料一六四）
「田乃沢鉱業株式会社　趣意書・起業目論見書・仮定款・説明書」（田ノ沢鉱山資料四三〇）

「明治四二年鉱業明細表」「大正二年鉱業明細表」（田ノ沢鉱山資料四五四、四六九、四七〇）
「鉱業権贈与証」大正七年一月十八日（田ノ沢鉱山資料五〇二）

**【西田天香の公刊文献】**

「梁川法兄と我れ」『新人』第八巻第一〇号、一九〇七年一〇月（復刻版、第一一巻、龍渓書房、一九八八年）
『懺悔の生活』春秋社、一九二一年
西田天香と一燈園の名を全国に広めた天香の主著。大正九年から十年にかけ、一般向けに行った講演をまとめたもの。天香の講演は、説教や訓示をするというよりも、天香や天香が出会った人々の実体験を紹介することを基本としていた。本書も、天香と天香に様々な行き詰まりを相談した人々とのやりとり、そしてそこから天香が感じ取ったことなどを紹介している。
『托鉢行願』春陽堂、一九二二年
『黎明のさゝやき』回光社、一九二六年（改訂版、一九三〇年）
『八想録』中外出版、一九二六年
『亜米利加をのぞいてきて』回光社、一九二九年
『白日に語る――一燈園から見た社会問題』回光社、一九三〇年
『一燈無尽』回光社、一九三二年
『一燈園と維摩経』回光社、一九三三年
『こゝろの屑籠』回光社、一九三四年
『思ひ出』回光社、一九三五年
『幸福なる者』回光社、一九三六年

『光明祈願』回光社、一九三七年
『拝みあひの生活』回光社、一九三九年
『箒のあと』回光社、一九四一年
『真文化への門』回光社、一九四七年
『懺悔と贖罪』回光社、一九四九年
『地涌の生活――一燈園生活五十年の回顧』一燈園出版部、一九五四年
『九十年の回顧』一燈園出版部、一九六二年
『西田天香選集』春秋社
　第一巻『懺悔の生活』一九六七年
　第二巻『一燈無尽』一九六八年（『一燈無尽』、『黎明のささやき』、『一燈園と維摩経』を所収）
　第三巻『幸福なる者』一九六八年（『幸福なる者』、『亜米利加をのぞいてきて』を所収）
　第四巻『箒の跡』一九七〇年（『白日に語る』、『光』巻頭言を所収）
　第五巻『光明祈願』一九七一年（『光明祈願』、『思い出』、『懺悔と贖罪』他を所収）
『西田天香語録』Ⅰ、Ⅱ、一燈園出版部、一九九六、二〇〇四年
『天華香洞録』全六巻、光泉林、二〇〇四年
　明治三十七年の「愛染堂の三日間」の直前から、大正十五年のハワイ滞在時まで記された天香自身の行動と思索の記録。現存する三十六冊を全六巻に編集。平易に整理された『懺悔の生活』に対して内容は多岐に渡り、難解な記述も含まれるが、天香の思索の変遷や宗教観を理解するための根本史料。

## 【一燈園同人による文献】


江谷林蔵『わが求道』一燈園出版部、一九七〇年
鹿ヶ谷を偲ぶ会『私達の足跡』八田勝三編集・発行、非売品、一九七六年
笹原仁太郎『今ここに生きる』一燈園出版部、一九七四年
鈴木五郎『この三人――天香・百三・トルストイの思想と生活』春秋社、一九七二年
鈴木八重造・境重蔵『考え詰った時妙な相談場所がある――一燈園畑の小舎物語』燈影舎、一九八八年
玉井冬至他編『すわらじ劇園五十年の足跡』すわらじ劇園、一九八一年
燈影学園『燈影学園50年の歩み』燈影舎、一九七三年
中田　晃『燈影荘物語』一燈園出版部、一九七二年
三上和志『路頭に帰る』回光社、一九三六年
――『なつかしき坐』一燈園出版部、一九五七年
――『人間の底』一燈園出版部、一九六〇年
――『地下を流るる水の如く』一燈園出版部、一九七二年
山田隆也『陽は暖かく』一燈園出版部、一九七四年


## 【新聞記事】


「俳優の変り物（市川福之助の人生観）」『大阪朝日新聞』明治四十一年二月二日
「一燈園物語」『中外日報』大正八年十一月二日〜十二月四日（全二十七回）
「托鉢と授業を兼修　珍しい一燈園の燈影小塾　西田式の大正寺子屋」『京都日出新聞』夕刊、大正十三年十月五日

「スクリーンとステージ」『大阪朝日新聞』昭和六年四月十六日（『すわらじ劇園五十年の足跡』一二～一三頁に転載）
「一燈園への道」『大阪毎日新聞』昭和八年一月三十一日（『光』一三四輯、昭和八年二月に転載）

【全集・回想】

愛知県立安城農林学校同窓会『流芳』復刻版、全八巻・別冊一、流芳復刻版刊行会、一九八七年
朝河貫一書簡編集委員会編『朝河貫一書簡集』早稲田大学出版部、一九九〇年
岩波書店編集部編『岩波茂雄への手紙』岩波書店、二〇〇三年
石居太楼「半世紀の歩み」『東南アジア研究』第一六巻第一号、一九七八年六月
今岡信一良『人生百年』日本自由宗教連盟、一九八一年。
――『わが自由宗教の百年――人生大学に卒業なし』大蔵出版、一九八二年
岩橋武夫『私の指は何を見たか』日曜世界社、一九三一年
――『光は闇より』ライトハウス出版部、一九三五年、一九四七年再版
魚住影雄（安倍能成編）『折蘆遺稿』岩波書店、一九一四年
魚住影雄『折蘆書簡集』岩波書店、一九七七年
宇佐美英「下座の行者西田天香」『日本及日本人』第八一九号、一九二一年一〇月一日
内島北朗『尻っ尾』層雲社、一九六九年
江渡狄嶺『地湧のすがた』青年書房、一九三九年
「江渡狄嶺研究」編集委員会編「江渡家の往復書簡」（一）（二）『江渡狄嶺研究』第一五号、第一八号、一九七〇年八月、一九七二年七月

大宅壮一『日本の人物鉱脈』文芸春秋新社、一九五九年（『大宅壮一全集』第一一巻、蒼洋社、一九八二年）
尾崎放哉『尾崎放哉全集』増補改訂版、弥生書房、一九八〇年
――『放哉全集』全三巻、筑摩書房、二〇〇一～二〇〇二年
亀谷臥石（天香序文）『炉ほこり』一燈園印刷部、一九五二年
河　利致「帰光された西田天香師――追憶の中に蘇る天香さん」社会法人光華園編集・発行『人間創造』二四二号、一九六八年四月（『光』第五六七号、一九六八年四月に転載）
川口正子『祈りの診療』燈影舎、一九八二年
M・K・ガーンディー『真の独立への道』岩波文庫（青二六一―二）、二〇〇一年
菊地キヨ子・八代彰之編『残丘舎遺文――八代義定遺稿集』八代義定遺族会、二〇〇一年
北原泰作『賤民の後裔――わが屈辱と抵抗の半生』筑摩書房、一九七四年
――『北原泰作部落問題著作集』第一巻（馬原鉄男「解説」）、部落問題研究所出版部、一九八一年
木村　毅『私の文学回顧録』青蛙房、一九七九年
木原隆吉編『布哇日本人史』ホノルル、森重書籍店、一九三五年
金　宗文「一燈園で会った人々」尹青光編『忘れ得ぬ日本人――朝鮮人の怨恨と哀惜』六興出版、一九七九年
倉田艶子『兄百三』小西弓次郎発行、一九八九年
倉田百三『倉田百三選集』第一巻（復刻版）日本図書センター、一九九四年
小出直人・阿部芳丈編『北村西望百寿の譜』新三多摩新聞社、一九八二年
小林実也『古稀文集叡智を信じて』非売品、崙書房、一九七一年
宿南昌吉（安倍能成編集兼発行）『宿南昌吉遺稿』非売品、一九一二年
――（阿部次郎編）『宿南昌吉遺稿　日記・紀行・俳句』岩波書店、一九三四年

新川柳作『報恩感謝をかばんに託して』エース株式会社、二〇〇〇年
菅原ぺて呂『大地に伏す——一精神障害者の求道記』柏樹社、一九八八年
妹尾吉次編（天香序文）『久遠の静けさ』私家版、一九二四年
全　和凰『全和凰画集——その祈りの芸術』求龍堂、一九八二年
園田達子他編『園田繁草』園田診療所、一九七一年
ブルーノ・タウト（篠田英雄訳）『日本——タウトの日記』〈一九三四年〉、岩波書店、一九七五年
高橋重蔵編『松浦博士』京都禁酒会、一九三四年
田中正造全集編纂会編『田中正造全集』第一一巻、第一八巻、岩波書店、一九七九、一九八〇年
田中久雄叙勲記念出版会編集・発行『風雲七十年』一九七六年
谷口雅春（天香序文）『聖道へ』新光社、一九二三年（『谷口雅春選集』第七巻、日本教文社、一九五六年）
——『生命の実相』（「生活篇」「宗教問答篇」）光明思想普及會、一九三五年、日本教文社、一九六七年など各版
——『神を見る迄』日本教文社、一九五一年
津久井龍雄『日本国家主義運動史論』中央公論社、一九四二年
当山哲夫「地下水行の実行家天香詰師の来布と講演」『実業之布哇』一五年九号、一九二六年九月。
徳冨蘆花『みみずのたはこと』上、下、岩波書店、一九三八年、岩波文庫（改版、緑一五—五、六）、一九七七年（原著は大正二年刊）
トルストイ（加藤直士訳）『我宗教』文明堂、一九〇三年
アレクサンドラ・トルスタヤ（ふみ子・デイヴィス訳）『お伽の国—日本——海を渡ったトルストイの娘』群像社、二〇〇七年

橋井孝三郎『仰臥五年奇蹟に生く』春秋社、一九二三年
長谷川保『夜もひるのように輝く』講談社、一九七一年（再版、聖隷福祉事業団、二〇〇一年）
八田豊子『むくいをのぞまで』非売品、一九七八年
平林たい子「京都山科の一燈園に西田天香氏夫妻を訪う」『主婦之友』第三六巻第四号、一九五二年四月号
福山郁子『私の満州　思い出すままに』海鳥社、二〇〇六年
藤吉慈海『宗教的人間』大東出版社、一九八九年
正井尚夫『宗教画家杉本哲郎の生と死――円山の花のかすみを』〈シルバー・フレンド六〉、ミネルヴァ書房、一九八五年
松井浄蓮（美谷克己編）『終わりより始まる――百姓菩薩の九十年』法蔵館、一九九一年
宮崎安右衛門『聖貧礼賛』磯部甲陽堂、一九二一年
村井弥兵衛（天香序文）『都合よく』隆康会、一九五五年
村尾次郎「この眼で視た日本の五十年」第四回『月曜評論』第一三一号、一九七三年七月三〇日（『光』第六三三号、一九七三年九月に転載）
保田與重郎『現代畸人伝』新潮社、一九六四年（再版、新学社、一九九九年、『保田與重郎全集』第三〇巻、講談社、一九八五年）
山中峰太郎「内の十字架――西田天香さん・倉田百三さんと人生について語り合つた記録」『中央公論』一九二二年一月
吉岡覚太郎『山の灯』一燈園出版部、一九六三年
梁川会編『梁川全集』第五巻、第九巻、春秋社、一九二一年（復刻版、大空社、一九九五年）
湧川勝四郎「天香師の同伴を許されて――三島托鉢講演記」『実業之布哇』一五年九号、一九二六年九月

## 【伝記・社史・地方史】

秋田県編『秋田県史』復刻版、第六巻、一九七七年
石井記念協会『石井十次』石井記念協会、昭和九年（復刻版、大空社、一九八七年）
江田三郎刊行会編『江田三郎――そのロマンと追想』一九七九年
沖野岩三郎編『吉田悦蔵伝』近江兄弟社、一九四四年
片田江全雄「市川新升と一燈園」『演劇画報』第六九号、一九三六年一一月
加藤郁哉編『南満州鉄道旅行案内』満鉄鉄道部旅客課、一九三五年
神渡良平『はだしの聖者――満州の二宮尊徳といわれた山崎寿の物語』コスモトゥーワン、一九九一年、致知出版社、一九九四年
河路重平編『必成社農場二十年史』滋賀県必成社、一九一三年
河村純一（天香序文）『行の人伊藤正則』一徳会、一九四二年
関東州庁土木課編纂・発行『愛川村――邦人満州移民ノ魁』一九三五年
栗沢町史編さん委員会編『栗沢町史』上巻、栗沢町、一九九三年
小波誠生『文豪の娘――アレクサンドラ・トルスターヤ亡命の日々』西田書店、一九八九年（日露対訳版、新読書社、二〇〇〇年）
佐伯好郎『佐伯好郎遺稿並伝』上巻、復刻版、大空社、一九九六年
城陽市史編さん委員会編『城陽市史』第二巻、城陽市役所、一九七九年
杉本練染株式会社『杉本練染株式会社二十五年史』杉本練染株式会社、一九六一年
生長の家本部編纂『生長の家五十年史』日本教文社、一九八〇年
ダスキン『祈りの経営　ダスキンの30年』第一巻、ダスキン、一九九四年

中西清三『ここに人あり――岡田虎二郎の生涯』春秋社、一九七二年
長浜市史編さん委員会編『長浜市史』第四巻〈市民の台頭〉、長浜市役所、二〇〇〇年
なにがし〔匿名〕「天香師の往来に就て」『実業之布哇』一九二七年三月
日米商店編纂・発行『裸一貫より光之村へ』一九三四年
日本ライトハウス編集・発行『日本ライトハウス四十年史』一九六二年
平野寿美子編『幕のうちそと――故倉橋仙太郎の思い出集』一燈園印刷部、一九六七年
福井昌雄『一燈園と西田天香の生涯』モナス、一九三七年
藤沢忠雄編『康徳七年・満州開拓年鑑』新京特別市、満州国通信社、一九四〇年（復刻版、『満州移民関係資料集成』第三十一巻、不二出版、一九九二年）
北海道編集発行『新北海道史』第四巻、一九七三年
松井桃楼『ゼノ死ぬひまない――〈アリの町の神父〉人生遍歴』春秋社、一九六六年
三浦隆夫『一燈園　西田天香の生涯』春秋社、一九九九年
一般文芸書として著述された天香の伝記。天香の国内における活動を中心に、画期となった事件や重要な出来事について、平易かつ詳細に紹介した好著。天香に関する入門書として最適。
水谷啓二『草土記――一額縁商の生活記録』大日本雄弁会講談社、一九五一年
――『人生晴れたり曇ったり』春萌社、一九九六年
諸井大友記念出版委員会『諸井会長と大友社長』秩父セメント株式会社、一九五〇年（西田天香「大友さんと語る」を所収）
山口広一『花柳有洸』私家本、一九七三年
山崎延吉、稲垣稔『農村の新教育　全村学校』泰文館、一九二九年（復刻版、一九八一年）

山崎延吉主催、稲垣稔・稲垣恒夫監修『清明心』全五巻、不二出版、一九八二年
和田耕作『江渡狄嶺――〈場〉の思想家』甲陽書房、一九九四年

【研究・批評】

石堂淑朗「何を求めて『一燈園』の三百人」『新潮45』第六巻第一号、一九八七年一月
井上順孝「西田天香」朝日新聞社編『二十世紀の千人』第八巻〈教祖・意識変革者の群〉朝日新聞社、一九九五年
栄沢幸二『近代日本の仏教家と戦争――共生の倫理との矛盾』専修大学出版局、二〇〇二年
大橋良介「『天華香洞録』解題」『天華香洞録』別巻解説、天華香洞録刊行会（光泉林）、二〇〇四年
――「西田天香」『現代真宗名著活用法話事典』四季社、二〇〇五年
岡田洋司『農村青年＝稲垣稔――大正デモクラシーと〈土〉の思想』不二出版、一九八五年
奥脇賢三『検証「新しき村」』農山漁村文化協会、一九九八年
貝塚茂樹『諸子百家――中国古代の思想家たち』岩波新書、一九六一年
金子　保「台湾の社会事業家施乾と愛愛寮の開設」金子保『生涯発達心理研究――淑徳大学開学者・長谷川良信の生涯とその精神を中心に』〈淑徳大学社会学部研究叢書一五〉、学文社、二〇〇二年
川下　勝『コルベ』〈Century Books 人と思想一二二〉、清水書院、一九九三年
河合道雄『綱島梁川とその周辺』近代文藝社、一九八九年
小林丈広「宗教と福祉」京都市編『史料京都の歴史』第一巻〈概説〉、平凡社、一九九一年
――「一燈園創始までの西田天香」『天華香洞録』別巻解説、所収
駒沢大学禅学大辞典編纂所編『新版禅学大辞典』大修館書店、一九八五年

佐久間真澄著、柴田しず恵編『記録・満州国の消滅と在留邦人』のんぶる舎、一九九七年
笠原芳光「西田天香の思想と生活」『湖国と文化』第二七号、一九八四年四月
――「西田天香と知識人」鈴木良・上田博・広川禎秀編『現代に甦る知識人たち』世界思想社、二〇〇五年
柏原祐泉『日本仏教史　近代』吉川弘文館、一九九〇年
神　英雄「西田天香の思想形成に関する一考察――「血書事件」を中心として」『日本仏教文化論叢』下巻、一九九八年六月
――「近代北海道における会社移民の一考察――幌内原野の必成社を中心として」桑原公徳編著『歴史地理学と地籍図』ナカニシヤ出版、一九九九年
――「明治期における新宗教と新聞報道――阿吽鉢囉婆教排斥報道を中心として」『龍谷史壇』第一一三号、一九九九年一〇月
――「山県勇三郎と阿吽鉢囉婆教」日野照正編『歴史と仏教の論集――日野照正博士頌寿記念論文集』自照社出版、二〇〇〇年
市立長浜城歴史博物館編『西田天香――長浜が生んだ偉大な思想家』西田天香没後三〇年記念事業実行委員会、一九九八年
平成十年に開催された西田天香展図録。太田浩司、中村武生らの編纂、執筆。中村による天香小伝の他、香倉院所蔵の墨跡や絵画などの図版、天香およびその周辺の人々に関する多くの史料を収録、紹介した基本文献。
鈴木貞美編『大正生命主義と現代』河出書房新社、一九九五年
――『「生命」で読む日本近代――大正生命主義の誕生と展開』〈ＮＨＫブックス七六〇〉日本放送出版協会、一九九六年
鈴木範久『倉田百三――近代日本人と宗教』大明堂、一九七〇年（増補版、一九八〇年）

中村武生「西田天香と一燈園生活期の尾崎放哉――新出史料を中心に」『鷹陵史学』第二四号、一九九八年九月
――「デモクラシーと文化」長浜市史編さん委員会編『長浜市史』第四巻所収
丹羽　孝「綱島梁川と西田天香」(1)~(3)『光友』五九二~五九四号、一燈園出版部、一九九一年一〇~一二月
――「宿南昌吉と西田天香」(1)~(6)『光友』七〇八、七〇九、七一一、七一三、七一八、七一九号、二〇〇一年六、七、九、一一月、二〇〇二年四、五月
――編「回覧集の西田天香」Ⅰ、Ⅱ『光友』七四九、七五〇、二〇〇四年一一月、一二月
松浦国弘「一燈園からの使者――海野鏡円と医師大橋鼎三の部落改善事業」『歴史民俗学』第一三号、一九九九年二月
松中　博「大正後期の一燈園と山岡千太郎」『天華香洞録』別巻解説、所収
松本健一「ロマン主義という宿痾――倉田百三論」松本健一『歴史という闇』第三文明社、一九七五年（初出は、『世界政経』一九七四年四月）
――『評伝北一輝』Ⅰ、Ⅱ、岩波書店、二〇〇四年
三島康雄『阪神財閥――野村・山口・川崎』日本経済新聞社、一九八四年
水津彦雄「現代のユートピア・一燈園」『現代の眼』現代評論社、一九六六年一月
――『日本のユートピア――日本的共同体の実証的研究』太平出版社、一九七一年
壬生照順「無我苑と一灯園の運動」法蔵館編集部編『講座近代仏教』第五巻、法蔵館、一九六一年
宮田昌明「西田天香の生涯」『天華香洞録』別巻解説、所収
宮本義信「『台北市市立愛愛院』の思想と実践」『キリスト教社会福祉学研究』第三八号、二〇〇六年
三吉　明『山室軍平』吉川弘文館、一九七一年（新装版、一九八六年）
虫明馭・行安茂編『綱島梁川の生涯と思想』早稲田大学出版部、一九八一年

村田充八『コミューンと宗教——一燈園・生駒・講』〈阪南大学叢書五五〉、行路社、一九九九年
森上多郎「女人哀切」阪急電鉄労働組合内京阪神文学会『京阪神文学』第三三号、一九八三年四月
——「『女人哀切』の訂正とこころ残りのことなど」『京阪神文学』第三四号、一九八五年一〇月
柳田謙十郎『宗教と人間』創文社、一九七一年
山折哲雄『近代日本人の宗教意識』岩波書店、一九九六年
山下政三『脚気の歴史——ビタミンの発見』思文閣出版、一九九五年
渡辺守順『郷土歴史人物辞典　滋賀』第一法規、一九七九年

Andreasen, Esben, og Stefánsson, Finn. *Japans religioner : i fortid og nutid*. Copenhagen : Gyldendal, 1986.
（Andreasen, E., Stefánsson, F. and Reader, Ian. *Japanese Religions : past and present*. Kent : Japan Library, 1993.）
Bach, Marcus. *Make it an adventure*. Englewood Cliffs, N. J. : Prentice-Hall, 1962.
——. *Let life be like this!* Englewood Cliffs, N. J. : Prentice-Hall, 1963.
——. *The power of perception : what do you see when you look at a rose?* Marina del Rey, Caliifornia : DeVorss, 1965.
——. *The inner ecstasy*. New York : The World Publishing Co., 1969.
——. *The power of perfect Liberty, Out of Japan : a creative breakthrough in humanity's quest for a new man in a new age*. Englewood Cliffs, N. J. : Prentice-Hall, 1971.
——. *Strangers at the door*. Nashiville, Tennessee : Abingdon Press, 1971.
（バッハの著書については、http://www.lib.byu.edu/dlib/spc/bach/index.htm で閲読が可能）

Brumann, Christoph. »Ittôen, Atarashiki mura und Yamagishikai: drei utopische Revitalisierungsbewegungen im Vergleich« in: *Soziale Bewegungen in Japan*, hrsg. von Claudia Derichs und Anja Osiander (*Mitteilungen der Gesellschaft für Natur-und Völkerkunde Ostasiens e. V. Hamburg*; Bd. 128.) Hamburg: Gesellschaft für Natur-und Völkerkunde Ostasiens, 1998.

Byles, Marie Beuzeville. *Paths to inner calm*. London: George Allen & Unwin, 1965.

Davis, Winston. "Ittôen: the myths and rituals of liminality," in: *History of religions*, 14:282-321 (part 1), 15:1-33 (part 2), 1974. 〔村田充八訳「一燈園――リミナリティーの神話と儀式」(1)(2)『関西学院大学社会学部紀要』四三号、四四号、一九八二年一月、三月〕

Kaiser, Niels-Jørgen. *Det nya Japan*. Stockholm: Tiden, 1963.

Kurokawa, Colbert Naoya. *What is Itto-en?: its theory and practice*. Kyoto: Itto-en, 1959.

Horton, Walter Marshall. *Can Christianity save civilization?* New York: Harper & Brothers, 1940. 〔W・マーシャル・ホートン(宮本武之助、森井真共訳)『キリスト教は文明を救いうるか』社会思想研究会出版部、一九五二年、同(森井真訳)『キリスト教は文明を救いうるか』中公文庫、一九九二年〕

McFarland, Horace Neill. "Japan's new religions" in: *Contemporary religions in Japan*, vol. 1, no. 3. Tokyo: International Institute for the Study of Religions, Sept. 1960.

Tenko-san, tr. by Makoto Ohashi in collaoration with Marie Beuzeville Byles. *A new road to ancient truth*. London: George Allen & Unwin, 1969.

Thomsen, Harry, *The new religions of Japan*. Rutland, Vt.: Tuttle, 1963.

Zimmermann, Werner. *Licht im Osten: geistiges Nippon*. München: Drei Eichen Verlag, 1954.

# あとがき

初めての満州訪問から帰国してほどない大正十五年二月、天香は『天華香洞録』に次のように記している（⑥五四六頁）。

山のおぢさん、妙なことをいひにくる。「時がきたらかくれてくれ。わたしがおんぶしておともする」と。同人達が妙なことをいふ。「野たれ死と覚悟してくれ」と。段々に周囲に了解してくる人がふへる。

天香はこの後、四十年以上の長寿を全うし、半年余の療養の末に帰光したため、「野たれ死」することはなかった。とはいえ、一燈園では、病気の看病も、療養も、共に托鉢という。「野たれ死」も療養も、所与の条件の中でいかに与え、奉仕するかが重要であって、表面的な形態の相違にそれほどの意味はないのであろう。といっても、病気療養が托鉢になるというのは、おそらく一般には理解しにくいことであろう。

三上和志は満州から帰国した戦後、天香と同様に各地の講演に招かれた。そうした中、ある病院で講話を行ったところ、院長から、ある十八歳の結核の末期患者に同様の話をしてくれるよう依頼されたことがあった。その少年に身寄りはなく、ひどく「ひねくれて」いたが、余命十日ばかりであったため、「せめて死ぬ前に素直な子にして死なしてやりたい」との思いからであった。三上は、話をしたぐらいで理解できるとも思えないと答えたが、院長は、結核患者は死ぬ直前まで意識がはっきりしているためかえって辛く、また、失敗してももともとのことで、とにかくやってみないことには、と述べた。そこで三上は、少年と面会することとなった。

院長と三上は少年の許を訪れ、話しかけたが、少年はそっぽを向いて「うるさい」と叫ぶだけであった。しかし、話を断念して去ろうとした時、三上は少年と目が合い、そこに何か訴えかけるようなものを感じた。そこで三上は院長に、一晩病室に泊まり、看病することを申し出た。感染を危惧する院長は強く制止したが、三上は病室に戻った。

少年の名前は津田卯一。出生直後に母が死去し、父は母の妊娠発覚後に失踪していた。津田は母の実家に引き取られたが、方々に預けられた末、七歳ごろから家業の手伝いでこき使われ、学校からの帰宅が遅れるとすぐになぐられ、食事は商売の余り物しか与えられなかった。そのため、十四歳で家を飛び出し、神社などで雨露を凌ぎ、賽銭泥棒などで生活をつないでいた。しかし、遂に逮捕されて少年院に送られ、そこで結核が発覚して一年前にこの病院に送られたという。体中、瘦せこけて、垢がたまり、寝具も悪臭を放っていた。三上が足をさすると、少年は「おっさんの手、軟らかいな」という感想を述べた。

三上は津田にお粥を食べさせることにしたが、匙に三分の一という少量ずつでなければ戻しそうになる。しかも、四杯ばかり食べたところで気分が悪くなり、それ以上は食べられなくなった。しかし、津田は逆に、三上の夕食を気に懸け、三上が何も食べていないことを知ると、三上に粥の残りを食べるよう促した。三上は「自分が感染症だとしらないのか」と思って津田の顔を見ると、じっと三上の方を見つめている。引くに引けなくなった三上は、吐きそうな思いで粥の残りを食べ始めたが、次第に慣れて、全てを食べてしまった。かつて天香も、理一郎が重態にある中、結核療養所で患者より食事の供養を受けたことがあった。三上は、経緯は異なるものの、それを追体験する形となったわけである。三上が食べ終わるのを見届けた津田は、自分の与えた食べ物を食べたのは三上で二人目だと述べた。最初の一人は、神社の境内で夜を明かした時に出会った、一晩の家出少女であった。あんパンを半分あげるとおいしそうに食べたので、残りの半分も分け与えたという。しかし、家のことが心配になったので、少女を無理に家に追い返したが、その後、一人残された自分の孤独な姿に気づいたという。

津田と三上は徹夜した。夜明けが近づいたところで、津田は三上が病院に話に来たことを思い出し、自分にも何かを話してくれるよう頼んだ。三上は、人が何のために生まれてきたか、という話をした。人間は一人では生きていけず、互いに誰かの役に立つために生まれてきた。夫のため、妻のため、親のため、子のため、家のため、国のため、社会のため、世界のため、という具合にである。そこで三上は津田に、お前は今まで誰かの役に立ったか尋ねた。津田に思い当たるものはなかった。三上はこれからでも役に立てると話したが、津田は、自分はまもなく死ぬのに、どうして人の役に立てるのか、と悲しそうな顔で答えた。津田はそれ以上、三上の質問には答えず、代わりに、最近、自分の背丈ほどの蠟燭に照らされる夢をよく見るという話をし始めた。しかし、その蠟燭はみるみる減ってしまい、真っ暗になったところで驚いて目が覚める。そして生きていてよかったと感じるというのである。それを聞いた三上は、蠟燭がどのようにして囲りを明るくしているのか質問してみた。次のような会話が続く。

「そんなこと解らあな。蠟燭が点いているからさ」

「そら、そうだが、蠟燭は終りには燃えて了って、自分の体はなくなって了うのだぜ。自分の体を焼きへらして囲りを明るくしているのだぜ。お前も自分の体を焼き減らして囲りを明るくしな」

「おっさん、解ったぜ、俺あ気に入らんと、廊下の方を向いて、何時も怒鳴ってやるんじゃ。……これからもう云わんようにするわい。静かにして死んで行くわい。……」と熱心に云う。

津田はそう約束する代わりに、三上に頼みたいことがあると述べた。そして次のような会話が続く。

「高等学校の生徒に話に行くと云っとったが、中学校、小学校にも行くかい」

「行くよ」

「行って生徒に話する時、云ってくれ。俺が云ったって、しょうがねえけどな」

「何て云うのじゃ」

「親が子供に小言を云うじゃろうが、子供は小言を云われたくねえから、反抗するじゃろうが、俺あ反抗するなって云いたいのじゃ――」

「反抗したら、いかんのか」

「小言を云ってくれる人がある人は幸ぞ。俺のように小言を云ってくれる人が一人もねえのはつまらんぞ。それに文句を云うのは贅沢だい――」


三上は約束して部屋を出た。津田は「おっさん、おっさん、おっさん」と呼び続けていた。

三上が院長室に戻ると、院長も帰宅せず、部屋に泊まっていた。二人が朝食をとっている最中、当直の医師が現れ、津田が死去したことを告げた。当直医師の説明によると、医師が診察に入ったところ、津田は普段にない笑顔で迎えたために、思わず、「御機嫌だな」と話しかけた。しかし、診察の準備をして向き直ると、津田はすでに事切れていた。しかも津田は、毛布の下で合掌していたという。

この話を聞いた三上は、津田が約束を果たしたことに感謝すると共に、「お前の親と称した人々の無責任」「お前の囲りの大人たちの不親切」を許してくれるよう心の中で祈った（三上和志『人間の底』）。

以上の話は、トルストイの『人は何によって生きるか』に登場する、親を失いながら周囲の愛によって成長したある孤児の話とは対照的な事例である。しかし津田は、神社で出会った少女や、三上に対し、自分の食べ物を与えることで自分の存在を確認し、自らの孤独な人生から、人が周囲の愛に囲まれることによって生きていることを感じ取り、その思いを三上に託した。そして、死に赴く自らの姿を通じて、三上や医師に人間の尊厳を伝えたということになろう。

本書は様々な機縁によって完成したが、取り上げた人々の人生や生命の重さを省みれば、小生に、西田天香や一燈園について一書をまとめる資格なり、能力なりがあったわけではない。本書が、西田天香や一燈園の単なる紹介という以上に、彼らが生涯をかけて残した、誠実や敬虔といった人間の純粋な精神作用とその成果の一端なりとも伝え得ていることを、切に願うばかりである。

平成二十年　初春

宮田昌明

# 西田天香略年譜

| 和暦 | 西暦 | 齢 | 関係事項 | 一般事項 |
|---|---|---|---|---|
| 明治 五 | 一八七二 | 0 | 3・18（旧暦2月10日）西田市太郎誕生。 | |
| 二四 | 一八九一 | 19 | 11月西田のぶと結婚。 | |
| 二五 | 一八九二 | 20 | 1・26長男・保太郎誕生。 | |
| 二六 | 一八九三 | 21 | 6月必成社開拓主幹として北海道に入植。 | |
| 二七 | 一八九四 | 22 | | 7月日清戦争開戦。 |
| 三〇 | 一八九七 | 25 | 5・21札幌の東京庵で左足中指を切断。 | |
| 三四 | 一九〇一 | 29 | 8・12天香と号す。 | |
| 三五 | 一九〇二 | 30 | 2・28次男・理一郎誕生。 | |
| 三六 | 一九〇三 | 31 | 秋トルストイ『我宗教』を読み、啓発される。 | |
| 三七 | 一九〇四 | 32 | 4・27～29長浜愛染堂に参籠。 | 2月日露戦争開戦。 |
| 三九 | 一九〇六 | 34 | 2月綱島梁川と初めて面会。10・6女性の会合の場としての一燈園誕生。 | |
| 四〇 | 一九〇七 | 35 | 9・14綱島梁川死去。 | |
| 四一 | 一九〇八 | 36 | 1月小田頼造が中心となり山科天華香洞を開設。 | |

| | | | | |
|---|---|---|---|---|
| 四二 | 一九〇九 | 37 | 8・15宿南昌吉死去。 | |
| 四三 | 一九一〇 | 38 | 12・9魚住影雄死去。 | |
| 大正元 | 一九一二 | 40 | 11・6藤田玉、道場建設を提案。11・15六万行願を発起。 | |
| 大正　二 | 一九一三 | 41 | 4月のぶと離婚。9・22西村夏子死去。10月京都鹿ヶ谷に一燈園落成、献堂式で奥田勝落飾し、勝淳と号す。 | |
| 三 | 一九一四 | 42 | 4月四国遍路に出発。 | 7月第一次世界大戦勃発。 |
| 四 | 一九一五 | 43 | 12・4倉田百三入園。 | |
| 六 | 一九一七 | 45 | 4・4西田又蔵死去。4・5藤田玉死去。 | |
| 七 | 一九一八 | 46 | | 11月第一次世界大戦終結。 |
| 八 | 一九一九 | 47 | 11月『光』誌創刊。 | |
| 九 | 一九二〇 | 48 | 5・27○光を創案。 | |
| 一〇 | 一九二一 | 49 | 7月『懺悔の生活』刊行。9月勝淳（奥田勝）と入籍。 | |
| 一一 | 一九二二 | 50 | 7・29次男・理一郎死去。9・1「この心この身このくらし」を創案。 | |
| 一二 | 一九二三 | 51 | 11・23尾崎放哉入園。 | |
| 一三 | 一九二四 | 52 | 1月久世郡での小作争議の調停開始。4〜5月台湾訪問。11月燈影小塾開設。 | |

| | | | | |
|---|---|---|---|---|
| 一四 | 一九二五 | 53 | 9～12月満州訪問（1回目）。 | |
| 一五 | 一九二六 | 54 | 6～7月満州訪問（2回目）。8月ハワイへ出発。 | |
| 昭和元 | 一九二六 | | 12・4カリフォルニアへ出発。 | |
| 二 | 一九二七 | 55 | 2・15ハワイへ出発。4月金州郊外に燈影荘開設。7・25帰国。11～12月満州訪問（3回目）。 | |
| 三 | 一九二八 | 56 | 5月光泉林（宇治郡山科）の造成開始。12月燈影小塾など、山科四宮の光泉林内に移転。 | 2・20第十六回総選挙（最初の普通選挙）執行。6・4張作霖爆殺事件。12月張学良、国民政府に参加。 |
| 四 | 一九二九 | 57 | 8月財団法人懺悔奉仕光泉林認可。3～4月満州訪問（4回目）。5～7月満州訪問（5回目）。 | |
| 五 | 一九三〇 | 58 | 1月鹿ヶ谷一燈園、御陵に移転。3・6奉天仮一燈園開設。4・3西田武誕生。5・5トルスターヤ、光泉林を訪問。10・4コルベ、光泉林を訪問。10・17愛善無怨堂献堂式。11～12月上海・満州（6回目）訪問。 | |
| 六 | 一九三一 | 59 | 5・31すわらじ劇園創設。6～9月ハワイ訪問。 | 9・18満州事変勃発。 |
| 七 | 一九三二 | 60 | 4～6月満州訪問（7回目）。11～12月満州訪問（8回目）。12月畑の小舎設立。 | 5・15五・一五事件。 |
| 八 | 一九三三 | 61 | 8月燈影尋常小学校認可。10・14長男・保太郎死去。 | 5・31塘沽停戦協定。 |

| | | | | |
|---|---|---|---|---|
| 九 | 一九三四 | 62 | 5〜7月満州訪問（9回目）。 | |
| 一〇 | 一九三五 | 63 | 4〜6月台湾訪問（2回目）。7〜8月満州訪問（10回目）。9・17奉天一燈園建物完成。 | |
| 一一 | 一九三六 | 64 | 3・1〜6京都行願。7月御陵一燈園、光泉林内に移転。8〜10月台湾訪問（3回目）。 | 2月第十九回総選挙。2・26二・二六事件。 |
| 一二 | 一九三七 | 65 | 4・19ヘレン・ケラーと大阪ライトハウスで対面。4〜7月ジャワ・台湾（4回目）訪問。 | 7・7盧溝橋事件。 |
| 一三 | 一九三八 | 66 | 4〜7月満州（11回目）・華北訪問。10〜12月満州（12回目）・華北・上海訪問。11・1近江行願開始。11・10満州行願小結成。 | |
| 一五 | 一九四〇 | 68 | 9〜11月満州（13回目）・華北・上海訪問。 | |
| 一六 | 一九四一 | 69 | 2・25〜3・3第一回智徳研修会。 | 12・8対米英宣戦布告。 |
| 一七 | 一九四二 | 70 | 5〜6月満州訪問（14回目）。 | |
| 一八 | 一九四三 | 71 | 8〜12月満州（15回目）・華北・上海訪問。 | |
| 二〇 | 一九四五 | 73 | | 8・15終戦。 |
| 二二 | 一九四七 | 75 | 4月参議院議員に当選。11月畑の小舎再設立。 | |
| 二四 | 一九四九 | 77 | 3・8全日本六万行願一千大結成発願。 | |
| 二五 | 一九五〇 | 78 | | 6・25朝鮮戦争勃発。 |
| 二六 | 一九五一 | 79 | | 9・8サンフランシスコ講和条約。 |

| | | | | |
|---|---|---|---|---|
| 二七 | 一九五二 | 80 | 1・5～15淡路行願。 | |
| 二九 | 一九五四 | 82 | 4・3武の後継修行の開始を決定。11月霜月接心開始。 | 3・1アメリカ、ビキニ環礁で水爆実験、日本の漁船・第五福竜丸被爆。 |
| 三〇 | 一九五五 | 83 | 6・19西田照月帰光（78歳）。 | |
| 三一 | 一九五六 | 84 | | 12・18国際連合に加盟。 |
| 三二 | 一九五七 | 85 | 4月維摩堂・路頭像完成。6月すわらじ劇園による第一回国連劇上演。 | |
| 三三 | 一九五八 | 86 | 11・3おひかり堂献堂式。 | |
| 三六 | 一九六一 | 89 | 8・16天香、脳出血。10・27西田武ら訪米使節団出発。 | |
| 三七 | 一九六二 | 90 | 2・10阿雲洞開扉式（天香九十歳誕生式典）。 | |
| 三九 | 一九六四 | 92 | 11・29霜月行願開始。 | |
| 四二 | 一九六七 | 95 | 4月長浜名誉市民を授与される。 | |
| 四三 | 一九六八 | 96 | 2・29帰光。 | |

# 人名索引

## あ　行

か　行

さ　行

## た　行

## な　行

## は　行



## ま　行

## や・ら・わ行

《著者紹介》

宮田昌明（みやた・まさあき）

1971年　生まれ。
1994年　京都大学文学部卒業。
1999年　京都大学大学院文学研究科学修退学。
現　在　大阪経済法科大学，帝塚山大学非常勤講師。
主要業績　『近代日本政治思想史入門』（共著）ミネルヴァ書房，1999年。
『近代日本外交思想史入門』（共著）ミネルヴァ書房，1999年。
『「大正」再考――希望と不安の時代』（共著）ミネルヴァ書房，2007年。
天華香洞録刊行委員会（大橋良介責任編集）『天華香洞録』（共編）全6巻・別巻1巻，財団法人光泉林，2004年，ほか。

ミネルヴァ日本評伝選
西《にし》田《だ》天《てん》香《こう》
――この心この身このくらし――

2008年4月10日　初版第1刷発行　〈検印省略〉

定価はカバーに
表示しています

著　者　宮　田　昌　明
発行者　杉　田　啓　三
印刷者　江　戸　宏　介

発行所　株式会社　ミネルヴァ書房
607-8494 京都市山科区日ノ岡堤谷町1
電話（075）581-5191（代表）
振替口座 01020-0-8076番


共同印刷工業・新生製本

ISBN978-4-623-05153-3
Printed in Japan

# 刊行のことば

歴史を動かすものは人間であり、興趣に富んだ人間の動きを通じて、世の移り変わりを考えるのは、歴史に接する醍醐味である。

しかし過去の歴史学を顧みるとき、人間不在という批判さえ見られたように、歴史における人間のすがたが、必ずしも十分に描かれてきたとはいえない。二十一世紀を迎えた今、歴史の中の人物像を蘇生させようとの要請はいよいよ強く、またそのための条件もしだいに熟してきている。

この「ミネルヴァ日本評伝選」は、正確な史実に基づいて書かれるのはいうまでもないが、単に経歴の羅列にとどまらず、歴史を動かしてきたすぐれた個性をいきいきとよみがえらせたいと考える。そのためには、対象とした人物とじっくりと対話し、ときにはきびしく対決していくことも必要になるだろう。

今日の歴史学が直面している困難の一つに、研究の過度の細分化、瑣末化が挙げられる。それは緻密さを求めるが故に陥った弊害といえるが、その結果として、歴史の大きな見通しが失われ、歴史学を通しての社会への働きかけの途が閉ざされ、人々の歴史への関心を弱める危険性がある。今こそ歴史が何のためにあるのかという、基本的な課題に応える必要があろう。評伝という興味ある方法を通じて、解決の手がかりを見出せないだろうかというのも、この企画の一つのねらいである。

狭義の歴史学の研究者だけでなく、多くの分野ですぐれた業績をあげている著者たちを迎えて、従来見られなかった規模の大きな人物史の叢書として、「ミネルヴァ日本評伝選」の刊行を開始したい。

平成十五年（二〇〇三）九月

ミネルヴァ書房

# ミネルヴァ日本評伝選



## 上代

俾弥呼　古田武彦
日本武尊　西宮秀紀
仁徳天皇　若井敏明
雄略天皇　吉村武彦
*蘇我氏四代　遠山美都男
推古天皇　義江明子
聖徳太子　仁藤敦史
斉明天皇　武田佐知子
小野妹子・毛人　大橋信也
額田王　梶川信行
弘文天皇　遠山美都男
天武天皇　新川登亀男
持統天皇　丸山裕美子
阿倍比羅夫　熊田亮介
柿本人麻呂　古橋信孝
元明・元正天皇　渡部育子
聖武天皇　本郷真紹
光明皇后　寺崎保広
孝謙天皇　勝浦令子
藤原不比等　荒木敏夫
吉備真備　今津勝紀
道　鏡　吉川真司
大伴家持　和田　萃
行　基　吉田靖雄

## 平安

*桓武天皇　井上満郎
嵯峨天皇　西別府元日
宇多天皇　古藤真平
醍醐天皇　石上英一
村上天皇　京樂真帆子
花山天皇　上島　享
三条天皇　倉本一宏
藤原薬子　中野渡俊治
小野小町　錦　仁
藤原良房・基経　滝浪貞子
菅原道真　竹居明男
紀貫之　神田龍身
源高明　所　功
慶滋保胤　平林盛得
*安倍晴明　斎藤英喜
藤原実資　橋本義則
*藤原道長　朧谷　寿
清少納言　後藤祥子
紫式部　竹西寛子
和泉式部　ツベタナ・クリステワ
大江匡房　小峯和明
阿弖流為　樋口知志
坂上田村麻呂　熊谷公男
*源満仲・頼光　元木泰雄
平将門　西山良平
空　海　頼富本宏
最　澄　吉田一彦
空　也　石井義長
奝　然　上川通夫
*源　信　小原　仁
後白河天皇　美川　圭
式子内親王　奥野陽子
建礼門院　生形貴重
平清盛　田中文英
藤原秀衡　入間田宣夫
平時子・時忠　元木泰雄
平維盛　根井　浄
守覚法親王　阿部泰郎

## 鎌倉

源頼朝　川合　康
*源義経　近藤好和
後鳥羽天皇　五味文彦
九条兼実　村井康彦
北条時政　野口　実
熊谷直実　佐伯真一
*北条政子　関　幸彦
北条義時　岡田清一
曾我十郎・五郎　杉橋隆夫
北条時宗　近藤成一
安達泰盛　山陰加春夫
平頼綱　細川重男
竹崎季長　堀本一繁

西行 光田和伸
藤原定家 赤瀬信吾
＊京極為兼 今谷　明
＊兼好 島内裕子
重源 横内裕人
運慶 根立研介
法然 今堀太逸
慈円 大隅和雄
明恵 西山　厚
親鸞 末木文美士
恵信尼・覚信尼 西口順子
道元 船岡　誠
叡尊 細川涼一
＊忍性 松尾剛次
＊日蓮 佐藤弘夫
一遍 蒲池勢至
夢窓疎石 田中博美
＊宗峰妙超 竹貫元勝

## 南北朝・室町

後醍醐天皇 上横手雅敬
護良親王 新井孝重
北畠親房 岡野友彦
楠正成 兵藤裕己
＊新田義貞 山本隆志
光厳天皇 深津睦夫
足利尊氏 市沢　哲
佐々木道誉 下坂　守
円観・文観 田中貴子
足利義満 川嶋将生
足利義教 横井　清
大内義弘 平瀬直樹
伏見宮貞成親王 松薗　斉
山名宗全 山本隆志
日野富子 脇田晴子
世阿弥 西野春雄
雪舟等楊 河合正朝
宗祇 鶴崎裕雄
＊満済 森　茂暁
一休宗純 原田正俊

## 戦国・織豊

北条早雲 家永遵嗣
毛利元就 岸田裕之
＊今川義元 小和田哲男
＊武田信玄 笹本正治
三好長慶 仁木　宏
＊上杉謙信 矢田俊文
吉田兼倶 西山　克
山科言継 松薗　斉
雪村周継 赤澤英二
織田信長 三鬼清一郎
豊臣秀吉 藤井讓治
＊北政所おね 田端泰子
＊淀殿 福田千鶴
前田利家 東四柳史明
黒田如水 小和田哲男
蒲生氏郷 藤田達生
真田氏三代 笹本正治
細川ガラシャ 田端泰子
伊達政宗 伊藤喜良
＊支倉常長 田中英道
ルイス・フロイス エンゲルベルト・ヨリッセン
＊長谷川等伯 宮島新一
顕如 神田千里

## 江戸

徳川家康 笠谷和比古
徳川吉宗 横田冬彦
＊後水尾天皇 久保貴子
光格天皇 藤田　覚
崇伝 杣田善雄
春日局 福田千鶴
池田光政 倉地克直
シャクシャイン 岩崎奈緒子
＊田沼意次 藤田　覚
二宮尊徳 小林惟司
末次平蔵 岡美穂子
高田屋嘉兵衛 生田美智子
林羅山 鈴木健一
中江藤樹 辻本雅史
山崎闇斎 澤井啓一
＊北村季吟 島内景二
貝原益軒 辻本雅史
ケンペル ボダルト・ベイリー
荻生徂徠 柴田　純
雨森芳洲 上田正昭
前野良沢 松田　清
平賀源内 石上　敏
杉田玄白 吉田　忠
上田秋成 佐藤深雪
木村蒹葭堂 有坂道子
＊大田南畝 沓掛良彦
菅江真澄 赤坂憲雄
＊鶴屋南北 諏訪春雄
良寛 阿部龍一
山東京伝 佐藤至子
＊滝沢馬琴 高田　衛
平田篤胤 川喜田八潮
シーボルト 宮坂正英
本阿弥光悦 岡　佳子
小堀遠州 中村利則
尾形光琳・乾山 河野元昭
＊二代目市川團十郎 田口章子
与謝蕪村 佐々木丞平
伊藤若冲 狩野博幸
鈴木春信 小林　忠
円山応挙 佐々木正子

*佐竹曙山 成瀬不二雄
葛飾北斎 岸 文和
酒井抱一 玉蟲敏子
孝明天皇 青山忠正
徳川慶喜 大庭邦彦
*和 宮 辻ミチ子
*古賀謹一郎 小野寺龍太
*月 性 海原 徹
西郷隆盛 草森紳一
*吉田松陰 海原 徹
*高杉晋作 海原 徹
オールコック 佐野真由子
アーネスト・サトウ 奈良岡聰智
冷泉為恭 中部義隆

## 近代

*明治天皇 伊藤之雄
大正天皇 フレッド・ディキンソン
大久保利通 三谷太一郎

山県有朋 鳥海 靖
木戸孝允 落合弘樹
*松方正義 室山義正
北垣国道 小林丈広
大隈重信 五百旗頭薫
伊藤博文 坂本一登
井上 毅 大石 眞
*桂 太郎 小林道彦
林 董 君塚直隆
*高宗・閔妃 木村 幹
山本権兵衛 室山義正
高橋是清 鈴木俊夫
小村寿太郎 簑原俊洋
犬養 毅 小林惟司
加藤高明 櫻井良樹
田中義一 黒沢文貴
平沼騏一郎 堀田慎一郎
宮崎滔天 榎本泰子
*浜口雄幸 川田 稔
幣原喜重郎 西田敏宏
関 一 玉井金五
広田弘毅 井上寿一
安重根 上垣外憲一

グルー 廣部 泉
東條英機 牛村 圭
蔣介石 劉 岸偉
木戸幸一 波多野澄雄
*乃木希典 佐々木英昭
児玉源太郎 小林道彦
加藤友三郎・寛治 麻田貞雄
宇垣一成 北岡伸一
石原莞爾 山室信一
五代友厚 田付茉莉子
大倉喜八郎 村上勝彦
安田善次郎 由井常彦
渋沢栄一 武田晴人
山辺丈夫 宮本又郎
武藤山治 阿部武司・桑原哲也
小林一三 橋爪紳也
大倉恒吉 石川健次郎
大原孫三郎 猪木武徳
河竹黙阿弥 今尾哲也
イザベラ・バード 加納孝代
林 忠正 木々康子

森 鷗外 小堀桂一郎
二葉亭四迷 ヨコタ村上孝之
巌谷小波 千葉信胤
樋口一葉 佐伯順子
島崎藤村 十川信介
泉 鏡花 東郷克美
有島武郎 亀井俊介
永井荷風 川本三郎
北原白秋 平石典子
菊池 寛 山本芳明
宮澤賢治 千葉一幹
正岡子規 夏石番矢
P・クローデル 内藤 高
高浜虚子 坪内稔典
与謝野晶子 佐伯順子
*種田山頭火 村上 護
斎藤茂吉 品田悦一
*高村光太郎 湯原かの子
萩原朔太郎 エリス俊子
原阿佐緒 秋山佐和子

*狩野芳崖・高橋由一 古田 亮
竹内栖鳳 北澤憲昭
黒田清輝 高階秀爾
中村不折 石川九楊
横山大観 高階秀爾
*橋本関雪 西原大輔
小出楢重 芳賀 徹
土田麦僊 天野一夫
岸田劉生 北澤憲昭
松旭斎天勝 川添 裕
中山みき 鎌田東二
ニコライ 中村健之介
出口なお・王仁三郎 川村邦光
島地黙雷 阪本是丸
*新島 襄 太田雄三
嘉納治五郎 クリストファー・スピルマン
*澤柳政太郎 新田義之
河口慧海 高山龍三
大谷光瑞 白須淨眞
*久米邦武 髙田誠二
フェノロサ 伊藤 豊

三宅雪嶺　長妻三佐雄
内村鑑三　新保祐司
*岡倉天心　木下長宏
志賀重昂　中野目徹
徳富蘇峰　杉原志啓
竹越與三郎　西田　毅
内藤湖南・桑原隲蔵　礪波　護
岩村　透　今橋映子
西田幾多郎　大橋良介
喜田貞吉　中村生雄
上田　敏　及川　茂
柳田国男　鶴見太郎
厨川白村　張　競
折口信夫　斎藤英喜
九鬼周造　粕谷一希
辰野　隆　金沢公子
シュタイン　瀧井一博
福澤諭吉　平山　洋
福地桜痴　山田俊治
中江兆民　田島正樹
田口卯吉　鈴木栄樹

陸　羯南　松田宏一郎
宮武外骨　山口昌男
*吉野作造　田澤晴子
野間清治　佐藤卓己
山川　均　米原　謙
北　一輝　岡本幸治
杉　亨二　速水　融
北里柴三郎　福田眞人
田辺朔郎　秋元せき
*南方熊楠　飯倉照平
寺田寅彦　金森　修
石原　純　金子　務
J・コンドル　鈴木博之
小川治兵衛　尼崎博正

## 現代

昭和天皇　御厨　貴
高松宮宣仁親王　後藤致人
*李方子　小田部雄次
吉田　茂　中西　寛

マッカーサー　柴山　太
重光　葵　武田知己
池田勇人　中村隆英
和田博雄　庄司俊作
朴正熙　木村　幹
竹下　登　真渕　勝
*松永安左エ門　橘川武郎
鮎川義介　井口治夫
出光佐三　橘川武郎
松下幸之助　米倉誠一郎
渋沢敬三　井上　潤
本田宗一郎　伊丹敬之
井深　大　武田　徹
幸田家の人々　金井景子
*正宗白鳥　大嶋　仁
大佛次郎　福島行一
*川端康成　大久保喬樹
薩摩治郎八　小林　茂

松本清張　杉原志啓
安部公房　成田龍一
三島由紀夫　島内景二
R・H・ブライス　菅原克也
金素雲　林　容澤
柳　宗悦　熊倉功夫
バーナード・リーチ　鈴木禎宏
イサム・ノグチ　酒井忠康
川端龍子　岡部昌幸
藤田嗣治　林　洋子
*井上有一　海上雅臣
手塚治虫　竹内オサム
山田耕筰　後藤暢子
武満　徹　船山　隆
力道山　岡村正史
美空ひばり　朝倉喬司
植村直巳　湯川　豊
*西田天香　宮田昌明
安倍能成　中根隆行

G・サンソム　牧野陽子
和辻哲郎　小坂国継
青木正児　井波律子
矢代幸雄　稲賀繁美
石田幹之助　岡本さえ
*平泉　澄　若井敏明
前嶋信次　杉田英明
竹山道雄　平川祐弘
保田與重郎　谷崎昭男
佐々木惣一　松尾尊兊
*瀧川幸辰　伊藤孝夫
矢内原忠雄　等松春夫
福本和夫　伊藤　晃
フランク・ロイド・ライト　大久保美春
大宅壮一　有馬　学
清水幾太郎　竹内　洋

*は既刊

二〇〇八年四月現在